4,-
9/9/1

D1683640

JONAS VERLAG

Danksagung

In Nordhorn ist meiner Tätigkeit großes Interesse entgegengebracht worden. Ich möchte mich für die Unterstützung bei der Bevölkerung Nordhorns, den Bewohnern der Hauptstraße, bei den Mitarbeitern des Katasteramtes, bei den Grafschafter Nachrichten, insbesonders bei Herrn Masselink bedanken. Geradezu ideale Arbeitsmöglichkeiten bestanden in allen Ämtern der Stadt, insbesonders im Planungsamt, im Bauakten- und im Stadtarchiv. Herr Kostetzko, Herr Staaks, Herr Schmidt, Herr Barndt, Herr Jost, Herr Mielinski und Herr Krusche waren mir bei der Beschaffung von Quellenmaterial sehr behilflich.
Ich danke meinem Namensvetter Herrn Dr. H.-G. Führ für die Überlassung seiner Fotosammlung.

Ohne wissenschaftliche Anregung und Förderung von Herrn A. Grazioli und Stadtbaurat Herrn W. Zwafelink wäre die Arbeit nicht zustande gekommen.

Der Stadt Nordhorn, der Kreissparkasse der Grafschaft Bentheim zu Nordhorn, den Nordhorner Versorgungsbetrieben (NVB) und der Raiffeisen- und Volksbank Nordhorn gebührt Dank für die Unterstützung der Arbeit.

E.F.

Mitgearbeitet haben:
Dipl. Ing. Christine Heeb (Archiv, techn. Zeichnungen, Katalog)
Dipl. Ing. Renate Hagen (techn. Zeichnungen)
Astrid Schneider (techn. Zeichnungen, Literaturrecherche)
Werner Heegewald (Quellenauswertung)

© 1989 Jonas Verlag
für Kunst und Literatur GmbH
Rosenstraße 12/13
D-3550 Marburg

Umschlaggestaltung
Marion Fischer PAPYR
Druck Fuldaer Verlagsanstalt
ISBN 3-922561-80-2

MODERNISIERUNG DER STADT

Eduard Führ

Über den Zusammenhang von Städtebau, Herrschaft und Alltagskultur; allgemeine Tendenzen im 19. und 20. Jahrhundert und konkrete Entwicklung in Nordhorn

Jonas Verlag

Inhalt

Vorwort 7

Einleitung 9

Aneignung von Stadt in der Wissenschaft 10
'Geschichte' des Städtebaus 10
Allgemeine Städtebaugeschichte 10
Differentielle Städtebaugeschichte 13

Aneignungsweise von Stadt im Alltag 16
Stadt als Wahrnehmungsfeld 16
Stadt als Handlungsfeld 17
Stadt als Wissensinhalt und Erkenntnisziel 17

Nordhorn 18
Wo liegt Nordhorn? 18
Wie alt ist Nordhorn? 19

Fundamente der Stadtentwicklung 21
Rechtliche Fundamente 22
Ökonomische Fundamente 26

Geschichte der Stadt 29
Stadtgestalt 30
Entfaltung des Problems 30
Nordhorn bis zum 19. Jahrhundert 34
Äußere Grenzen 35
Innere Ordnung 37
Nordhorn im 19. Jahrhundert 37
Nordhorn im 20. Jahrhundert 44

Stadtraum 57
Straßenbau 57
Entfaltung des Problems 57
- Historische Entwicklung 57
- Soziale und kulturelle Implikationen 61
Nordhorns Straßen im 19. Jahrhundert 69
Um 1900 72
Vor dem 1. Weltkrieg 76
In der Zwischenkriegszeit 77
Nach dem 2. Weltkrieg 78
Umbau zur Fußgängerzone 80
Beleuchtung 83
Entfaltung des Problems 83
Licht 84
Leuchten 90

Installationen 96
Entfaltung des Problems 96
Energieversorgung 97
Gas 97
Elektrizität 97
Wasserwirtschaft 101
Kanalisation 102
Wasserleitungen 102

Reinheit 107
Entfaltung des Problems 107
Theoretische Diskussion in Europa 107
Hygiene in Nordhorn 114
Reinheit des Ortes 117
Der natürliche Fluß 117
- seine generellen Funktionen 117
- in Nordhorn 118
Der zivilisierte Fluß 120
- kulturelle Entwicklung 120
- in Nordhorn 122
Reinheit der Straßen 126
materielle Straßenreinigung 126
geistige Straßenreinigung 127

Fassaden 129
    Entfaltung des Problems 129
Nordhorn im Mittelalter 130
Nordhorn im 19. und 20. Jahrhundert 135
    Zur 1. Funktion 135
    Zur 2. Funktion 137
    Zur 3. Funktion 143

Arbeits- und Wohnraum 148
    Entfaltung des Problems 148
Betriebe und Geschäfte 148
Bürgerliche Wohnungen 157
    Umstrukturierungen innerhalb des Hauses 158
        - Küchen 158
        - Butzen 159
        - Sanitärräume 160
    Einhausung/Aushausung 162
    Verhaushaltung 162
Verbürgerlichung der Arbeiter 163
A-sozialisierung des Unbürgerlichen 167

Institute 173
    Entfaltung des Problems 173
Rathaus 174
Katholische Kirche 179
    Baugeschichte 180
    Kirchenpolitische Bedeutung 188
    Stadtpolitische Bedeutung 192

Überblick 193

Nachbemerkungen 197

Anhang 203
Bibliographie 203
Quellen- und Abbildungsverzeichnis 216

Vorwort

Schon der Anlaß und konkrete Entstehungshintergrund für die vorliegende Arbeit kennzeichnen ein allgemeines Dilemma der aktuellen Architektur- und Planungspraxis:
Die Modernisierung und grundlegende Umstrukturierung der Innenstadt Nordhorns war bereits eingeleitet, als der Mangel an Auseinandersetzung mit der Stadtgeschichte und möglichen Leitbildern der Stadtgestalt deutlich wurde. So entstand aus der planungspraktischen Verantwortung für den Stadtumbau etwas spät die Idee, in einem mehrjährigen dialogischen Untersuchungs- und Diskussionsprozeß mit dem Architekturwissenschaftler Eduard Führ einzutreten und ihn mit der stadtbaugeschichtlichen Analyse Nordhorns zu beauftragen.
Angelegt ist die Studie auf eine möglichst ganzheitliche Wahrnehmung und Auseinandersetzung mit der Städtebaugeschichte. Frei von den tagesgeschäftlichen Problemen und Zwängen der Planungspraxis, aber auch wiederum nicht fernab der Planungsrealität werden die Leitlinien Nordhorner Stadtbaugeschichte kritisch reflektiert.
Bei dem Versuch, die Alltagswirklichkeit zu erfassen, werden die engen Gegenstandsbestimmungen der Einzelwissenschaften ausgeweitet und neue Untersuchungsansätze einbezogen. So berücksichtigt diese Arbeit das komplexe Gefüge aller architektonischen Elemente der Stadt und nimmt deren praktischen und ästhetischen Funktionen im Alltag zur Grundlage der Forschung.
Ausgehend von der Stadtgestalt wird über den Stadt- und Straßenraum, die infrastrukturellen Installationen bis hin zu den Fassaden und Grundrissen der Gebäude die soziale und politische Ordnung der Lebenswelt analysiert. Ebenfalls werden die Herausbildung und inhaltliche Bestimmung von Privatheit und Öffentlichkeit sowie die Herstellung von familialen und kommunalen Haushalten analysiert und so ein Gesamtbild der historischen Entwicklung der Stadt Nordhorn gezeichnet.

In der Stadterneuerungspraxis hat seit Ende der siebziger Jahre eine Abkehr von rigorosen Sanierungsprogrammen eingesetzt. Der Schwerpunkt der Stadtsanierung wurde infolge von Bürgerprotesten, historisch sensibilisierten Planern, Denkmalpflegern und Soziologen zugunsten einer behutsameren Stadterneuerungspraxis verlagert. Diese erfordert entsprechende bauhistorische Untersuchungen, die die Geschichte des Ortes erforschen.
Dabei müssen idealtypische Vorstellungen von der mitteleuropäischen Stadt durch detailliertes lokales Wissen abgelöst werden. Typologisches Denken sollte durch aufs Konkrete gerichtetes differenzierendes Forschen ersetzt, zumindest aber ergänzt werden: Es geht um die kulturelle Identität, um die spezielle Geschichte der Stadt, damit in der Modernisierung gerade die Individualität des Ortes gewahrt werden kann.
Zudem entstehen heute neue Rahmenbedingungen und Anforderungen an Planer und Historiker bei der Stadterneuerung:
— Veranlaßt durch technologischen Wandel (Mikrochips, neue Medien) und soziokulturelle Veränderungen (neue Formen des Zusammenlebens, neue Werte) hat sich der Prozeß der *gesellschaftlichen* Modernisierung beschleunigt; er ist zudem komplexer geworden. Die Schnellebigkeit und Komplexität der Veränderung geht einher mit einer zunehmenden gesellschaftlichen Orientierungslosigkeit und einer „neuen Unübersichtlichkeit" (Habermas). Utopische Energien scheinen aufgezehrt.
— Diesem gesellschaftlichen Vorgang folgt der *städtebauliche* Erneuerungsprozeß. Die Übernahme überlieferter Gebäudetypen, traditioneller Grundrisse und konventioneller Formen reicht nicht mehr aus, wenn man die Lebendigkeit des Ortes erhalten und eine Musealisierung der Stadt vermeiden will.

Eine lebendige Stadt muß Ort des Geschehens und des Wandels bleiben. Sie darf nicht zu einem Ort des Geschehenen konserviert werden. Bei dem Versuch, neue Anhaltspunkte für eine zielgerichtete zukunftsorientierte Planung zu finden, zeigt Führs Arbeit folgende Phänomene auf:
Einerseites verändert sich das Gesicht der Stadtgestalt in immer kürzeren Modernisierungsintervallen. Geschäftszentren, aber auch Ausfallstraßen und Wohngebiete verändern in rasantem Tempo ihr äußeres Erscheinungsbild.

Die immer kürzer andauernden aktuellen Modewellen werden zum Teil in marktschreierischer Weise baulich verwirklicht.

Andererseits besitzt Architektur eine gewisse Persistenz, d.h. auch für die aktuelle Mode geschaffene Bausubstanz und Baustrukturen haben großes Beharrungsvermögen.

Dieser Widerspruch von ästhetischer Aktualität und baulicher Persistenz führt zu einem gestalterischen Durcheinander und zu einem teilweise chaotischen Prozeß des Umbaus.

Hinzu kommt ferner, daß sich die Entwicklung durch eine große Anzahl und oft auch miteinander verflochtener Akteure, die vielfältige Partikularinteressen durchsetzen wollen, kaum noch überschaubar vollzieht. Dabei verdichten sich besonders in den Stadtzentren diese Interessen zu Konflikten.

Stadtgestalt und städtebauliche Leitbilder sollten nicht unreflektiert aus dem „Markt der Interessen" resultieren, sie müssen eine gewisse Beständigkeit versprechen, ohne Lebendigkeit zu zerstören. Baugeschichte gewinnt aus dieser Forderung neue Funktionen. Sie hat

— uns mit dem Stil, mit dem unsere Vorfahren an die Erneuerung ihrer Stadt gegangen sind, bekanntzumachen,
— die überlieferten baulichen Formen und Funktionen, wie auch die planerischen Instrumente kritisch zu untersuchen und
— aus einem Überblick über die Vergangenheit grundlegend über das, was Stadt sein kann, zu reflektieren.

Die hier vorliegende Untersuchung erfüllt diese Anforderungen, geht jedoch noch einige Schritte weiter:

— sie erkennt, daß die bauliche Entwicklung einer Stadt nicht isoliert von gesellschaftlichen Veränderungen vonstattengeht. Sie erweitert den auf die reine Bausubstanz reduzierten Begriff von Baugeschichte und verbindet die Stadtbaugeschichte, sowie die Geschichte der Infrastruktur mit den alltäglichen sozialen, kulturellen und politischen Entwicklungen. Sie beachtet den Zusammenhang der Modernisierung Nordhorns mit den allgemeinen Veränderungen in Mitteleuropa.
— Die Untersuchung löst sich vom stofflich materialisierenden Charakter der Heimatgeschichte. Sie reduziert die kulturelle Identität einer Stadt nicht auf die materiellen Residuen vergangener Lebensprozesse, sondern definiert sie als Stil des alltäglichen Lebens.
— Die gebaute Stadt wird in dieser Arbeit als ein Phänomen aufgefaßt, das sich in unterschiedlichen Komplexitäts- und Abstraktionsebenen vollzieht: sowohl makrostrukturell, etwa im Gesamtgrundriß einer Stadt und der Beziehung zum Umland, wie auch mikrostrukturell, etwa in der Organisation der Hausgrundrisse und der Gestaltung von Fassaden.
— Diese Untersuchung erweitert den Begriff der Stadtplanung; Stadtplaner, d.h. Handlungsträger der Modernisierung sind nicht nur die amtlichen Planer, sondern jeder alltäglich an Umbau und Umnutzung mitwirkende Bürger.

Wolfgang Zwafelink
Stadtbaurat von Nordhorn

Einleitung

In der folgenden Städtebaugeschichte geht es um eine historische Untersuchung der baulich-räumlichen Entwicklung einer bestimmten Stadt innerhalb ihres Alltags. Einleitend stellt sich die Frage, wie eigentlich Stadt 1) in der wissenschaftlichen und 2) in der alltäglichen Aneignung erfaßt wird; zugleich soll 3) Nordhorn eingeführt werden.

Aneignung von Stadt in der Wissenschaft

'Geschichte' des Städtebaus

Seit der Begründung des Städtebaus im 19. Jahrhundert wurde Stadt sowohl bei der Planung (Architektur und Städtebau) wie bei der Analyse (Bau- und Kunstgeschichte) bei wechselseitiger Beeinflussung als Feld eigenständiger formalästhetischer, künstlerischer oder technischer Phänomene angesehen.
So bezog man sich etwa auf den zweidimensionalen Plan einer Stadt und entwarf nach formalen Mustern (Rippen-, Leiter-, Rad-, Gitterform etc.), die dann auch in der historischen Analyse einer Stadt herausgestellt wurden (dazu siehe Spengelin 1983). Gegen diese Orientierung entwickelten Architekten und Historiker die These von der Stadt als dreidimensionalem Kunstwerk. So war es etwa das Ziel der Städtebaulehre Camillo Sittes, im Gegensatz zur 'plumpen Geometrie' den Stadtraum anschaulich nach 'künstlerischen Grundsätzen' zu gestalten (dazu siehe Fehl 1980); historische Untersuchungen (z.B. Brinckmann 1925, Zucker 1929) schlossen sich an.
Daneben wurde die Stadt aber auch als technisches oder gesundheitliches (Stübben 1890, Reclam 1869) Problemfeld angesehen.
So unvermittelt, wie diese städtebaulichen Richtungen zueinander standen (und so sehr ihre Vertreter in der Praxis auf Abgrenzung achteten), so eigenständig wurde die wissenschaftstheoretische Ordnung konzipiert. Den formalästhetischen und künstlerischen Phänomenen wurde zwar Zeitlichkeit (als Abfolge von Typen, Stilen, Ordnungen etc.) zugebilligt, der Ablauf jedoch wurde als völlig unabhängig oder als parallel zu den 'gesellschaftsgeschichtlichen' (Wehler 1987) Vorgängen gesehen. Bedingungen und Auswirkungen ihrer Entwicklung wurden immanent gedacht.
Die Städtetechnik wurde als Antwort auf gesellschaftlich veranlaßte Probleme gesehen, ihre Produkte hingegen als Sachlösungen verstanden, die allein technische, nicht jedoch gesellschaftliche Rationalität implizierten.
Städtebau (ästhetisch oder technisch verstanden) und Gesellschaftsentwicklung, Zeitlichkeit von Architektur bzw. Städtbau und Geschichte der Gesellschaft waren voneinander getrennt.

Allgemeine Städtebaugeschichte

Seit Mitte unseres Jahrhunderts dagegen wird in unterschiedlicher Weise versucht, Geschichte des Städtebaus und Gesellschaftsgeschichte miteinander zu vermitteln; die heute noch bestehende wissenschaftstheoretische Aktualität der entsprechenden Untersuchungen zeigt sich in ständigen Neuauflagen oder einer Übersetzung ins Deutsche.

Das städtebauliche Verständnis Karl Grubers von der 'Gestalt der deutschen Stadt' (1. Aufl. 1937, 3. Aufl. 1977) (s. u. S. 32f.) markierte hier den Neuansatz. Wie der Untertitel seiner Darstellung sagt, sieht er einen 'Zusammenhang zwischen der Veränderung von Stadt und den jeweiligen geistigen Ordnungen'. Nach seiner Meinung bestand diese Ordnung in Antike und frühem Mittelalter in der Religion, im späten Mittelalter in den politischen und wirtschaftlichen Kräften des Bürgertums und im 17. und 18. Jahrhundert in der absolutistischen Macht.
Gegenstand seiner Untersuchung ist nicht allein die Veränderung des Grundrisses einer Stadt; vielmehr geht er auch auf die Herausbildung ihrer Elemente, wie etwa des Rathauses, des Hospitals, der Zunft- und Gildehäuser und der Wohnhäuser und – im Rahmen der *Stadt*baugeschichte – auch auf deren Bauweise ein.

Lewis Mumford erweitert diesen Ansatz in seinem umfangreichen Werk 'Die Stadt. Geschichte und Ausblick' (1. Aufl. USA 1961, deutsche Übersetzung: 1. Aufl. 1979, 3. Auflage 1984) sowohl im zeitlichen (Antike bis zur Gegenwart) und räumlichen (Bezug auf den westlichen Kulturkreis) Umfang wie auf der gegenständlichen Ebene durch Einbezug von Stadttechnik und städtischer Lebensweise. Er sieht dabei als prinzipielle Basis von Stadt die Verschmelzung von religiöser Identität, sozialer Gruppierung und Ausgrenzung, Arbeit und Handel (Mumford 1984, S. 665) an. Das faktische Ergebnis der mehrtausendjährigen Entwicklung ist für ihn eine 'Megamaschine', die Welt als Stadt, die alle Mittel abstimme und einsetze zur Kontrolle und Beherrschung der Menschen:

„Kurzum, das Monopol von Macht und Wissen, das zuerst in der Zitadelle errichtet wurde, ist in stark vergrößertem Maßstab in die letzten Stadien der großstädtischen Kultur zurückgekehrt. Schließlich müssen alle Seiten des Lebens kontrolliert werden: kontrolliertes Wetter, kontrollierte Bewegungen, kontrollierte Vereine, kontrollierte Erzeugung, kontrollierte Preise, kontrollierte Phantasie und kontrollierte Gedanken. Der einzige Zweck aber, dem die Kontrolle dient, besteht darin, die Kontrolle selber zu beschleunigen." (Mumford 1984, S. 633)

In ähnlicher Weise hatte Sigfried Giedion in seiner Arbeit über 'Die Herrschaft der Mechanisierung' (Giedion 1948/87) (die nur vordergründig keine Aussagen zur Stadtbaugeschichte macht) die Mechanisierung der Arbeit und der menschlichen Umgebung im Rahmen einer 'anonymen Geschichte' untersucht. Auch er sieht die typologische Veränderung der entsprechenden Gegenstände als gesellschaftlichen Prozeß, der die einzelnen Menschen immer stärker einbinde und sie immer abhängiger mache; mit Mumford gleich ist er sich in der Verurteilung dieser 'mechanisierten Barbarei' (Giedion 1987, S. 770).
Für beide sind die Elemente der städtischen und baulichen Umwelt *Instrumente* von Herrschaft; Architekturgeschichte bedeutet für sie Geschichte und Kritik der jeweiligen Herrschaftsweise. Diese konstituiere sich nicht nur in Staatsform und politischem System, sondern 'in den kleinen Dingen des Alltags'. Gerade sie auch könnten historische Erkenntnisse vermitteln; sie machten,

"wie Eisenfeilspäne ...durch einen Magneten Form und Gestalt erhalten und vorhandene Kraftlinien enthüllen, die ... Grundtendenzen einer Periode sichtbar" (Giedion 1987, S. 21).

Einen Zusammenhang von Herrschaftsform und Baugestalt der Stadt sieht auch Wolfgang Braunfels in seiner 'Abendländischen Stadtbaukunst' (1976); er wendet sich dort gegen 'die Entfremdung der Architektur zu zeitlosen Erfahrungsbereichen der Ästhetik' (Braunfels 1976, S. 15). Mit der Beschreibung des baulichen Bestandes zentraler Städte Europas (und Manhattans) bis zum 19. Jahrhundert (und Manhattans bis zum 20. Jahrhundert) will er zugleich die soziologische Gliederung der Bevölkerung und die ökonomischen Grundlagen fassen:

"Die Verfassungen, die das Zusammenleben von Gottheiten und Menschen, von Herrschern und Beherrschten, von freien Bürgern und unfreien Lohnarbeitern regelten, schufen sich selbst jeweils das ihnen angemessene bauliche Erscheinungsbild. Man sieht jeder Stadt an, wer sie regiert und wie sie regiert wird." (Braunfels 1976, S. 10).

Die gebaute Stadt ist für Braunfels *Sinnbild* von Herrschaft, sie gelte es 'nicht nach dem Wert des politischen Systems zu beurteilen, sondern zu verstehen' (Braunfels 1976, S. 15).

Die Arbeiten der Allgemeinen Städtebaugeschichte heben raum- und zeitübergreifende allgemeine Entwicklungen im Städtebau hervor; Ziel ist es, idealtypische bzw. typologische Gesetzmäßigkeiten und Zusammenhänge zu erfassen. Die einzelnen Vertreter gehen kaum auf konkretes Geschehen, handelnde Personen und einzelne Ereignisse ein. Diese nehmen sie nur als Beleg für ihre allgemeinen Aussagen; sie lassen sich nicht auf den Gesamtkomplex einer bestimmten Stadt ein und können so tatsächliche Wirkungszusammenhänge und -verläufe nicht fassen. Darin ist z. B. auch der Kulturpessimismus bei Mumford und Giedion begründet, da sie weder die Spontaneität der Menschen, die Subversivität der Dinge, noch Ungleichzeitigkeit, Brüche und Widersprüche einbeziehen.

Gesellschaft wird auf übergreifende Ideen oder auf ethnische oder kulturelle Verhaltensweisen reduziert, die Vorstellung von Herrschaft ist staatspolitisch geprägt.

Der Zusammenhang von Städtebau bzw. Architektur und Gesellschaft bleibt teils offen, wird teils als ideelle Repräsentation und teils als Instrument gesehen, wobei jedoch in letzterem Fall nur die Struktur (Mumford) oder der aktuelle Gebrauch (Giedion) Herrschaft verwirklicht, die einzelnen städtebaulichen Elemente jedoch als sachneutral angesehen werden.

Parallel zu diesen von Gebäude und Städtebau ausgehenden Arbeiten etablierte sich die Erforschung der allgemeinen 'historischen, politischen und ökonomischen Bedingungen der Stadtentwicklung' (so z.B. Habermann et al 1978). Diese systemtheoretischen Untersuchungen vernachlässigen mehr oder weniger die bauliche Umwelt oder führen sie nur als *Beispiel* für typologische und generelle Prozesse an. Es geht ihnen nicht um die Verallgemeinerung empirisch vorgefundener Vorgänge und Wirkungszusammenhänge, sondern um Deduktion von (transzendentalen und transzendenten) Gesetzen. Die relative Eigenständigkeit und Produktivität der Re-Produktionssphäre bzw. der konkrete Alltag werden völlig übersehen.

Differentielle Städtebaugeschichte

Die allgemeine Städtebaugeschichte redet von *der* Stadt, die differentielle von Städten; jener geht es um Darstellung von Universalien, dieser um empirische Erforschung von konkreten Vorgängen. Differentielle Untersuchungen fassen die faktischen Unterschiede zwischen einer bestimmten Stadt und der Stadt im allgemeinen und zwischen bestimmten Städten untereinander. Sie richten sich auf die eigenständige Ordnung und Entwicklung und nehmen die Städte nicht nur als Fall oder Beispiel von allgemeinen (nationalen oder internationalen) Tendenzen.
Einen wichtigen Einfluß bei der Herausbildung der differentiellen Städtebaugeschichte hat sicherlich der Einbezug von Stadtgeschichte in angrenzende Wissenschaften, wie etwa der Geschichte, der Geographie, der Soziologie, der Ökonomie und der Politik (einen Überblick über neuere Arbeiten liefert Lenger 1986) gehabt, denn in Rückwirkung werden ihre methodischen Ansätze (Bezug auf konkrete historische Vorgänge, Ausgang vom Alltag, Zusammenhang von sozialen, räumlichen und gesellschaftspolitischen Vorgängen) und ihre Ergebnisse immer mehr in die Städtebaugeschichte integriert.

Ergebnis dieses Vorgangs sind sicherlich die neueren, sich auf den Alltag in den Städten beziehenden, Untersuchungen von Benevolo und Girouard:

Dabei ist die – neuere – Untersuchung von Mark Girouard ('Die Stadt: Menschen, Häuser, Plätze'; englische Ausgabe 1985, ins Deutsche 1987 übersetzt) noch sehr einer Allgemeinen Kulturgeschichte verbunden. Er untersucht Städte der westlichen Welt vom Mittelalter bis zum 20. Jahrhundert und *„beschäftigt sich damit, wer was warum, wo und wann tat"* (Girouard 1987, S. V). Er konzentriert sich dabei allerdings auf Städte, die eine 'Star-Rolle' spielten und verteilt einzelne Aspekte auf einzelne Städte.
Bei Manchester im 19. Jahrhundert untersucht er die Auswirkungen der Industrialisierung mit ihren technischen Neuerungen und Erfindungen auf die Stadt: in den Innenstädten wandelten sich die Wohn- in Geschäftshäuser um, die Oberschicht zöge in die Vorstädte, wodurch zugleich in den Innenstädten ihre Clubs (fürs Mittagessen etc.) entstünden. Das soziale Elend der Arbeiter erhöhe sich, es komme zu Massenzuwanderungen und daraufhin zu ersten philantropischen Bestrebungen.
Die Vorstädte untersucht er dann aber bei London. Dort geht er allerdings sehr detailliert auf Aussehen und Grundriß ein.
In Paris wiederum sind ihm allein das 'urbane' Leben und die öffentlichen Vergnügungen wichtig.

13

Leonardo Benevolo erarbeitet eine komplexe 'Geschichte der Stadt' (bereits 1975 in Italien erschienen und 1983 ins Deutsche übersetzt). In einer Collage für sich selbst sprechender Zeichnungen, Bilder, Fotos und Pläne von der baulichen Gestaltung der Umwelt, die er mit kurzen Erläuterungen zu ökonomischen, staatsrechtlichen und politischen Veränderungen kommentiert und verbindet, analysiert er konkrete Zusammenhänge der historischen Transformation in fast allen Bereichen des Alltags. So werden etwa für das 19. Jahrhundert, der 'postliberalen Stadt', Stadtpläne, Siedlungen, Häuser, deren Grundrisse, Kanalisation und deren Nutzen, Verkehr und Wohnungseinrichtungen mit typischen Verhaltensweisen von Bewohnern einbezogen.

Während Girouard Wirkungszusammenhänge nur innerhalb einzelner Aspekte und Städte untersuchen kann, zeigen die Abbildungen bei Benevolo die zeitgenössischen Auswirkungen gesellschaftlicher Vorgänge im Zusammenhang.
Das Verständnis von Abbildungen setzt allerdings Lesefähigkeit von Bildern und Plänen, zusätzliches Wissen auch über nichtanschauliche gesellschaftliche Prozesse und vor allem eine kritische Einstellung zum Quellencharakter von Abbildungen voraus.

Die drei bisher erschienenen Publikationen zum 'Bildungsprozeß des modernen Städtebaus', herausgegeben von Rodriguez - Lores und Fehl (1983, 1985, 1988), fassen, versprachlicht und nichtvisuelle Vorgänge einbegreifend, somit sowohl präziser wie umfassender und begrifflich reflektierter, die konkrete bauliche Entwicklung bestimmter Städte. Die ökonomischen Vorgänge stehen beim größeren Teil der einzelnen Untersuchungen im Zentrum (etwa die Ausbildung eines Bodenmarktes bei Fehl 1985 oder der Einfluß der Eisenbahnplanung auf die Stadtentwicklung bei Bodenschatz 1983); sie werden empirisch als konkrete Faktoren innerhalb der Stadt verstanden und nicht aus Theorien abgeleitet. Zusätzlich werden Zusammenhänge zwischen Nahverkehr und Kleinwohnungsbau (Siewert 1988), Arbeiterwohnungsbau und Familienstruktur als Planungsziel unternehmerischer 'Wohlfahrt' (Kastorff - Viehmann 1988) oder von Stadthygiene und Städtebau (Rodriguez - Lores 1985) analysiert und so insgesamt ein umfassendes Bild des städtischen Wirkungsgefüges entwickelt.
Man untersucht Intentionen, verfaßtes Recht und formale Pläne und die darin implizierten Interessen, teilweise jedoch ohne etwa das alltägliche Leben der in der aufgrund der Pläne hergestellten Stadt wohnenden und arbeitenden und ihre Geschäfte betreibenden Bürger einzubeziehen. (Diesen komplexen Zusammenhängen in der Stadt kann allerdings auch deshalb nicht nachgegangen werden, da die Autoren der einzelnen Analysen sich mit unterschiedlichen Städten befassen.)

In dieser Hinsicht fällt auch der Katalog der 'Landesausstellung Niedersachsen' hinter der 1985 in Braunschweig durchgeführten Ausstellung 'Die Stadt im Wandel' selbst zurück. Diese war m.E. für eine differentielle Städtebaugeschichte bahnbrechend.
Hier wurde, so weit die Quellen es zuließen, das 'komplexe Funktionsge-

füge' (Meckseper 1985, S. 29, s. a. Meckseper 1973) einer Stadt erfaßt und analysiert. Man ging von der Stadt als Ganze, dem 'wirklichen Kontext' städtischen Geschehens und seiner baulichen und dinglichen Instrumente aus und untersuchte vom Hausbau über den Buchbesitz als Mittel zur Welterkenntnis bis etwa zu medizinischen Vorgängen sehr unterschiedliche Bereiche des täglichen Lebens.

Meine Absicht ist es nun, dieses methodische Vorgehen einer differentiellen Städtebaugeschichte: Ausrichtung auf eine bestimmte Stadt und auf die konkreten Geschehnisse im Zusammenhang des Alltags, detypisierende Erforschung der Mannigfaltigkeiten und Widersprüche, der Interdependenzen, der Handlungsmotive bzw. -auswirkungen und neben den Herrschaftsstrukturen auch der sozialen und persönlichen Macht, der Vermitteltheit von Dinglichkeit, Sozialität und Herrschaft durchzuführen.

Aneignungsweise von Stadt im Alltag

Ich habe die Paradigmen einer differentiellen Stadtbaugeschichte angegeben; diese sind nicht erst Ergebnis einer sich vom Alltag ablösenden wissenschaftlichen Analyse, sondern auch der alltäglichen Aneignungen. Die Inhalte der Aneignung sind Ziel meiner Analyse im Hauptteil, die Aneignungsweisen von Stadt möchte ich jedoch noch einleitend kurz skizzieren:

Stadt als Wahrnehmungsfeld

Schon das Verständnis der Stadt als Kunstwerk impliziert wahrnehmungstheoretische Fundamente, wobei man sich im Klaren darüber sein muß, daß einerseits die Ästhetik – sowohl in den empirischen wie in den systemtheoretischen Ansätzen – als Wahrnehmungs- bzw. als Erkenntnistheorie im 18. Jahrhundert entstanden war und andererseits die (psychologische) Wahrnehmungswissenschaft zum guten Teil aus der Ästhetik entwickelt wurde (Fr. Th. Fechner, Meumann etc).

Man darf Stadt dabei jedoch nicht auf ein visuelles Feld zur Durchführung ästhetischer Regeln reduzieren. Dies hat wohl als erster Kevin Lynch gesehen; er hat in intensiver Zusammenarbeit mit dem Wahrnehmungspsychologen Gyorgy Kepes Ende der Fünfziger Jahre eine Stadtplanungstheorie entwickelt, die zunächst von der Visualität von Stadt ausgeht. Sein Ziel als Planer ist es dann, durch Gestaltung der Stadt die Lesbarkeit zu erhöhen, um dadurch Orientierung zu vereinfachen:

„*Dieses Buch ... konzentriert sich in der Hauptsache auf eine besondere visuelle Qualität: auf die Klarheit oder 'Ablesbarkeit' der Stadtszene. Damit ist die Leichtigkeit gemeint, mit der ihre einzelnen Teile erkannt und zu einem zusammenhängenden Muster aneinandergefügt werden können. Genauso wie diese bedruckte Seite, wenn sie leserlich ist, visuell als ein zusammenhängendes Muster erfaßt wird, so sind auch bei einer 'ablesbaren' Stadt die einzelnen Bereiche, Wahrzeichen und Weglinien leicht zu identifizieren und zu einem Gesamtmodell zusammenzufügen.*" (Lynch 1975, S. 12)

Wenn man die in seiner Theorie implizierten gestalterischen und sozialen Normen (Einfachheit, Übersichtlichkeit, 'Stadt als Heimat', als Hort von Identität und Sicherheit) dahingestellt sein läßt, so entwickelt Lynch hier einen Zusammenhang zwischen Wahrnehmung und Orientierung in der Stadt; allerdings legt er die Betonung stärker auf die Rezeption und weniger aufs Handeln, eher auf die Seh- und weniger auf die Lebenswelt.

Stadt als Handlungsfeld

Eine bestimmte Stadt besteht in der Regel aus mehreren unterschiedlichen materiellen Handlungsfeldern der Bewohner und Benutzer, wobei sie nicht allein aktuell, sondern langfristig durch räumliche (topographische, physikalische, ökonomische, soziokulurelle und politische) und zeitliche (historische Vorgaben) Faktoren gebildet werden. Handlung ist – hier kurz zusammengefaßt – nicht allein körperliche Bewegung und nicht allein soziale Kommunikation, sondern alltägliche, sinnhafte, zielgerichtete und zweckorientierte, lebensweltliche und leibliche Aneignung der sozialen Mitwelt und der gebauten und natürlichen Umwelt und gleichzeitig Entäußerung in sie und Einwirkung auf sie. Raum, bzw. Stadtraum ist das durch eine bestimmte Ordnung der Dinge strukturierte Feld der Handlungen.

Stadt als Wissensinhalt und Erkenntnisziel

Wahrnehmungswelt und Handlungsfeld sind miteinander vermittelt; so wie Handeln überhaupt erst Bedingung von Wahrnehmen ist, so ist es selbst ohne Aneignung der Umwelt nicht möglich.
Die Aneignung der Umwelt ist jedoch nicht immer eine nur aktuelle, sondern Erinnerungen, Erfahrungen, Erkenntnisse und Erwartungen spielen dabei eine wichtige Funktion.
Die bauliche Substanz der Stadt steht nicht allein positiv für sich selbst, sie wird vielmehr einerseits – schon im Alltag – in einen Wissensvorrat eingeordnet, sie ist andererseits – da sie materialer Anlaß oder Produkt von zeitlich und räumlich ausgedehnten nichtvisuellen Vorgängen und zudem funktionales Element in größeren Zusammenhängen ist – Ausgang alltäglicher oder wissenschaftlicher Erforschung der Wirkungszusammenhänge, Funktionen und Bedeutungsverweise.

Nordhorn

Nordhorn liegt in der Grafschaft Bentheim in Niedersachsen direkt an der Grenze zu den Niederlanden an einem kleinen Fluß (Vechte). Der Stadtkern befindet sich auf einer ursprünglich von mehreren Armen der Vechte durchzogenen Insel. Nordhorn war früher eine Ackerbürgerstadt, gegen Ende des 19. Jahrhunderts wurde sie zu einer auf Weberei und Spinnerei basierenden Industriestadt ausgebaut.
Nordhorn ist als Gegenstand der Untersuchung geeignet, da sie als Mittelstadt sowohl ausreichend komplex als noch übersichtlich ist. Die Stadt kann zudem durch ihre Einbindung in nationale und internationale Vorgänge die Verbundenheit des lokalen Alltags der Bewohner mit generellen gesellschaftsgeschichtlichen Entwicklungen zeigen.

Wo liegt Nordhorn?

Diese Frage nach Ort (in Niedersachsen) und Grenzen (auf der Vechteinsel) scheint schon beantwortet, dennoch gerät man in Schwierigkeiten:

a) in topographischer Hinsicht
Niedersachsen ist ein erst mit der Bundesrepublik gegründetes Bundesland, vorher lag Nordhorn wechselweise im Gebiet des Preußischen Staates, des Königreiches Hannover, der Französischen Republik usw. Nordhorn lag früher als besiedelter Flecken isoliert in einer unfruchtbaren morastigen und sandigen Umgebung, es ist heute Zentrum einer intensiv besiedelten und bewirtschafteten Landschaft.
Der das Stadtgebiet durch- und umfließende Fluß (Vechte) veränderte mehrmals seinen Lauf, neue Arme wurden angelegt, alte zugeschüttet, es gab keine Stadtmauer. Die Feldmark Nordhorns lag weit zerstreut im Land; innerhalb des Stadtgebietes waren, von einzelnen Gebäuden abgesehen, die Hauptstraße und die Burginsel lange Zeit landesherrlicher Besitz; Nordhorn war also weder eindeutig umgrenzt noch zusammenhängend.
b) in rechtsstaatlicher Hinsicht
Heute ist die Stadt eine relativ autonome Kommune formal gleicher Bürger und Bürgerinnen innerhalb einer Republik; bis vor 70 Jahren war sie eine 'untere' Ebene in einem feudalen, hierarchischen Herrschaftssystem und aufgesplittet in Stadtbürger sowie besitz- und rechtlose Anwohner.
c) in ökonomischer Hinsicht
Durch den erforderlichen Austausch bei der Versorgung mit Lebensmitteln, im Transithandel, durch die Abhängigkeit von Marktchancen bei der gewerblichen und industriellen Produktion sowie von technischen und politischen Entwicklungen, durch Anschluß an eine regionale und überregionale Infrastruktur ist der Ort immer schon Element eines überregionalen Gefüges gewesen.

Man stößt also bei dem Versuch, die aufgeworfene Frage nach dem Ort zu beantworten, noch auf einen zweiten Aspekt: der topographische Ort Nordhorns ist abhängig vom historischen Moment; Topographie ist immer auch Historiographie.

Wie alt ist Nordhorn?

Vor wenigen Jahren wurde das 600jährige Stadtjubiläum gefeiert; diese Datierung basiert auf der Verleihung von Privilegien an Nordhorn im Jahre 1379.
Wenn man aber einen rechtsstaatlichen Vorgang als Zeugungsakt benennt, legt man auch ein rechtsstaatliches Verständnis von Stadt zugrunde. Man muß dabei ferner annehmen, daß über den entsprechenden Zeitraum auch eine Kontinuität bestand.
Das Privileg (s.u.) gewährte den Bürgern eine gewisse juristische (eigene Gerichtsbarkeit), stadtpolitische (Wahl eines Schöffenkollegs) und ökonomische (Freiheit von landesherrlichen Abgaben, Einnahmen aus Gericht und Umland) Autonomie, verlangte aber auch die Ausführung feudalherrlicher Interessen. Die dort abverlangten Pflichten und zugesprochenen im Laufe der Jahrhunderte sehr unterschiedlich gewährten Rechte endeten jedoch mit dem Inkrafttreten des Königlich-Hannoverischen Städtestatuts von 1858. Sie veränderten sich zudem im 20. Jahrhundert jeweils mit dem Wechsel der Staatsform.
Eine rechtsstaatliche Kontinuität des heutigen Nordhorns zu dem des 14. Jahrhunderts gleichen Namens besteht bei genauerem Betrachten nicht. Der heutige rechtsstaatliche Status steht gerade in fundamentaler Diskrepanz zu früher. Nordhorn wäre (je nach Bewertung) zwischen 130 und 40 Jahren alt.

Neben dieser rechtsstaatlichen Auffasssung ließen sich jedoch noch andere Definitionen von Stadt – und das ist auch aus dem Privileg von 1379 zu entnehmen – angeben. So etwa kann man Stadt mit dem gleichen Recht als a) kulturelles, b) soziales oder c) ökonomisches Gebilde verstehen.
Das Alter der heutigen Stadt betrüge dann a) 80 Jahre (Bau der Mittelschule), 60 Jahre (Bau eines Gymnasiums) oder gar nur 40 Jahre (Bau eines Stadttheaters), b) mehrere tausend Jahre (seit der ersten Besiedlung) oder maximal 160 Jahre (Anwachsen auf über 2000 Einwohner) oder c) 100 Jahre (Industrialisierung).
Die Altersangabe hängt ab vom alltäglichen oder wissenschaftlichen Verständnis, was eine Stadt sei und von einer Werthaltung, was eine Stadt, genauer: Nordhorn sein solle. In einer historischen Untersuchung ist also die Beantwortung der Frage nach dem Alter allein gar nicht einmal so wichtig, sondern vielmehr das Aufdecken der die Frage fundierenden Werthaltung.
Dabei wird dann auch klar, daß Nordhorn vielleicht noch nicht war, sondern erst wird.

Fundamente der Stadtentwicklung

Die städtebauliche Entwicklung Nordhorns im 19. und 20. Jahrhundert war fundiert in rechtlichen, ökonomischen und soziokulturellen Veränderungen, die nicht ihren Ursprung, wohl aber ihre Auswirkungen in Nordhorn hatten.

Es zeigt sich, daß Nordhorn keine isolierte Einheit im gesellschaftlichen Geschehen, sondern in bestimmter Weise in ihr verankert ist; deshalb reicht es auch in einer historischen Untersuchung über die Stadt Nordhorn nicht aus, sich auf das Stadtterritorium zu beschränken.

Bei genauer Beobachtung der Stadtentwicklung stellt man allerdings fest, daß zwischen diesen nicht regional begrenzten Veränderungen und der Entwicklung in Nordhorn kein Kausalnexus besteht, daß sie tatsächlich im metaphorischen Sinne Fundamente sind, auf denen Nordhorn durchaus eigenständig aufbaut.

Es ist Absicht dieser Untersuchung, Heteronomie und Autonomie sowie ihr Gemenge aufzufinden und zu benennen. Im folgenden Exkurs werden die gesellschaftlichen Bedeutungen der rechtlichen und ökonomischen Veränderungen vor allem im 19. Jahrhundert skizziert.* Die entsprechenden Veränderungen im Städtebau werden im Zusammenhang mit der Analyse Nordhorns abgehandelt.

*Für ausführliche Information und Darstellung der konkreten Fakten verweise ich vor allem auf Rohr 1981, Looz - Corswarem 1979 und Specht 1941; die unten angeführten Fakten beziehen sich auf diese Untersuchungen.

Rechtliche Fundamente

Unter Bentheimer Herrschaft (bis zum 19. Jahrhundert)

„Wir Herr Bernhard, Graf zu Bentheim, bezeugen und bekennen öffentlich mit dieser Urkunde,
(1) daß wir den Bürgern, der Gemeinde und dem Weichbild zu Nordhorn genau jene Rechte und Gewohnheiten verliehen haben und verleihen, die die von Schüttorf besitzen.
(2) Auch haben wir ihnen gewährt, um ihre Freiheit zu erweitern: wer zu ihnen in die Stadt Nordhorn kommt, weil er einen Totschlag begangen hat oder weil er seiner Herrschaft entflohen ist, der darf das Recht der Freiheit in Anspruch nehmen innerhalb des Weichbildes zu Nordhorn, gestützt auf uns und alle, die dort unseren Willen erfüllen und durchsetzen, ausgenommen bei Vergehen, die innerhalb des (bentheimischen) Gerichtes begangen sind.
(3) Auch soll man von den Freiheitsrechten ausnehmen die Eigenleute, wie es zu Schüttorf Gewohnheit und Recht ist.
(4) Außerdem darf die Gemeinde zu Nordhorn von der Kirchpforte aus Wasser, Heide, Weide und Holz im Osterwald gebrauchen, ausgenommen sind Eichen und Buchen.
(5) Auch müssen sie Glockenschlag und Waffengeschrei unserer Herrschaft folgen, wie uns das zu leisten ist nach Gewohnheit und Recht unseres Gerichts ohne Einschränkung..." (zit. nach der Übersetzung von Ehbrecht 1979, S. 43, 45)

Mit diesem Privileg aus dem Jahre 1379 verlieh Bernhard, der Graf zu Bentheim, Nordhorn das Stadtrecht und damit einzelne Privilegien. Sie befreiten die Stadtbürger vor allem aus der feudalen Hörigkeit, gewährten ihnen ein Erbrecht, die landwirtschaftliche Nutzung eines bestimmten Teils der Gemarkung und das Recht, eine eigene 'politische' Vertretung innerhalb der Stadt (Magistrat) und nach außen (Vertretung im Landtag) zu wählen.

Mit der Gewährung des Stadtrechtes entstand jedoch keine Loslösung aus der feudalen Hierarchie, von der Macht des Fürsten oder gar eine Autonomie der Nordhorner. Die damit verbundenen Privilegien konnten dann auch vom Fürsten zurückgenommen und als Machtmittel zur Durchsetzung fürstlicher Interessen eingesetzt werden. Dies war schon 1379 bei der Verleihung der Privilegien der Fall; sie waren

„eher eine genaue Bestimmung von Aufgaben im Rahmen eines territorialen Herrschaftskonzepts: die Stadt war in Verbindung mit ihrer Burg als dem landesherrlichen Stützpunkt Ausgangspunkt der militärischen Verteidigung, gleichzeitig war sie Mittelpunkt der entstehenden territorialen Verwaltung." (Ehbrecht 1979, S. 47)

Weitere Privilegien wurden ebenfalls nicht ohne Gegenleistung gewährt; so wurden etwa für die Übernahme einer finanziellen Bürgschaft zum Nutzen des Fürsten der Stadt Nordhorn im 15. Jahrhundert die Einnahmen aus Akzise, Zoll und Mühlenabgaben abgetreten.

Andererseits wurden der Stadt Nordhorn alle Privilegien und Einkünfte wegen aus der Quellenlage nicht näher spezifizierbarem 'Ungehorsam' am Anfang des 17. Jahrhunderts aberkannt und – als sie ein Jahr später wieder gewährt wurden – in ihrem Umfang reduziert, wobei zusätzlich seit dieser Zeit bei der Wahl des Magistrats der den Landesherrn vertretende Richter anwesend sein mußte; damit ist

„in der Person des Richters ... der Landesherr bei der Ratswahl anwesend und dokumentiert dadurch die wirklichen Rechts- und Machtverhältnisse." (von Looz - Corswarem 1979, S. 105)

Hinzu kam natürlich, daß die Stadt Nordhorn in alle politischen und persönlichen Händel des Landesherrn hineingezogen wurde. Gegen Ende des 17. Jahrhunderts war Nordhorn z.B. Aufmarschgebiet des mit dem Fürsten verbündeten Bischofs von Münster gegen die Niederlande; zu Beginn des 18. Jahrhunderts wurde die Verwaltung der Grafschaft wegen Regierungsunfähigkeit des damaligen Landesherren vom Kaiser an den Kurfürsten von Köln, der gleichzeitig Bischof von Münster war, übertragen, wobei es zu entscheidenden Veränderungen in der Verwaltung der Grafschaft kam, die nicht unerhebliche Auswirkungen auf Nordhorn hatten und dort zur Rechtsunsicherheit führten. 1752 wurde die Grafschaft sogar wegen großer Schulden mit allen Herrschaftsrechten und Einkünften an das Kurfürstentum Braunschweig verpfändet. Dadurch fiel Nordhorn dann letztlich dem Königreich Hannover (das in Personalunion mit dem Königreich England stand) zu.

Durch diese politischen Veränderungen wurden die Rechte Nordhorns gerade im 18. Jahrhundert ständig eingeschränkt; der den Landesherrn vertretende Richter erhielt immer mehr Kompetenz.

Unter französischer Herrschaft (1795 - 1813)

1795 besetzten die Franzosen die Grafschaft. 1804 überließen sie gegen eine Zahlung von 800 000 Franken dem Grafen Ludwig Wilhelm I. die Grafschaft. Aber schon 1806 wurden Nordhorn und die Grafschaft in das neugegründete Großherzogtum Berg eingegliedert, bei dem es bis zum Abzug der Franzosen im November 1813 blieb.

1809 trat auch für Nordhorn das französische Munizipalsystem in Kraft, in dessen Folge Nordhorn mit sieben Landgemeinden zur Mairie Nordhorn zusammengeschlossen wurde. Alle Gemeinden wurden staatliche Verwaltungsbezirke; es gab keine gemeindliche Selbstverwaltung mehr, der Maire und dessen zwei Gehilfen sowie die 16 Munizipalräte wurden vom Unterpräfekten aus Lingen eingesetzt.

Vordem bestand die Stadt Nordhorn als genossenschaftliche Einheit innerhalb der feudalen Hierarchie, d.h. daß trotz allen oben kurz dargestellten Abhängigkeiten die Feldmark allen Bürgern gemeinsam gehörte, jeder Bürger kommunaler Handlungsträger war und also beim Reinigen der Vechte, bei Bränden usw. tätig werden und sich selbst verwalten mußte. Unter französischer Herrschaft hingegen wurde die Stadt völlig in ein durchgehendes hierarchisches System eingegliedert und von der höheren Instanz her verwaltet. Laut Specht (Specht 1941, S. 149) wurde auf die Auflösung der genossenschaftlichen Ordnung des städtischen Grundbesitzes, auf Aufhebung der Gilden und Einrichtung einer Verwaltung nach bürokratischen Prinzipien gedrängt.

Unter hannoveranischer und preußischer Herrschaft (ab 1813)

Nach Abzug der Franzosen 1813 wurde die Grafschaft wieder vom Königreich Hannover übernommen. Die Munizipalverfassung blieb aber im wesentlichen noch bis 1832 bestehen. Allerdings beteiligten sich die Bürger Nordhorns ab 1823 wieder an der Auswahl des Bürgermeisters, indem sie zwei Kandidaten vorschlugen, von denen ein fürstlicher Regierungsrat einen zum Bürgermeister bestimmte, der von der Landdrostei dann noch bestätigt werden mußte; dies Auswahlverfahren blieb bis 1861 bestehen.

Nach einer königlichen Verordnung von 1824 wurde Nordhorn als amtssässige Stadt behandelt, was sie auch nach dem Verfassungsreglement von 1832 war, d.h., es wurde als Landgemeinde dem Amt Neuenhaus und der Landdrostei Osnabrück unterstellt, die letztlich über alle wichtigen Beschlüsse der Stadt zu entscheiden hatten; zudem blieben u.a. die Gerichtsbarkeit, die Polizeiverwaltung, die Erteilung von Konzessionen und die Aufsicht über den Stadtetat beim Fürsten von Bentheim.
Diese Ordnung blieb bis 1853 in Kraft – wenn man einmal von der Übertragung der Herrschaftsrechte des Fürsten an das Königreich Hannover absieht, die keine wesentlichen Änderungen hervorrief – als Nordhorn ein neues Verfassungsstatut erhielt. Es wurde 1858 durch die revidierte hannoversche Städteordnung und 1861 durch das Landgemeindegesetz von 1859 modifiziert. Erst jetzt wurde der Magistrat wieder von den Bürgervertretern gewählt.

Bis zum 18. Jahrhundert waren allein diejenigen Bewohner Bürger der Stadt, die in der Stadt ein Haus und Anteil an der gemeinsamen Mark hatten, alle anderen, wie etwa die Knechte und Mägde, aber auch die Juden gehörten nur zur 'Menhet' (Specht 1941, S. 64) und waren ohne Rechte. Die Aufnahme einer Person als Stadtbürger war von finanziellen Leistungen und persönlichen Bedingungen abhängig.
Während in der kurzen Zeit der französischen Herrschaft diese Unterscheidung entfiel, galt sie unter Hannover auch noch nach dem Statut von 1861 und unter Preußen bis 1919; allein die finanziellen Aufwendungen wurden reduziert.
Inzwischen hatte sich aber der Nutzen für das Bürgertum reduziert, so wurde z.B. ab 1806 den neuen Bürgern keine Markenberechtigung mehr gewährt. Daraus ergaben sich auch innerhalb der Bürgerschaft zwei Klassen, die in der Mitte des 19. Jahrhunderts konfligierten; die Altbürger mit Markenrecht verstanden die Mark als genossenschaftlichen Besitz, aus dem die anderen Bürger keinen Nutzen ziehen können sollten. Magistrat und Neubürger betrachteten die Mark als Gemeindebesitz, aus dem sie z.B. durch Verkauf Gewinn erzielen und die Kommunalkosten finanzieren konnten. In einem 1864 geschlossenen Vergleich mußte der Magistrat allein den Altbürgern die Mark zugestehen. Somit war für Nordhorn der wichtigste Schritt hinsichtlich einer Privatisierung von Grund und Boden, wie sie für das Königreich Hannover in der Ablösungsordnung von 1833 gefaßt worden war, getan. Die zwischen 1871 und 1874 durchgeführte Spezialteilung und Auflösung des genossenschaftlichen Besitzes resultierte konsequenterweise daraus.
Nachdem schon die Franzosen die Gilden aufgelöst hatten, konnten sie in

Nordhorn auch während der Zeit unter hannoverscher Herrschaft trotz der Versuche, sie rechtlich wieder zu stärken (z.B. in der liberalen Gewerbeordnung von 1847 und deren konservativen Revidierung von 1848, die u.a. auf Einspruch der Zünfte vorgenomen wurde und die bis zur Übernahme der preußischen Gewerbeordnung am 21.6.1869 galt) keine Bedeutung mehr erlangen.
Dies lag zuerst an der Ausweitung der Textilherstellung als Nebenerwerb und im Verlagssystem, später an der Monopolisierung der Arbeit durch die Textilindustrie.

Ökonomische Fundamente

Nordhorn diente lange Zeit als Transitstation zwischen den deutschen Staaten und den Niederlanden; der Ort eignete sich aus geologischen Gründen gut als Lager- und Umschlagplatz, da einerseits von hier aus in Nord-Süd-Richtung die durch die Stadt fließende Vechte schiffbar war und andererseits der Boden so beschaffen war, daß er in Ost-West-Richtung eine Furt durch die weiten Moore bot.
Sandstein, Leinwand, Garne und Holz wurden in die Niederlande transportiert. Aus England gelangten u.a. Tücher, Fisch, Öl, Farbstoffe, aus Frankreich Weine, Kolonialwaren, Tee und Kaffee nach Deutschland.
In dieser Funktion war Nordhorn sehr abhängig von internationalen politischen und ökonomischen Veränderungen; so wirkten sich wechselnde Zölle und Zollgrenzen, ständig sich verändernder Zugang zu Absatzgebieten sowie die technische und betriebswirtschaftliche Entwicklung von Konkurrenzunternehmen (besonders der benachbarten Twente) auf Nordhorns Wirtschaft aus.

Der Großteil der Bewohner Nordhorns betrieb jedoch Landwirtschaft und war gewerblich tätig. Nordhorn war eine Ackerbürgerstadt, in der jeder Bürger bis weit ins 19. Jahrhundert Ackerbau betrieb (siehe S. 148ff.) und gleichzeitig in einem Handwerk tätig war, wobei der Anteil der jeweiligen Tätigkeiten sicherlich nach Jahreszeit und Auftragslage wechselte.

Das Umland Nordhorns war wegen der schlechten Bodenqualität dünn besiedelt, auch die Bauern verdienten sich ihren Unterhalt durch zusätzliche gewerbliche Tätigkeiten; aus dem auf dem dürftigen Boden gedeihenden Flachs sponnen die Frauen Garn, das die Männer verwebten. Kleinere Händler fuhren über Land und tauschten Garn und Tuch gegen Lebensmittel und Kolonialwaren.
Attraktiv für den Handel mit Webwaren war vor allem die Leggefreiheit (Legge, d.i. eine Schauanstalt für Leinen) Nordhorns, die dazu führte, daß auch geringere Leinenqualität der nebenerwerblich produzierenden Bauern aus Lingen, Tecklenburg und Steinfurt umgeschlagen wurde, die anderswo nicht mehr abgenommen wurde. Auch führte der Weg vieler Hollandgänger, das sind Heuerlinge, die sich als Saisonarbeiter in Holland verpflichteten, über Nordhorn. Sie verkauften auf dem Transit hier ihr Leinen, um billigere Lebensmittel mit nach Holland zu nehmen. Die Webwaren wurden dann von Händlern weiter vechteabwärts nach Amsterdam geschafft.
Gegen Ende des 18. Jahrhunderts steigerte sich die Produktion von Webwaren, da sich verstärkt Bauernsöhne als Hausweber ansiedelten. Dadurch entstand ein Garnmangel, der von Händlern behoben wurde, die dann auch die Tuche abnahmen. So etablierte sich in Nordhorn zwischen 1780 und 1820 ein Verlagssystem, bei dem die Produzenten ökonomisch an die Händler gebunden waren.

1815 wurde als Auswirkung des 'Wiener Kongresses' das Vereinigte Königreich der Niederlande gegründet, das Holland und Belgien umfaßte. Als Folge entstand 1816 eine Zollgrenze zwischen der Grafschaft Bentheim und den Niederlanden, um die in Belgien und Südholland liegenden Spinnereien vor der Konkurrenz zu sichern. Außerdem fiel der Unterlauf der Vechte an Preußen, so daß die an das Königreich Hannover gebundene Grafschaft plötzlich zwischen zwei Zollgrenzen lag. Hinzu kamen ferner noch die Handelshindernisse durch die Binnenzölle in den Ländern Hannovers.
Die Spediteure wählten nun ihren Weg über Ems oder Lippe (obwohl der Schmuggel blühte) und die Grafschaft geriet, von ihrem Hinterland abgeschnitten und vom Transithandel umfahren, in eine äußerst schwerwiegende Rezession. Die eingeführten Rohstoffe waren verteuert, der Export der Fertigwaren gehemmt. Wurden 1815 noch 5400 Lasten auf der Vechte befördert, so waren es 1864 nur noch 651 (eine Last hatte 3000 Pfund); auch die münsterländische Leinenausfuhr sank von 1814 bis 1818 auf die Hälfte. Die städtischen Finanzen waren durch hohe Kriegsschulden geschwächt, die Ausgaben der Stadt lagen höher als die Einnahmen aus Pachten und Wegegeldern, zumal Nordhorn 1818 auch das Recht auf Erhebung einer Landsteuer an Hannover verlor. Sie konnte nur teilweise durch eine 1821 eingeführte Umsatzsteuer (Akzise) ausgeglichen werden.

1830 besserten sich die ökonomischen Bedingungen in Nordhorn, als Belgien sich von den Niederlanden trennte, und diese die Einfuhrzölle auf Garn verringerten, um den wegfallenden Spinngarnlieferanten zu ersetzen. Nun allerdings trat ein zweites Problem auf: nach Aufhebung der von Napoleon verhängten Kontinentalsperre gegen England war Europa der vollen Konkurrenz der englischen Textilhersteller ausgesetzt. Dort hatte man bereits von Leinen auf Baumwolle umgestellt, so daß eine mechanische Verarbeitung möglich war. Es entstanden Manufakturen mit von Dampfkraft betriebenen Spinnereien und Webereien. Die Niederländer paßten sich der neuen Produktionsweise zwischen 1820 und 1830 an. Ihnen kamen dabei gesicherte Absatzmärkte in den Kolonien zugute.
Auf diesem Weg kam 1839 die technische Innovation – mit dem Textilfabrikanten W. Stroink – nach Nordhorn. Er gründete einen Verlag, der nicht nur die Rohstoffe, sondern auch Produktionsmittel (Schnellwebstühle) an die Weber lieh; er gründete zugleich eine Schule, in der er Arbeiter an den neuen Webstühlen ausbilden ließ. 1845 beschäftigte Stroink in dieser Weise 90 Hausweber.
Der Schwiegervater von Stroink, der Nordhorner Leinenhändler van Delden, gründete dann 1846 in Ergänzung zu diesem Verlag eine Färberei und 1847 eine Spinnerei, in der u.a. eine große Anzahl Kinder arbeiteten. Damit waren die einzelnen Produktionszweige ökonomisch unter einem familialen, aber noch nicht unter einem architektonischen Dach geeinigt, die Produktionsorte waren im Land verstreut, das Management hatte sich systematisiert.

Dies veränderte sich 1851, als Povel und Kistemaker eine Schnellweberei errichteten. Während sie erst einen kleineren Teil der Arbeiter an einen

Produktionsort zusammenzogen und der Großteil der Produktion noch im Verlagswesen organisiert war, war die 1852 gegründete dampfbetriebene Spinnerei eine Manufaktur.

Mit den Betriebsgründungen dieser Jahre war auch für Nordhorn der nebenerwerblich produzierende Bauer und Handwerker zum spezialisierten Fabrikarbeiter geworden und der Schritt von dezentraler Heimproduktion mit eigenen Produktionsmitteln zur zentralisierten Lohnarbeit in der Fabrik eines Unternehmers getan.
Dennoch hielt sich zusätzlich bis kurz vor der Jahrhundertwende Heimarbeit und Landwirtschaft als Subsistenzwirtschaft (siehe Povel 1922).
Zu Beginn der Weltwirtschaftskrise in der Zeit von 1857 bis 1862 und in der Folge des amerikanischen Bürgerkrieges von 1861 bis 1865 war für die Nordhorner Unternehmer die nördliche Lage im münsterländischen Textilgebiet von Vorteil, da sie so immer Zugriff auf billige Arbeitskräfte vom Lande hatten.
Der Standort wurde jedoch zum Nachteil, als in den 70er Jahren die Dampfmaschine auch die manuellen Webstühle gänzlich ersetzte und alle Betriebe in Nordhorn voll mechanisiert waren. Die Spinnereien benötigten nun zwei- bis viermal soviel Kohle wie Rohfasern. Diese mußte aus den südlich liegenden Kohlerevieren herbeigeschafft werden. Jedoch im Gegensatz etwa zur Nachbargemeinde Schüttorf oder zur Twente verfügte Nordhorn nicht über einen Bahnanschluß. Mühsame Kohletransporte in Pferdewagen vom 16 km entfernten Bentheim wurden notwendig und verteuerten die Produktion erheblich. Eine zusätzliche Belastung war die als Folge des Krieges 1870/71 gegen Frankreich erfolgte Einverleibung des Elsaß, da die dortigen Textilfabrikanten ihre Waren ebenfalls auf deutschem Markte anboten. Die Löhne der Nordhorner Textilarbeiter wurden reduziert.
Es folgten Experimente mit neuen Produktionsstrategien; so spezialisierte Ludwig Povel 1889 sich in der vom Vater übernommenen Firma auf die Herstellung von 'Waterschürzen', er verminderte die in der Breite unökonomische Warenpalette auf ein billiges Massenprodukt. Er wurde so zum Prototyp des großindustriellen Textilfabrikanten in Nordhorn, dem andere folgten (Rawe).

Als 1896 die Bentheimer Kreisbahn nach Nordhorn eröffnet wurde und 1897 der Dortmund-Ems-Kanal als Verbindungsstück zum 1887 fertiggestellten Ems-Vechte-Kanal in Betrieb genommen wurde, konnte direkt aus dem Ruhrgebiet Kohle herangebracht werden. Durch diese Direktverbindung verbesserte sich die Verkehrslage und damit die ökonomischen Chancen Nordhorns.
So kam es, daß 1913 von den 12 390 Einwohnern Nordhorns fast ein Drittel in der Textilindustrie arbeiteten. Allein die 1898 mit 30 Arbeitern in der Nähe des Bahnhofs gegründete Weberei Niehaus und Dütting hatte 1913 1 385 Beschäftigte.

Geschichte der Stadt

Die gebaute Stadt ist weder ein ästhetisches Phänomen, das, obschon in sich einer zeitlichen Veränderung unterworfen, dennoch unabhängig ist von gesellschaftsgeschichtlichen Prozessen, noch ist sie allein deren Resultat.
Sie ist die ästhetische Organisation des Alltags, sie ist kein (Abfall-)Produkt von Gesellschaftsgeschichte, sondern produktives Element im gesellschaftsgeschichtlichen Prozeß.
Architektur ist keine autonome Kunst unabhängig von gesellschaftlicher Bedingtheit und Auswirkung, wie auch Gesellschaft kein autonomer Bereich ist, der unabhängig von der materialen Umwelt vorgeht.
In der städtebaulichen Analyse Nordhorns geht es mir darum, diese hier nicht weiter theoretisch begründeten Thesen empirisch zu prüfen, also die gesellschaftsgeschichtlichen *Implikationen* und *Wirkzusammenhänge* ästhetischer Phänomene herauszuarbeiten.

Stadtgestalt

So wie es ein 'Gesellschaftsbild bei Stadtplanern' (Heide Berndt) gibt, das die Entwicklung und Bewertung städtebaulicher Instrumente und Eingriffe beeinflußt, so existieren unreflektierte 'Städtebilder', die bei der Stadtentwicklung zum ästhetischen Leitbild werden. Es sind historisch oder normativ fixierte räumliche Gefüge, festgefügte visuelle, funktionale oder ästhetische Topoi, von denen ich hier nur einige in Bezug auf die Situation in Nordhorn präsentieren kann:

Entfaltung des Problems

Klischee: Mittelalterliche Stadt

1 Idealtypisches Stadtbild (Braunschweig)

Klischee: Stadt am Wasser

2 Mont Saint Michel (nach P. Zucker)

Paul Zucker schreibt zur Stadt am Wasser:
„Die reine Inselstadt ist im plastischen Sinne genau ebenso zu werten wie die reine Höhenstadt. Wird bei der Höhenstadt ihre kubische Geschlossenheit und die Isolierung von der landschaftlichen Umgebung durch die absolute Höhenlage bedingt, so bei der Inselstadt durch die sie umgebende Wasserfläche. Diese bewirkt scharfe Abgrenzung. Zusammenfassung aller Massen und klare Auszeichnung der Silhouette. Die bekanntesten Beispiele dieses Typus, Venedig, Mont Saint-Michel, Lindau und Ratzeburg, wo die Einfassung durch die Wasserfläche eine vollkommene ist... Etwas verwischter ... auch Mantua ... Dordrecht, Stockholm und Helsingfors. Bei diesen Städten ist die Außenansicht nicht von allen Seiten gleich ausdrucksvoll, die Wasserfläche dringt in das Innere der Stadt ein und hebt so zum Teil die Isolierung gegen die Landschaft wieder auf."
(Zucker 1929, S. 62)

Klischee: Bürgerstadt

Die Binnenstruktur der Stadt wird von Wilhelm Heinrich Riehl beschrieben:
„Das einfachste Muster einer schönen Straßenlinie ist der natürliche Fußpfad, den des Wanderers Fuß unwillkürlich immer in anmutig geschwungenen Wellenlinien zeichnet, niemals schnurgrade. In derselben Linie wachsen auch heute noch in unseren Dörfern häufig die Straßen auf... wer gewinnt den Ruhm, in unseren Städten die erste anmutig gekrümmte neue Straße wieder zu bauen? ... Ich habe so viel von dem aus vergangenen Zeiten uns vererbten deutschen Bauernhause gesprochen; es steht aber auch ein Bürgerhaus der Zukunft vor meinen Augen, welches anders aussieht als eine Kaserne. Ihr schauet da – im zwanzigsten Jahrhundert – ein unregelmäßig gebautes, mäßig großes Haus, gelegen in einer neuen dennoch krummen, wie ein anmutiger Fußpfad geschlängelten Straße. Die Giebelfront ist der Straße zugekehrt... Der schönste Schmuck dieses zukünftigen Hauses ist ein Erker..." (Riehl 1881, S. 208, S. 315)

Klischee: Historische Entwicklung

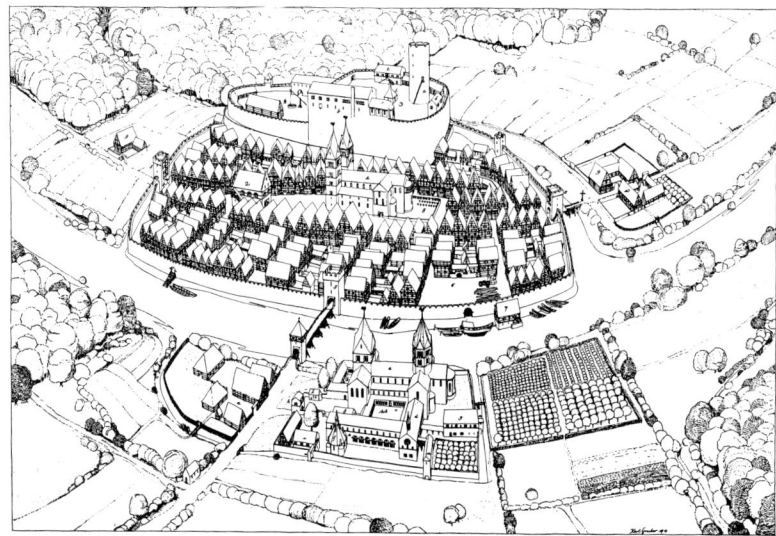

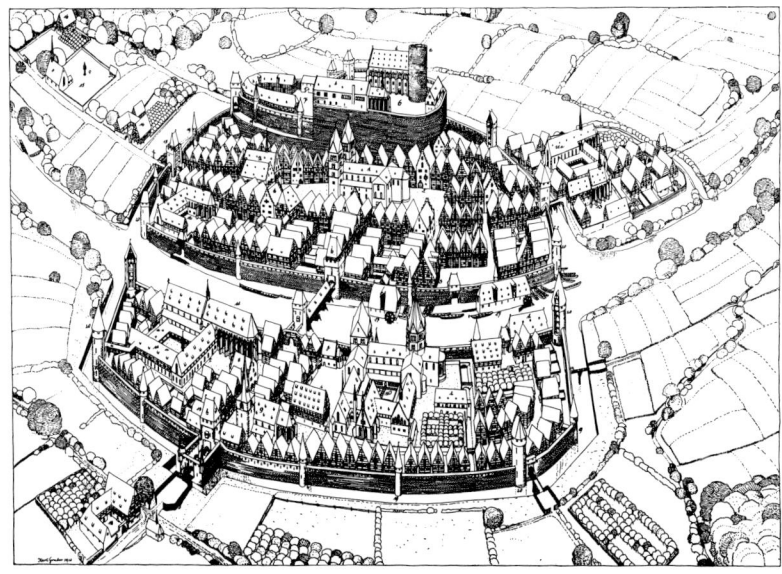

3 - 6 Historische Typologie (nach Gruber)

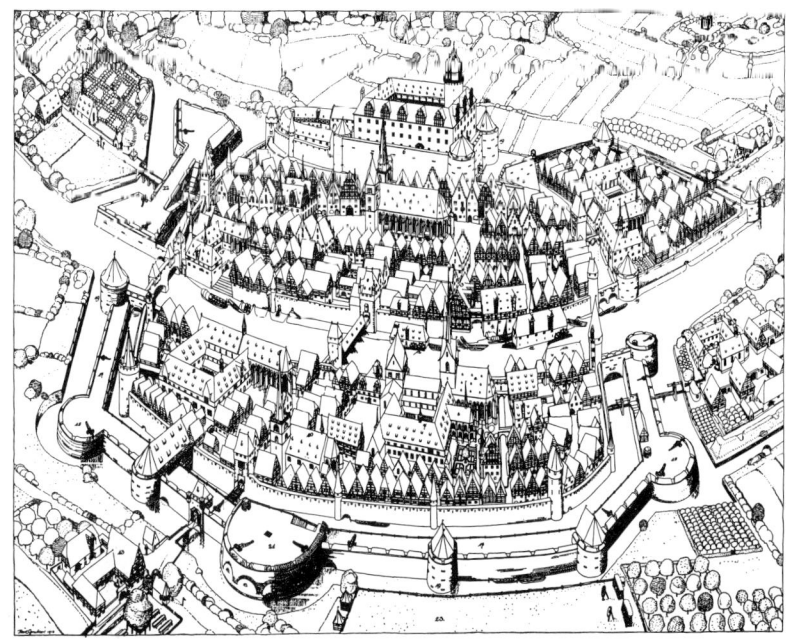

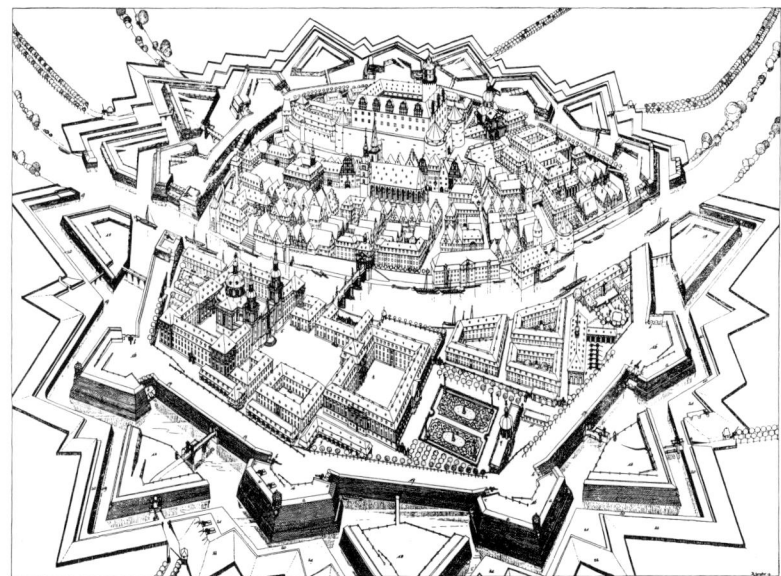

Eine konkrete Analyse der historischen Entwicklung Nordhorns muß zeigen, ob diese oder ähnliche Topoi tatsächlich zutreffen, ob sie übertragbare Vorstellungen sind oder ihre Verwirklichung mit dem vorgeblichen Ziel einer historischen Orientierung der geschichtlichen Wahrheit gerade entgegengesetzt ist. Vor allem muß geklärt werden, inwiefern die Gestalt einer Stadt alltagsrelevant ist.

Nordhorn bis zum 19. Jahrhundert

Die heutigen Kenntnisse über Stadtgrundriß und Gebäude Nordhorns in der Zeit vor dem 19. Jahrhundert sind dürftig. Neben Brand- und Gebäudekatastern sowie Lagerbüchern, die sehr unspezifisch sind und wenig konkrete Informationen über die Architektur der Stadt vermitteln, ist als früheste Information allein der „de la Porte-Plan" von 1832 (Original siehe unten) überliefert. Für die Erforschung der Vergangenheit Nordhorns vor diesem Datum ist man weitgehend auf Rückschlüsse und auf Analogien mit anderen Städten angewiesen.

Zu Anfang dürften allein die Burginsel als feudaler und die beiden 'Zentrumsinseln' als bürgerlicher Bereich bewohnt gewesen sein. Die heutige Hauptstraße dürfte ursprünglich schon bestanden haben. An ihr standen Häuser auf Parzellen, die sich bis zur Vechte hinzogen (siehe auch Schmitt 1979, S. 146).

Eine erste Ausweitung fand – wie man vermuten kann – noch vor 1590 mit der Bebauung der Ochsenstraße (Abb. 7, Bereich IV) und Verlängerung der Parzellen des nordöstlichen Teils der Hauptstraße (Abb. 7, Bereich VI) statt. Ob man nun den entsprechenden Vechtearm vor oder nach dem Bau zugeschüttet hat, muß offen bleiben. Ich würde jedoch einschätzen, daß

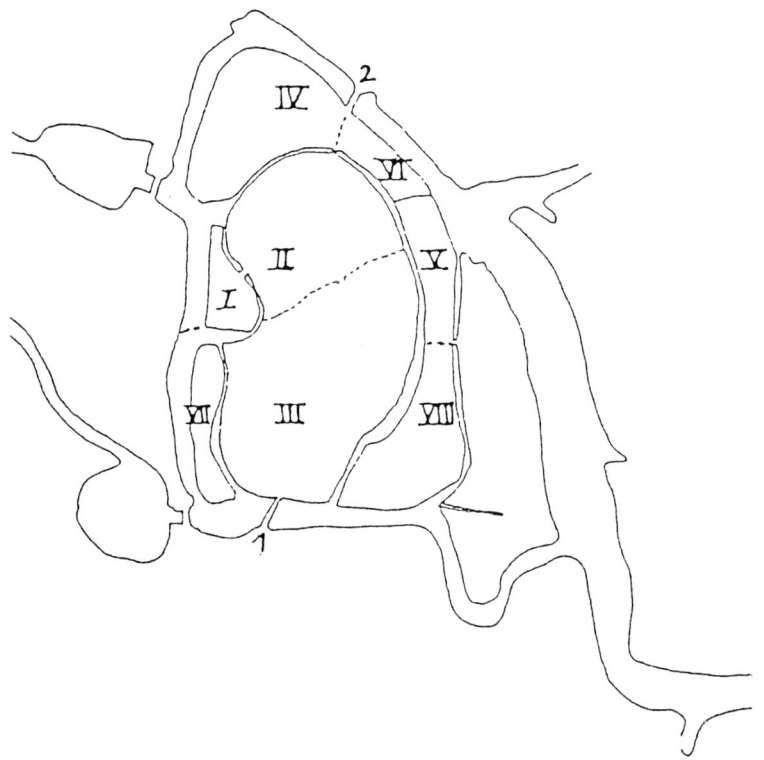

7 Schema des Inselbereichs

1. Bentheimer Tor
2. Lingener Tor
I. Burg
II. Zentrum-Nord
III. Zentrum-Süd
IV. Ochsenstraße
V. Hagenstraße
VI. Hafenstraße
VII. Schuhmachershagen
VIII. Alte Maate

die Veränderungen vor der 1590 begonnenen Parzellierung der Hagenstraße stattgefunden haben, da diese offensichtlich auf die Verlängerung der nordöstlichen Hauptstraßenparzellen Bezug nimmt, ihr also zeitlich folgt. Ende des 16. Jahrhunderts also wurde der nördliche Teil der Hagenstraße (Abb. 7, Bereich V) parzelliert und verhältnismäßig einheitlich bebaut (Specht 1941, S. 107), etwas später entstanden die drei Häuser am Lingener Tor (Stadtdienerhaus, Armenhaus, Privathaus) (Abb. 7,2) (Klopmeier 1955, S. 237 f).

Diese Ausweitungen dürften auch den sogenannten Flaschenhals erklären, der genau am ehemaligen Verlauf der Binnenvechte beginnt und sich bis zum Lingener Tor (Abb. 7,2) erstreckt. Ob es auf der Lingener Seite schon immer ein Stadttor gegeben, ob es anfangs am Ausgang der Zentrumsinsel gelegen hat, wann es verlegt wurde oder ob es schon immer an der im 18. Jahrhundert mit einem Tor bebauten Stelle (Abb. 7,2) gestanden hat, muß bis auf weiteres offen bleiben. Damit dürften die großen Veränderungen bis zum Ende des 19. Jahrhunderts erfaßt sein.

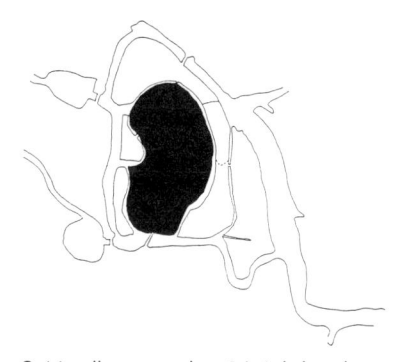

8 Nordhorn vor dem 16. Jahrhundert 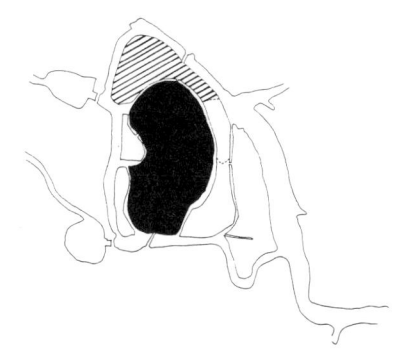   **9** Nordhorn bis 1590 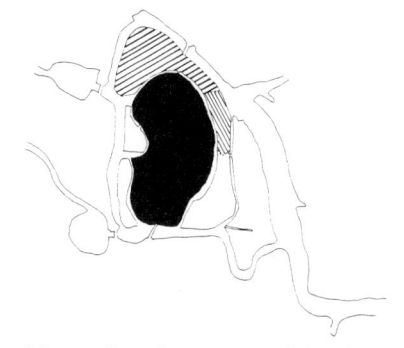   **10** Nordhorn bis zum 19. Jahrhundert

Äußere Grenzen

Die o.a. Zeichnungen müssen jedoch, was die Umgrenzung des Stadtgebiets und damit das Verständnis von „Stadt" im Gegensatz zum „Land" betrifft, auf mehreren Ebenen relativiert werden:

– topografisch
Die Vechte bildete tatsächlich keine Grenze. Über die Vechte führten Brücken, deren Anzahl wechselte; zwei von ihnen waren an den jeweiligen Enden der Hauptstraße errichtet. Hier befanden sich auch zwei Tore, die in der Mitte des 18. Jahrhunderts (1747, Tor an der Brücke nach Lingen; 1779, Tor an der Brücke nach Bentheim) erneuert, aber schon 1856 und 1858 wieder abgebrochen wurden. Die Vechte selbst hat sicherlich ihren Verlauf durch Überschwemmungen verändert und dürfte im Hochsommer bisweilen zu einem dünnen Rinnsal geworden sein. Die Stadt wurde mehr-

mals über einen Vechtearm hinaus ausgeweitet. Die Burg, topografisch innerhalb der Vechtearme gelegen, gehörte ursprünglich als feudaler Herrensitz nicht zur Stadt. Auch als sie 1578 im Verlauf der Reformation vom katholischen Kloster Frenswegen gekauft wurde, war sie von einer 6 Fuß hohen Mauer umgeben (Voort 1969, Schmitt 1979) und grenzte sich aus dem Stadtgebiet aus.

— funktional
Kirche und Friedhof der Stadt waren außerhalb der gekennzeichneten Bereiche an der Straße nach Lingen in der ersten Hälfte des 15. Jahrhunderts errichtet worden (Weihe 1445).
Ebenfalls vor dem gekennzeichneten Bereich waren bestimmte gewerbliche Unternehmungen angesiedelt: die Schmieden lagen wegen der Brandgefahr vor den beiden Toren, auf dem anderen Ufer der Vechte lagen im Westen die Mühlen, im Nordwesten Zimmer- und Holzplatz.
Der Großteil der Bewohner Nordhorns betrieb Landwirtschaft, die Äcker und Weiden lagen natürlich außerhalb verstreut, das Vieh hatte jedoch seinen Stall innerhalb des gekennzeichneten Bereiches.

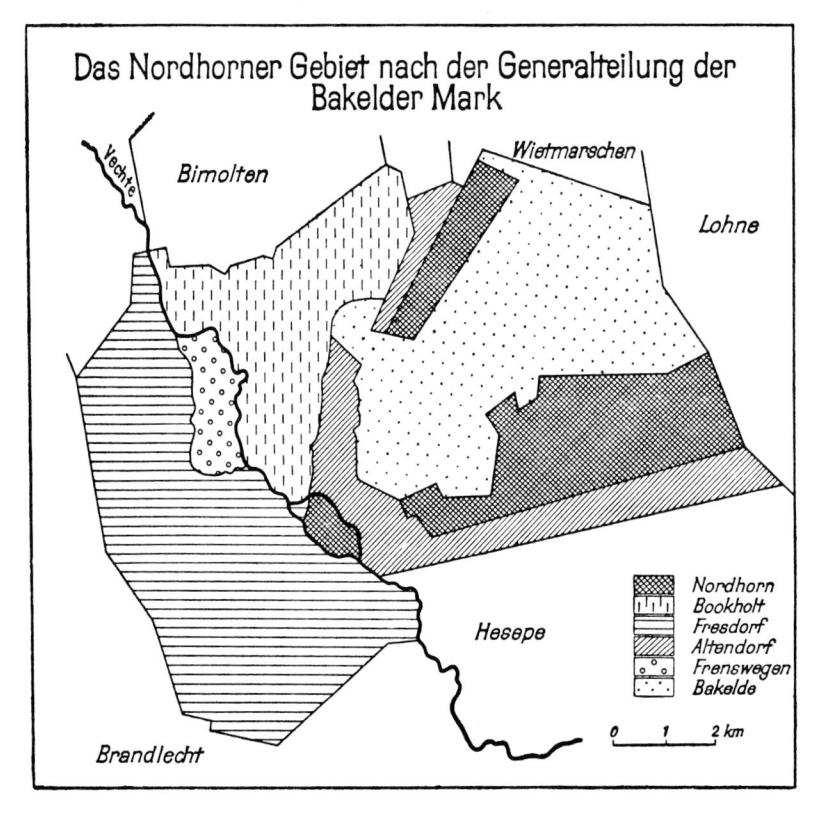

11 Nordhorner Gebiet

-rechtlich
Bürger Nordhorns war nicht schon jeder, der innerhalb bestimmter Umgrenzungen (Vechte) wohnte, sondern allein derjenige, der ein an Besitz gebundenes Erbe innehatte. Einmal hatte damit der Vollbürger auch Anteil

an der zur Stadt gehörenden aber außerhalb der Inseln liegenden Mark, die gemeinsam genutzt wurde und zum anderen war nicht jeder auf der Insel wohnende und arbeitende Mensch Bürger der Stadt.

Auf diesen drei Ebenen wird deutlich, daß eine Stadt vor dem 19. Jahrhundert nicht topografisch, sondern staatsrechtlich bestimmt war. Sie war eher eine gesellschaftliche Institution als ein durch Raumgrenzen bestimmter Ort; zu einer Gebietskörperschaft wurde sie vollends erst im 20. Jahrhundert (dazu siehe Matzerath 1985, S. 60).

Innere Ordnung

Mit der inneren topographischen Ordnung einer Stadt ist die Existenz und Lage bestimmter Gebäude und Anlagen gemeint. In unserem Braunschweiger Beispiel (Abb. 1) sind dies Burg und Kirche; auf jedem Stadtplan aus gleicher Zeit sind zusätzlich Marktplatz oder Marktgebäude und Rathaus erkenntlich. Sie bilden das topographische Zentrum einer Stadt, sie überragen in der Regel die restliche Bebauung und sind aus der Ferne als erste sichtbar. Häufig genug auch orientieren sich Gebäude und Straßenverlauf in der Stadt daran.

Im frühen Nordhorn, also in dem in Abb. 8 markierten Bereich, gab es jedoch kein Zentrum; die Kirche lag weit vor dem Bereich, einen Markt gab es wohl kaum (wobei man von der Funktion her einen lokalbezogenen Markt zur Versorgung der Bevölkerung mit Lebensmitteln von einem überregionalen Jahrmarkt, auf dem als Gewerbe in großem Umfang Produkte aus der Ferne oder in die Ferne verkauft wurden, unterscheiden muß), da die Stadtbürger sich durch ihre eigene Landwirtschaft selbst versorgten und Produkte zum Verkauf erst aufgrund der Einrichtung des Verlagswesens für Textilien und später der Manufakturen und Textilindustrien entstanden. Die sogenannte 'Burg' bestand aus einem einfachen Steinhaus, das im Zeitalter des Lehmfachwerks zwar großen Repräsentationswert besaß, für den Landesherren jedoch bedeutungslos und auch in der Benutzung durch die katholische Kirche nie dominierendes Zentrum für die Stadt war.

Erst in der Mitte des 18. Jh. setzt eine neue Ordnung ein: in der Mitte der Hauptstraße wird ein Rathaus gebaut (1752) und so die Stadt zentriert. Der aufwendige Neubau der beiden steinernen Stadttore in der gleichen Zeit (s.o.) gibt ihr zumindest ansatzweise eine äußere Begrenzung.

Nordhorn im 19. Jahrhundert

Nordhorns städtebauliche Ordnung zu Beginn des 19. Jahrhunderts ist in dem schon oben angesprochenen Plan des fürstlichen Forstaufsehers de la Porte überliefert. Auf dem Plan selbst ist vermerkt, daß er im Oktober 1800 vom Deichinspektor Niemeyer aufgenommen wurde (StA NOH C I f. Nr. 95).

Der Plan dient der Kennzeichnung von herrschaftlichem Grund und damit bestimmten Interessen und ist insofern nicht objektiv; er wird, wie man vermuten darf, von der Stadt in der Markierung des Eigentums nicht anerkannt (Anmerkung auf der Rückseite des Plans). Der Plan zeigt jedoch den Verlauf der Vechte und ihrer Binnenarme und damit Größe und Lage der einzelnen Inseln; an Aufbauten sind leider nur die Bauten in fürstlichem Eigentum markiert, die Wohnhäuser der Bürger, aber auch das Rathaus fehlen. In der Zeit der Erstellung dieses Plans setzt die Veränderung Nordhorns in wirtschaftlicher und baulicher Sicht ein.

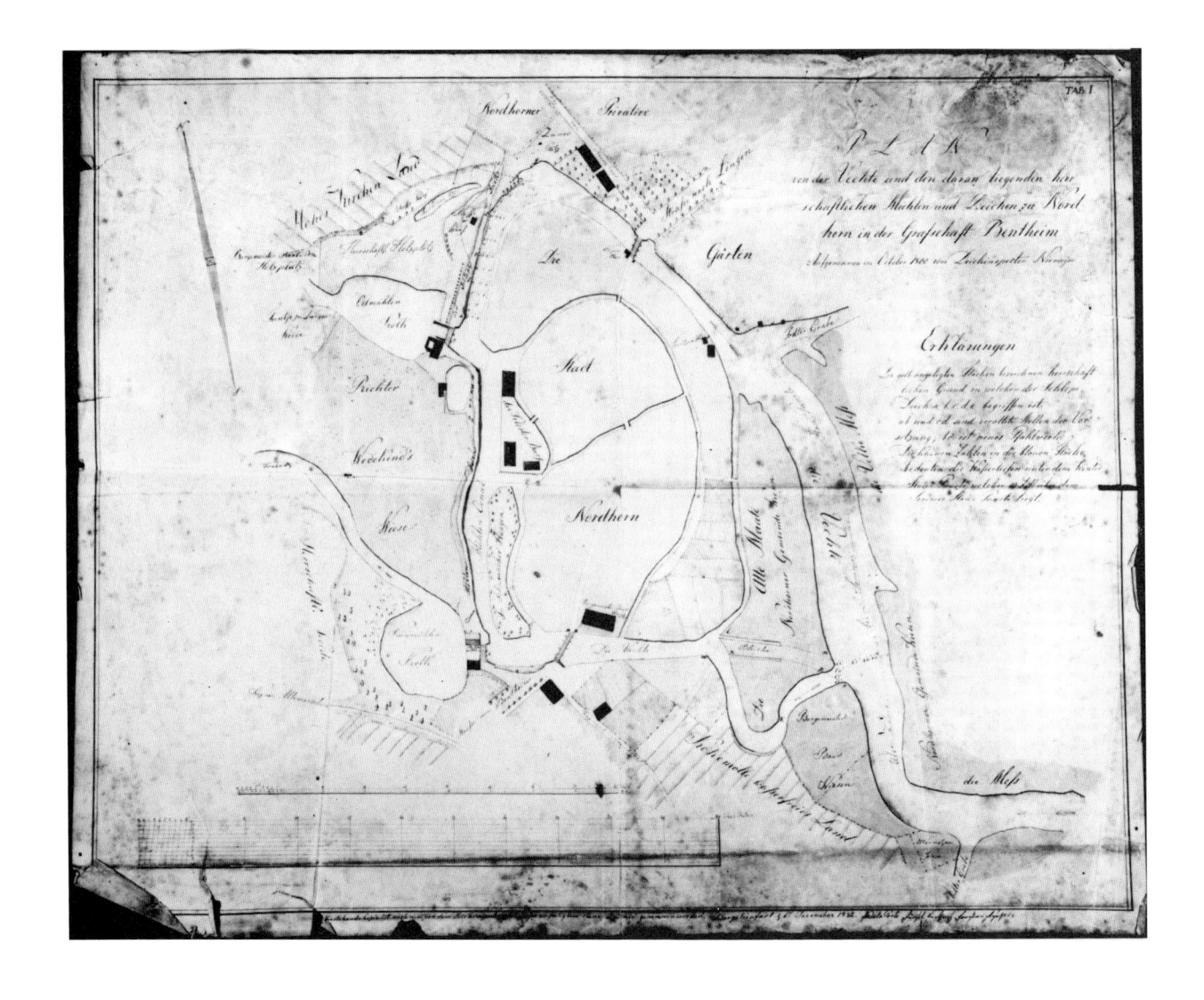

Die erste Folge der oben geschilderten Industrialisierung ist das Zuschütten der Binnenvechten, die von den Abwässern sehr stark verschmutzt wurden. Dies ist aus dem Urkataster von 1874/75 ersichtlich. (Wegen der besseren Abbildungsqualität übernehme ich die Nachzeichnung aus v. Looz-Corswarem, Schmitt 1979.)

12 Plan der Vechte, 1832

13 Urkataster, 1874/75

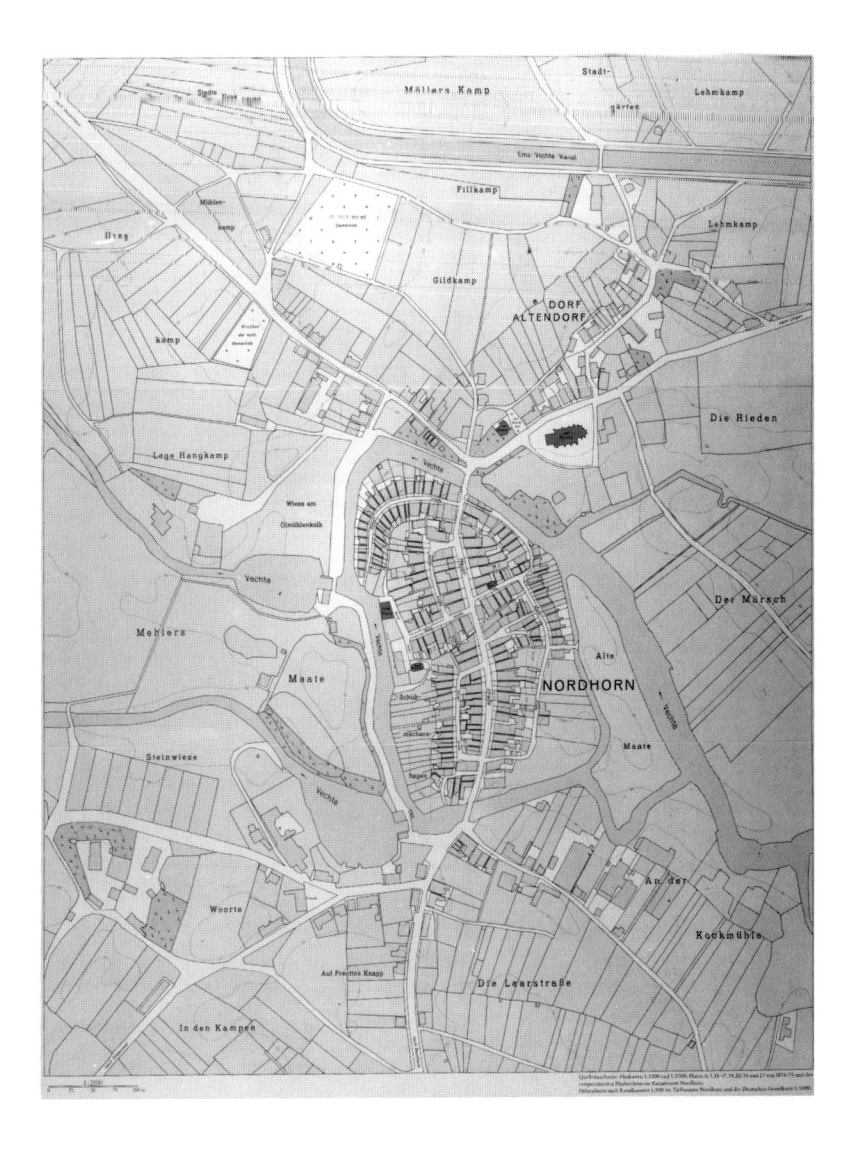

Der Verlauf der Grundstücksgrenzen markiert sehr deutlich die oben angesprochenen Phasen der Ausdehnung der Stadt; sie transformieren gewissermaßen eine zeitliche Abfolge in eine Ordnung der Oberfläche. Die Größe der einzelnen Parzellen differiert; die Parzellen der Hauptstraße, auch dort, wo sie sich bis zur Hafenstraße durchziehen, sind in der Regel größer als diejenigen von Schuhmachershagen, Ochsen- und Hagenstraße; die schmaleren Parzellen der Hauptstraße sind aus Teilungen hervorgegangen, wobei dennoch von der Fassade her auf beiden ein einziges Haus stehen kann. Auch die lichte Weite der o.a. Straßen ist jeweils geringer als bei der Hauptstraße, diese ist also tatsächlich die *Haupt*-Straße Nordhorns.

Dies zeigt sich auch in der sozialen Topographie Nordhorns zu dieser Zeit.

Nach H. J. Schwippe, der die Volkszählungsliste von 1864 ausgewertet hat (Schwippe 1979, S. 186 ff.), wohnen von 4 Fabrikanten 3, von 20 Warenkaufleuten 19 in der Hauptstraße, während die Hilfsarbeiter vorwiegend in der Hagen- und Ochsenstraße zu finden sind. Allerdings darf man dieser Erhebung nicht allzuviel Vertrauen schenken; denn sie hat – wie alle Volkszählungen, die mit die Wirklichkeit vorab sortierenden abstrakten Kategorien arbeiten – große Fehler, die eigentlich schon 1864 aufgefallen sein dürften und die heute noch kenntlich werden, wenn man die Grundrisse der Wohnhäuser hinzunimmt: obwohl sehr viele Häuser gerade der Hauptstraße Diele und Stall haben, soll es ausschließlich in der Hagenstraße eine Person geben, die zu den 'Pflanzenbauern, Tierzüchtern und Fischereiberufen' gezählt wird.

Will man sich nun die Lebenswelt der Bürger, Bewohner, Vaganten und Passanten verdeutlichen*, so muß man von den immaterialen Grundstücksgrenzen absehen. Sie haben nur insofern Auswirkungen auf das Alltagsleben der Bewohner, als sie durch soziale Sanktionen eingefordert werden (letzteres ist kaum noch zu rekonstruieren) oder durch Hausfronten, Umzäunungen o.ä. materialisiert sind. Dies war z.B. auch auf der Hauptstraße der Fall, wo die Hausbesitzer den zu ihrem Besitz gehörenden Platz vor dem Haus durch eine Umzäunung markierten.

Liest man nun diesen Plan, so ergeben sich zwei unterschiedlich bebaute Bereiche (die man durch eine west-östliche Linie, die sich vom Ende der

* Wir haben deshalb einen Schwarzplan auf der Basis des Urkatasters angelegt, wobei man vermerken muß, daß alle fliegenden Bauten (Schuppen, Abtritte, Viehställe etc.) in dem Urkataster und so auch in unserem Schwarzplan nicht enthalten sind, dennoch aber in großer Anzahl bestanden haben, wie zeitgenössische Fotos, etwa von der Vechterückseite der Ochsenstraße, zeigen.

14 Schwarzplan, 1875**

**Der Schwarzplan basiert auf dem Urkatasterplan des Katasteramtes, Zweifel über die Bebauung wurden vom 1. Fluchtlinienplan von 1901 her beseitigt. Der Schwarzplan stimmt mit der Beilage von Looz-Corswarem/Schmitt 1979 im wesentlichen überein, allerdings konnten wir auf den Parzellen 330 und 331 des Flurs 51 (Wallhok) keine Bebauung feststellen.

Ochsenstraße über die Kreuzung von Hauptstraße und Burgstraße bis zum Ende der Hagenstraße erstreckt).

15 nördlicher Teil der Hauptstraße

Der nördliche Teil (Abb. 15) ist gekennzeichnet durch die parallel zur Vechte in einem Bogen verlaufenden Hagen/Hafen- und Ochsenstraße. Sie geben der Stadt einen äußeren Rand und bilden an der Lingener Brücke eine Torsituation aus, indem die beiden letzten sich gegenüberliegenden Häuser der Hauptstraße nur einen engen Durchlaß bilden und sich die ihnen benachbarten Häuser anpassen ('Flaschenhals', s.o.). Nach innen weitet sich dann der Straßenraum aus, er ist am Kopfende durch die seitliche Front des Rathauses begrenzt, so daß ein die Stadt betretender Passant diesen Bereich wahrscheinlich als Platz wahrgenommen haben dürfte.

16 südlicher Teil der Hauptstraße

Der südliche Teil Nordhorns steht ganz im Gegensatz dazu. Eigentlich ist nur die Hauptstraße bebaut, die heute Schuhmachershagen genannte

Straße ist eindeutig als Hinterstraße, also als Wirtschaftsweg, zur Hauptstraße angelegt. Die Fläche zwischen Bebauung und Vechte ist freigelassen. Der Eingang in die Stadt bleibt frei, ist also gerade nicht als Tor ausgebildet.

Zusammenfassend könnte man sagen, daß die Nordseite den Unterschied von Stadt und Land betont, die Südseite ihn nivelliert.
Diese ambivalente Situation enthält von der baulichen Seite her theoretisch mehrere Entwicklungsmöglichkeiten:
a) Verstärkung dieser Ambivalenz (Abb. 17) (das implizierte jedoch ein Kunstverständnis, das man erst im 20. Jahrhundert erwarten konnte).
b) Ausbau der Platzsituation (Abb. 18).
c) Generalisierung des nördlichen Prinzips (Abb. 19), d.h. die Erzeugung einer Kernstadt.
d) Generalisierung des südlichen Prinzips (Abb. 20), d.h. die Erzeugung einer Bandstadt.
e) Ausweitung des südlichen Prinzips zu einem übergreifenden, unzentrierten Raster (Abb. 21).

17 - 18 Entwicklungsmöglichkeiten

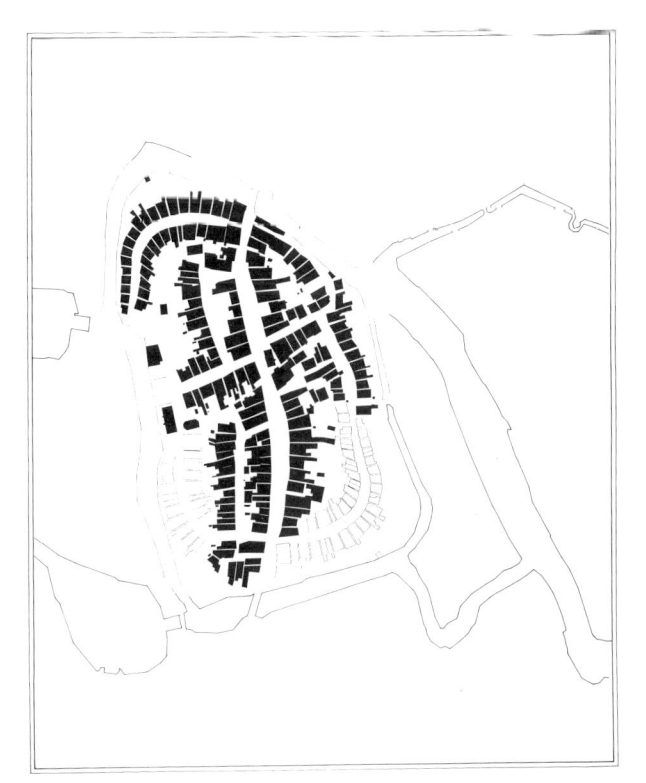

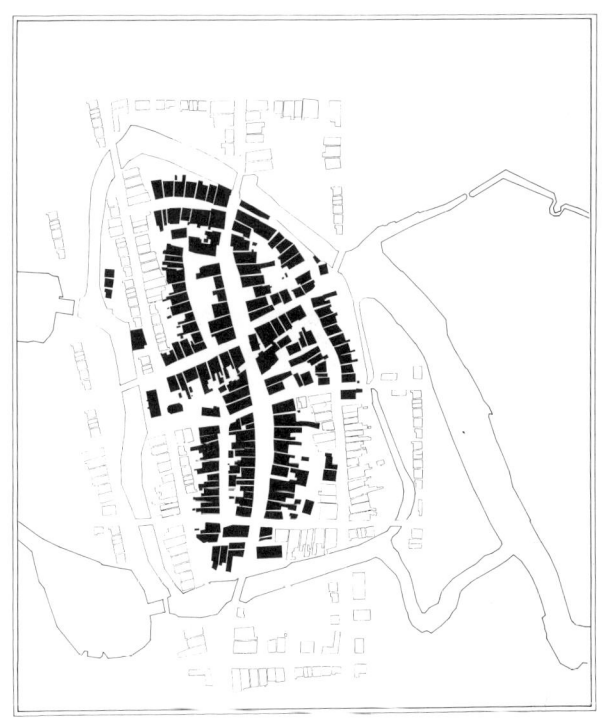

19-21 Entwicklungsmöglichkeiten

Nordhorn im 20. Jahrhundert

Neben den Bauordnungen waren Fluchtlinienpläne eine Möglichkeit der öffentlichen Hand, die bauliche Entwicklung einer Stadt zu steuern. Bauordnungen waren schon frühzeitig, hauptsächlich zur Beseitigung der Brandgefahr in den Städten, entstanden (zu Nordhorns Bauordnung s.u.), während das preußische Fluchtliniengesetz erst am 2. Juli 1875 vom König unterzeichnet wurde; es übertrug die Planungsbefugnis, die vorher bei den Landespolizeibehörden gelegen hatte, auf die Gemeinden.
Der erste Fluchtlinienplan (Abb. 22) in Nordhorn wurde am 18. 3. 1901 beschlossen, er enthält Fluchtlinien für die Hauptstraße (im Original in roter Tinte); schon im Dezember des gleichen Jahres wurde er wieder geändert (grüne Tinte).
Die ersten Fluchtlinien legten ganz schematisch eine Schneise von 12,50 m Breite (daran ist sie auch in der Schwarz-Weiß-Abbildung zu erkennen, es sind die beiden inneren Linien) durch die Stadt. Dabei wurde ein Teil der vor den Häusern liegenden Grundstücke zur öffentlichen Fläche erklärt; aber es wurden auch Aufbauten an beiden Eingangsseiten der Stadt überschnitten, in der Mitte der Hauptstraße wurde das Rathaus halbiert und ein sehr kleines Stück des gegenüberliegenden Wohnhauses tangiert. Völlig verzichtet wurde darauf, auch an Stellen, wo dies ohne Abriß möglich gewesen wäre, breitere Flächen für einen Platz zu reservieren, vielmehr ließ man diese Grundstücke in Privateigentum.
Die Änderung der Fluchtlinien im Dezember des Jahres ließ zwar die Eingangsbereiche wie im ersten Plan bestehen, paßte jedoch die Fluchtlinien der lichtesten Weite der bestehenden Bebauung an und überschnitt als Folge das Rathaus und drei benachbarte Gebäude dann um ein Erhebliches. Das bedeutsame Ergebnis dieser Änderung war die Transformierung der gesamten unbebauten Privatfläche in öffentliches Eigentum; der Straßenraum war nun rechtlich völlig öffentlich, Privatheit begann erst hinter der Hausfassade.
Zusätzlich noch wird die südliche Einmündung der Hagenstraße in die Hauptstraße weiter nach Norden gelegt.
1906 wurde ein zweiter Fluchtlinienplan (Abb. 23) erstellt, der nun das gesamte Gebiet der Insel umfaßte und dann in Schritten bis 1946 fortgeschrieben wurde.

In diesem Plan wurde eine Veröffentlichung der an der Straße liegenden privaten Flächen auf der ganzen Insel durchgeführt. Zudem wurde im Osten der Stadt über den unbebauten Bereich der Hagenstraße (Abb. 7, Bereich V) im rechten Winkel eine Straße zur Alten Maate geführt, auf der später eine Schule gebaut wurde. In diesem Zusammenhang wurde dann auch die Hagenstraße aufgegabelt. Sie erhielt an der Vechte entlang eine zweite Einmündung in die Hauptstraße.

In dieser Veränderung war ansatzweise eine sich an topologischen Gegebenheiten orientierende Aufrasterung der Stadt angelegt. Die Fluchtlinien

22 Stadt Nordhorn, Fluchtlinienplan betr. die Hauptstraße, 1901

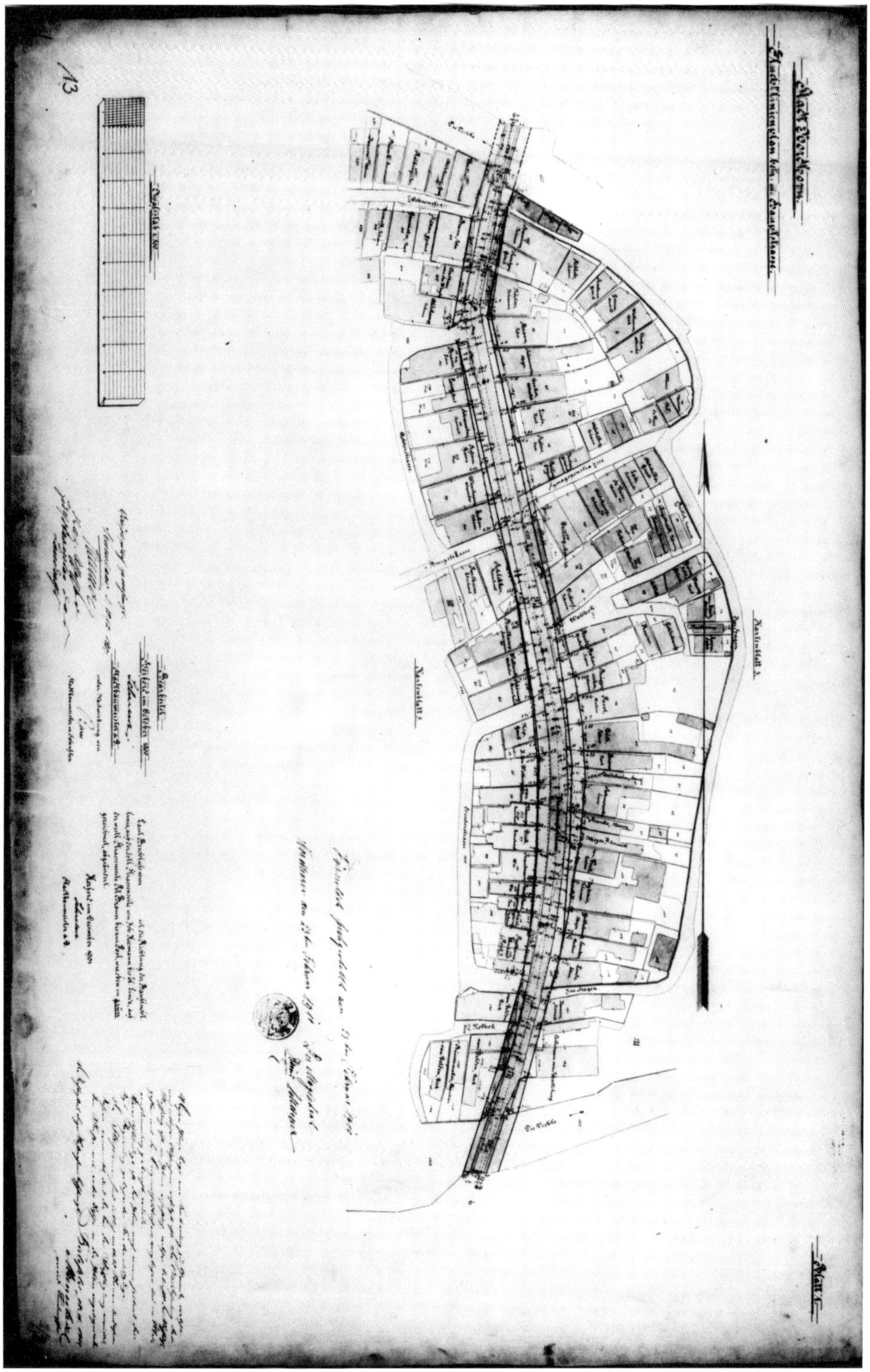

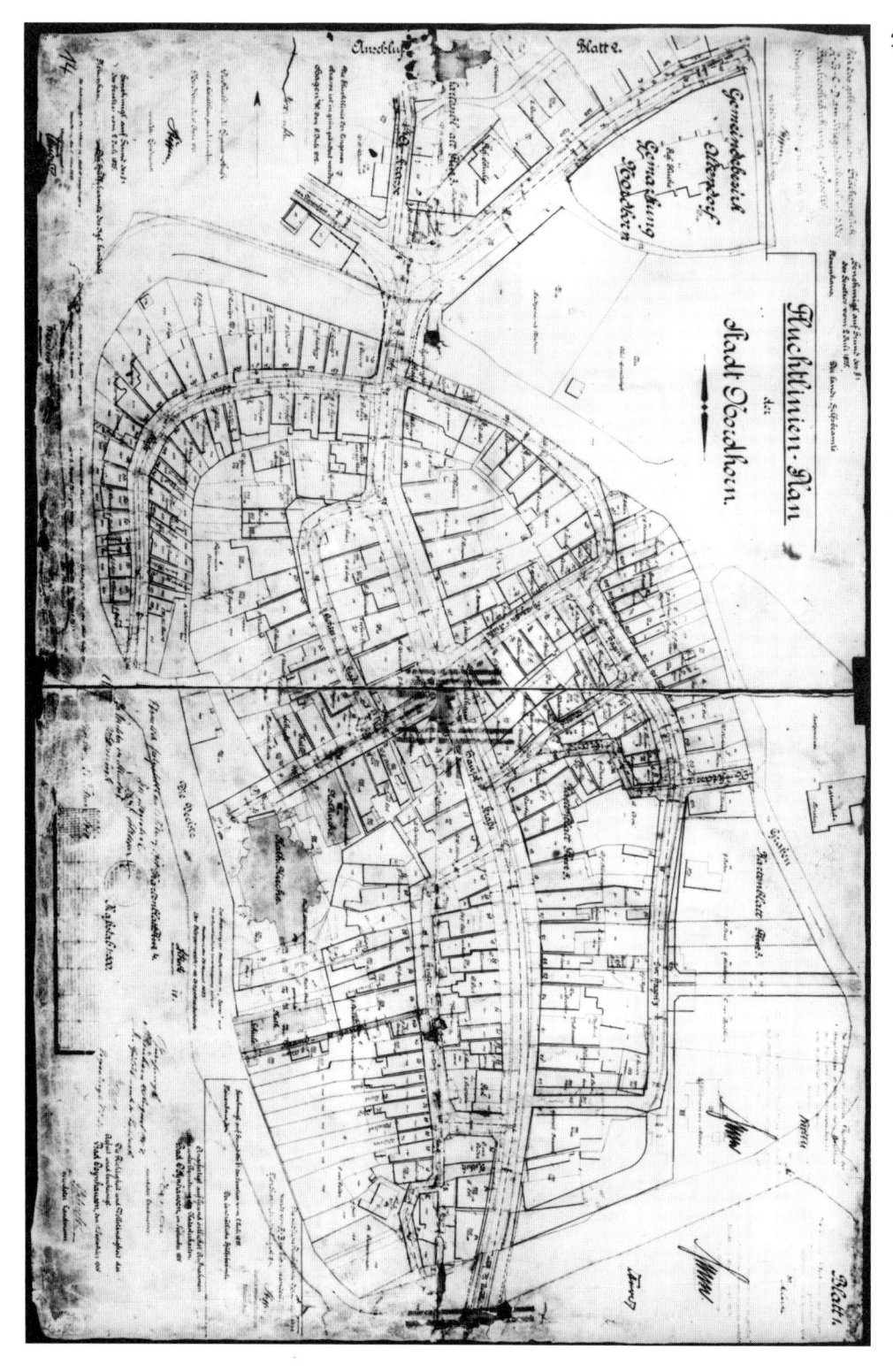

23 Fluchtlinienplan, 1906

entsprachen somit am ehesten noch der in Abb. 21 abstrahierten Entwicklungsmöglichkeit der Stadt im 19. Jahrhundert. Sie nahm jedenfalls die Möglichkeit der Abb. 19, den Inselbereich baulich zu umrahmen und ihn so zu einer abgeschlossenen Gestalt zu führen, nicht auf. Die städtebauliche Ausweitung der Stadt ging dann jedoch bis in die 70er Jahre weitgehend am Inselbereich vorüber. Zwar wurden größere architektonische Vorhaben verwirklicht: das Rathaus brannte – wenn man es einmal so sagen darf – wie schon 1901 geplant, ab; an seiner Stelle wurde ein Hotel gebaut, es entstanden die katholische Kirche 'St. Augustinus' an Stelle der 'Burg', eine Schule auf der Alten Maate und die aufwendige Villa des Sanitätsrats Collmann von Schatteburg an der Hagenstraße. Sie veränderten aber nicht grundsätzlich die oberflächige Ordnung.

Außerhalb der Insel entwickelte sich die Bebauung zuerst an den alten Straßenverläufen entlang. Hier wohnten auch die durch die Expansion der Textilindustrie herangezogenen Arbeiter mit ihren Familien in Häusern, die durch eine von den Unternehmern getragene Genossenschaft als Reihe oder Siedlung angelegt worden waren. Auch die Unternehmer bauten ihre Villen außerhalb der Insel.
Neben einer allgemeinen Zersiedelung der Landschaft sind 4 Bereiche zu erkennen (in Abb. 24 markiert), die die drei wichtigsten Fabriken (Nr. 1 - 3) und die vier Phasen (Nr. 1 - 4) der Zuordnung von Arbeitern zu ihrer Fabrik

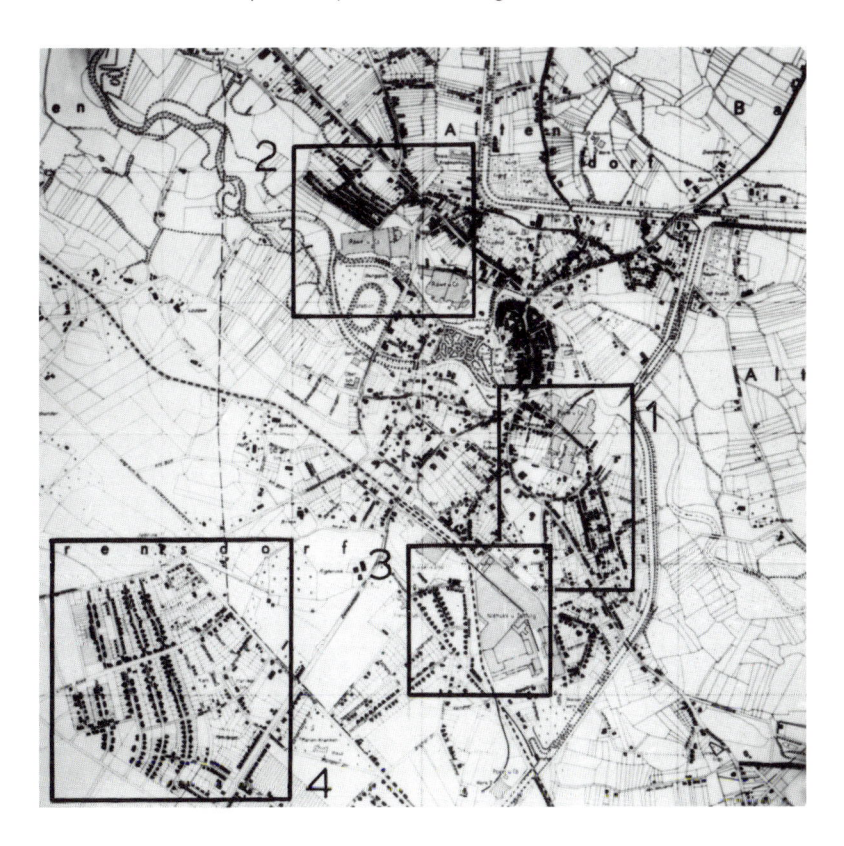

24 Stadtplan, vor 1933

kennzeichnen. Wobei man hier vielleicht noch hinzufügen sollte, daß sich Magistrat und Landrat mit dem Bau von Arbeiterwohnungen durch die Firmen nicht zufrieden zeigten. In einer Auflistung wird bemängelt, daß die Firmen der auferlegten Pflicht nicht nachgekommen seien. 1921 zählte der Landrat:

Firma	Bußmaate	Rawe	Schnieder	Povel	van Delden	Niehues	Stroink
Arbeiter	194	131	143	785	21	1070	199
Wohnungen	60	21	95	97	33	79	33

(StA NOH C VIII h 26)

Die erste Phase bei der Firma Povel (Nr. 1) zeigte auf dem Streng ab 1900 eine ungestaltete Bebauung der an die Fabrik angrenzenden, aber der Insel abgewandten Seite mit unterschiedlichen Haustypen.

25 Luftbild Streng

Die zweite Phase (Nr. 2) war die planmäßige Anlegung gleichmäßig und eng bebauter paralleler Straßenzüge in der Siedlung Bußmaate (Abb. 26), wiederum auf der Rückseite der Fabrik (von der Insel her gesehen). Die Häuser wurden kurz vor dem 1. Weltkrieg von einer Wohnungsbaugenossenschaft errichtet, die von den Unternehmen ins Leben gerufen worden war.

Die dritte Phase zeigte sich in der Bebauung bei der Firma Niehues und Dütting (Abb. 27). Firma und Siedlung liegen relativ weit von der Insel entfernt, die Wohnbebauung war gartenstadtähnlich angelegt.

Die vierte Phase bedeutete die Loslösung der Bebauung von der Arbeitsstätte und von der Insel. Die Besiedlung dieser Gegend geht zwar bis zur Jahrhundertwende zurück, die eigentliche Siedlung mit dem Namen 'Neu-Berlin' wurde aber erst in der Mitte der 20er Jahre konzipiert und von 1926 bis 1929 mit 600 Wohnungen bebaut (Abb. 28). Sie wurde als geordnete Gartenstadt angelegt (Nr. 4) und spricht so ihrem Namen eigentlich Hohn.

26 Luftbild Siedlung Bußmaate

27 Wohnbebauung Niehues und Dütting

28 Siedlung Neu-Berlin

Ohne nun hier die vier Phasen und die Entwicklung des Umfelds genauer zu analysieren (prinzipiell zur Entwicklung des Arbeiterwohnungsbaus im 19. Jahrhundert siehe Führ, Stemmrich 1985), so möchte ich doch hervorheben, daß durch den Bau der Fabriken und der Siedlungen die Insel baulich und sozial isoliert wurde. Die Anlagen grenzten die heterogen genutzte und gemischt bewohnte Insel durch die Fabrikgebäude aus und setzten ihnen homogen genutzte und bewohnte Gebiete gegenüber. Erst so wurde die Insel zum Stadtkern.

In der Zeit des Nationalsozialismus gab es kaum den Inselbereich betreffende *bauliche* Veränderungen; im Stadtgebiet wurden bestehende Vorhaben weitergeführt, im Süden entstanden umfangreiche Arbeitslager mit Baracken. Jüdischer Grund- und Hausbesitz wurde enteignet, die Synagoge vernichtet. Von Zerstörungen des 2. Weltkrieges blieb Nordhorn in baulicher Hinsicht verschont, wenn man einmal von der dümmlichen Sprengung der Brücken durch deutsche Soldaten bei Kriegsende absieht, als das Haus Hauptstraße 59 an der Lingener Brücke schwer beschädigt wurde.

Nach dem 2. Weltkrieg änderte sich vorerst wenig an der oberflächigen Ordnung der Insel. Die in großem Umfang zuziehenden Umsiedler aus dem Osten erhielten Wohnung in eigens gegründeten Dörfern im Umland. Umsomehr veränderte sich jedoch der Lebensalltag der Bewohner. Der Inselbereich wird als Einkaufszentrum genutzt, und durch die starke Nutzung der Hauptstraße als Durchfahrt für den Autoverkehr werden die parallel zu ihr verlaufenden Straßen Schuhmachershagen und Hagenstraße aufgewertet.
Anfang der 70er Jahre aber intensivierte sich trotz des Baus von Supermärkten und Einkaufszentren außerhalb die Nutzung der Insel derart, daß über eine Veränderung nachgedacht wurde. In der vorbereitenden Untersuchung wurde die Sanierungsbedürftigkeit vor allem wegen Funktionsüberlastung und Nutzungskonflikten festgestellt:
— *Die Hauptstraße ist neben dem Stadtring – der zu weit und zu schlecht angebunden ist, um eine wirksame Kernentlastung darzustellen – die einzige Nord-Süd-Verbindung im Innenstadtbereich. Der stark mit Durchgangsverkehr vermischte Zielverkehr stört die Funktion des Gebietes als Einkaufszentrum erheblich.*
— *Die Parkierungsmöglichkeiten im Untersuchungsgebiet und der unmittelbaren Nähe reichen nicht aus.*
— *Die kleinteilige Grundstücks- und Gebäudestruktur läßt eine expansive gewerbliche Nutzung nicht zu...*
— *Die Erschließung ist aufgrund der Grundstückszuschnitte und der Blockteilung ... mangelhaft.*
— *Die gesunde Mischung von Wohn- und gewerblicher Nutzung ist gestört...*
(Stadterneuerung Kernstadt Nordhorn. Vorbereitende Untersuchung 2, S. 34)
In der Untersuchung wurde ferner hervorgehoben, daß die Gebäudesubstanz und die Ausstattung der Wohnungen gut seien (a.a.O.).
Die aus der Untersuchung folgende Sanierung hat bis heute eine größere

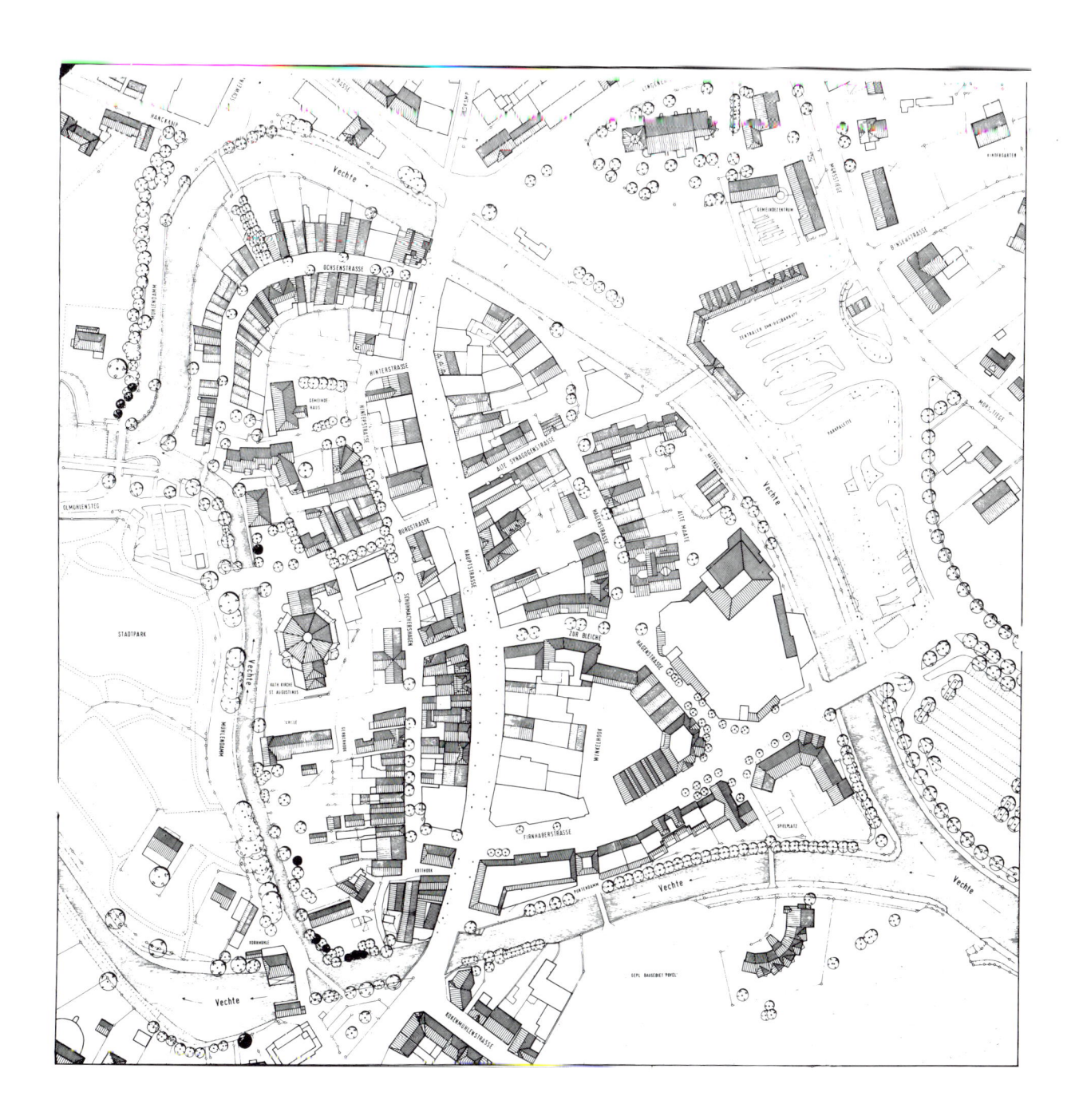

29 Inselbereich, Zustand 1987

Veränderung der oberflächigen Ordnung der Innenstadt mit sich gebracht.

Die wichtigste oberflächige Veränderung ist wohl die Rahmung der Innenstadt. Zu Beginn der Sanierung war schon das durch die Sprengung der Lingener Brücke (Abb. 30) zerstörte Gebäude Hauptstraße 59, das lange Zeit als eingeschossiges Restgebäude bestanden hatte, zu einem monumentalen Eingangstor von fünf Geschossen aufgeschachtelt worden. Mit der gleichen Rationalität wurde nun durch große Bauvolumen am Ende der Alten Synagogenstraße (Abb. 33), Firnhaberstraße (Abb. 34) und

30, 31 Fotos der Eingänge

Hauptstraße an der Bentheimer Brücke (Abb. 32) eine Torsituation geschatten. Dazu paßt auch der Neubau einer sich an den Verlauf der Vechte anpassenden Häuserreihe (Abb. 31, 35).

Nach außen hin wirkt nun die Innenstadt völlig ausgegrenzt, wozu noch beiträgt, daß das Umfeld nach Osten weiterhin frei ist und als Parkplatz und Busbahnhof genutzt wird und daß zudem die Fabrikgebäude der im Süden liegenden Textilfirma Povel abgerissen wurden und auch hier eine freie Fläche entstand. Die Schaffung einer klar ausgegrenzten Innenstadt im Verhältnis zum Umland, die im Norden der Stadt schon in der alten Be-

32 - 34 Fotos der Eingänge

35 Firnhaberstraße, 1987

36 Firnhaberstraße, 1987

bauung angelegt war und im 20. Jahrhundert in funktionaler Sicht durch Herausbildung eines Geschäftszentrums verwirklicht wurde, wird nun in der oberflächigen Ordnung vollzogen.

Diese ästhetische Herausformung einer Altstadt wird durch weitere Maßnahmen im Inneren noch unterstrichen; dazu gehören der Baustil der Häuser an der Firnhaberstraße (Abb. 36) und vor allem die Umwidmung der Hauptstraße zur Fußgängerzone (Näheres dazu s.u.).

Mit der Beseitigung von Fahrstraßen und Bürgersteigen transformiert sich der durch die vollendete Rahmung hergestellte Innenraum der Stadt: Die Freiflächen sind durch Nutzung und Form nicht mehr gerichtete Strecken, die eine gewisse ästhetische Dynamik enthalten (dazu s.u.), sondern es ergibt sich ein homogener Gesamtplatz, auf dem – quasi als Solitäre – die einzelnen Häuser oder Blöcke stehen. Die Arkaden (Firnhaberstraße, Zur Bleiche, am Kaufhaus) ziehen diesen öffentlichen Platz in die Häuser hinein und führen die zu Anfang des Jahrhunderts begonnene Verdrängung des Privaten in die Häuser fort.

Der Bau eines größeren Kaufhauses (siehe Abb. 37) und der Umbau bzw. Neubau einiger Häuser zu großen Geschäften passen nur teilweise nicht zu dieser Entwicklung. Natürlich steht das durch die mittelalterliche 'Erkerei' der Firnhaberstraße erzeugte Image im Widerspruch zu der real kon-

37 Platz vor dem Kaufhaus, 1987

zentrierten Warenwelt der Geschäfte und des Kaufhauses; darauf ist schon oft hingewiesen worden. Andererseits sehe ich jedoch in der Umgestaltung des Stadtraumes zu einem homogenen Platz nicht viel anderes als die Fortsetzung der Innenarchitektur eines Kaufhauses: Ein homogener Innenraum birgt einzelne Kauforte (der neueste Trend des Baus von Kaufhäusern als Galerie gibt mir in dem Verständnis recht).
Die Verdrängung des Privaten aus dem Stadtraum gibt Platz für Öffentlichkeit; was diese jedoch ist, wie ihre Ordnung erstellt wird, wer sich wie daran beteiligt, dazu muß man in die Ordnung der Stadt tiefer eindringen.

Ergänzend zu oben Gesagtem wird noch festgestellt, daß der westliche Teil der Innenstadt mit der katholischen Kirche und der Ochsenstraße von der Transformierung der Stadt bisher ausgenommen ist. Es besteht also auch heute noch ein gleichzeitiges Nebeneinander heterogener Ordnungen. Zusammenfassend läßt sich jedoch hervorheben, daß die vier am Anfang vorgestellten Topoi von Stadt – als umgrenzten, zur weiten Landschaft hochgeschachtelten, in der Kirche gipfelnden Ort mit gewundenen Straßen, an denen giebelständige Häuser mit Erkern stehen – sich in der Vergangenheit Nordhorns nicht (ausgenommen die Giebelständigkeit) auffinden lassen; sie wurden bei der letzten Sanierung als Tradition produziert. Erst jetzt wurde die konkrete Gestalt der Stadt Nordhorn den allgemeinen Stadtbildern der verantwortlichen Planer angepaßt, dadurch wiederum deren Stadtbild verifiziert und zudem – wenn man die Gestalt als Endpunkt einer Entwicklung versteht – Geschichte Nordhorns generiert und generalisiert.

Stadtraum

Straßenbau

Entfaltung des Problems

Spätestens seit den 60er Jahren unseres Jahrhunderts, seit den Arbeiten von Bahrdt, Mitscherlich u.a. hat sich der Begriff und die Realität der Planung im Städtebau zur Stadtentwicklungsplanung ausgeweitet; der Stadtraum wird unter psychosozialen, sozialen und gesellschaftlichen Gesichtspunkten gesehen.

Der Stadtraum, vor allem die Straßen, wurden bis dahin aus dem Städtebau ausgegliedert und allein als bau- oder verkehrstechnisches Problem gesehen, bei dem es sich schon um ein umfangreiches Gebilde unterschiedlicher Aspekte handelt:
- technische (Straßen im engeren Sinne, Brücken, Furten, Tunnel, aber auch Schuhwerk und Fahrzeuge),
- organisatorische (Versorgung mit Poststationen, Pferdetränken, Wirtshäusern, Tankstellen, aber auch mit der Planung des Neubaus, des Erhalts, der Verwaltung),
- rechtliche (Verkehrs- und Verhaltensregeln) und
- ökonomische (Baufinanzierung, wirtschaftliche Auswirkungen auf die Betriebe der Umgebung).

Seit den 60er Jahren erkennen wir, daß Straßen und Stadtraum prinzipiell Kulturinstitute sind; sie funktionieren – ganz umfassend gesagt – als Instrumente menschlicher Kommunikation. Alle neueren Medien wie Telegraph, Telefon, Radio, Fernsehen usw. finden ihren Ursprung in der Straße.

Der folgende Rückblick auf die geschichtliche Entwicklung der Straße kann dies deutlich machen; er dient zugleich – da für die Frühzeit Nordhorns wegen der Quellenlage spezielle Aussagen nicht zu machen sind – als Übersicht über den mittelalterlichen Zustand dieser Stadt.

Historische Entwicklung

In Deutschland begann der Ausbau des Wegenetzes erst im 13. und 14. Jahrhundert, als die Besiedlung dichter wurde und sich der Gebrauch von Karren und Wagen intensivierte. Diese europäische Entwicklung war denn wohl auch einer der Anlässe zum Ausbau Nordhorns und zur Verleihung von Stadtprivilegien.

Die Straßen als Verbindungswege zwischen Orten waren im Mittelalter in der Regel 4,50 m bis 4,90 m breit. Da die Straßen ohne Berücksichtigung der Wasserführung konzipiert wurden, verwandelten sie sich bei Regen in sehr tiefe, schlammige Bahnen; damit dann die Fahrzeuge nicht auf die Felder auswichen, wurden von den Anliegern Gräben angelegt. Es gab einfache Verkehrsregeln (Hitzer 1971).

Sie waren Eigentum eines Grundherren, und diese hatten das Recht, von Passanten Wegegeld zu verlangen. Oftmals gaben sie dieses Recht und

die daraus resultierende Pflicht zum Straßenerhalt als Lehen. Häufig genug aber auch kassierten sie allein das Wegegeld und verpflichteten Anlieger und Gemeinden zum Erhalt der Straßen im Frondienst. Friedrich II. versuchte zwar 1235 auf dem Reichstag in Mainz den Kassierer des Wegegelds auch zu adäquaten Leistungen zu verpflichten, allein im Laufe der Geschichte wurden die Straßen immer mehr zur Steigerung der Einkommen der Grundherren benutzt und die Passanten – vor allem Kaufleute und Fuhrmänner – mit Zöllen belegt. Da diese sich aber der Ausbeutung entziehen wollten, suchten sie nach neuen zollfreien Wegen. Die Reaktion der Grundherren war die Verhängung eines Straßenzwanges. Auf dem Reichstag in Mainz wurde zwar beschlossen, daß „*...alle Straßen frei ... und offen sein* (sollten, E.F.) *für jedermann...*" (zit. nach Hitzer 1971, S. 152), und der Kaiser unterstützte auch – soweit er es politisch durchsetzen konnte – die Kaufleute, aber die Grundherren setzten sich letztlich durch. Sie verpflichteten die Passanten teilweise sogar noch dazu, die feudalen Gespanne zu benutzen. Hinzu kam ferner die Einführung des Stapelrechts, mit dem die Städte das Recht erhielten, alle durch ihr Gebiet transportierten Waren aufkaufen zu können. Um dieserhalb die Kaufleute zu zwingen, durch die Stadt zu fahren, bauten die Städte teilweise Sperren und Wälle (siehe Lüneburg), um das Vorbeifahren unmöglich zu machen.
Die Grundherren hatten neben dem Erhalt der Straße die Pflicht, die Passanten zu schützen; sie fertigten deshalb Geleitbriefe aus, mit denen sie den Inhaber schützten, insofern sie z.B. Straßenräuber in die Acht stellten, oder sie boten zur Begleitung einen Geleitzug auf, dessen Kosten aber wiederum den Passanten aufgeladen wurden. Die Benutzung von Straßen bedeutete also in gewisser Weise, sich zum Klientel des jeweiligen Feudalherren zu machen, sich in seinen Machtbereich zu begeben und so seine Gastfreundschaft, seinen Schutz und das Benutzungsrecht seiner Einrichtungen zu erhalten.

Innerhalb der Ortschaften in Mitteleuropa blieb der Grund und Boden der Straßen und Plätze lange ungepflastert. Hier befestigte man die Verkehrsfläche allein mit Knüppeln und Buschwerk. Da aber die Erde nicht nur durch Schnee und Regen, sondern zudem durch Auskippen von Unrat aufweichte, war die Benutzung keine saubere Angelegenheit. Zum Überqueren dieser Straßen gab es sogar ein eigenes Schuhwerk. Dazu kam, daß die an der Straße liegenden Handwerksbetriebe diese als Arbeits-, Lager- und Verkaufsplatz nutzten. Die Straßen innerhalb der Städte waren also rechtlich gesehen auch öffentliche Bereiche, faktisch jedoch, in der Aneignung dieser Flächen durch die Anwohner, wurden sie als zum Haus gehörig betrachtet. Im Alltagsleben wird es wohl immer noch einen Bereich der Straße gegeben haben, der zur Benutzung aller freigehalten wurde; da jedoch jeder Anwohner seinen Lebens- und Arbeitszusammenhang auf die Straße hinausbrachte, vermischten sich die Bereiche, die wir heute – in der faktisch starken Trennung – als private und öffentliche bezeichnen. Auswärtige Passanten fielen sofort als „die Fremden" auf.
Hinsichtlich der Befestigung von Wegen in Nordeuropa war Paris dann die Vorreiterin. 1184 ließ Philipp II. vor seinem Schloß ein Steinpflaster anlegen (Hitzer 1971, S. 188). Im 13. Jahrhundert folgten einige italienische

und deutsche Städte, wie uns umfangreiches Quellenmaterial über Pflasterungen in Lübeck (1310), Kleve (1324), Aachen (1334) und Düsseldorf (1395) vermittelt (Gasner 1889). Für Augsburg zeigt eine Quelle von 1416, wie die Zuständigkeiten verteilt waren:

„Item in demselben ja am hörbst liess Hans Gewerlich vor seinem haus, das gelegen ist an dem rindermarkt ... pflastern, und da das geschechen was, da geviel es iederman wol und ward man zu rat, man solt anfahen zu pflastern, mocht man stain und sand genueg gehaben, so solt man überall pflastern ...und also hub man an zu pflastern des ersten bei Göggniger tor und als die gassen herfür biss an des Gewerlichs gassen und an sein pflaster, da was es hüpsch und gar zierlich und geviel iederman wol und hett man stain und sand genug, ie lenger ie mer... und also gepot man den leuten überall an den vordersten und fürnemsten gassen, sie solten pflastern, des iederman willig was, und muest iederman vor seinem haus pflastern ain ruet herdan von seinem haus, und wa die gassen weiter waren, da zalet die stat..." (zit. nach Gasner 1889, S. 132 f.)

Erst die absolutistischen Fürsten des 18. Jahrhunderts erweiterten und verbesserten die Straßen auf dem Lande im Zusammenhang mit ihrer *merkantilistischen Wirtschaftspolitik*. Mit der Ausweitung der Bauaufgaben ging die Spezialisierung der Ausbildung einher. So wurde 1747 von Ludwig XV. die 'Ecole des Ponts et Chaussées' gegründet und – ein qualitativer Fortschritt in der Straßenbautechnik – Pierre Trésaguet in Frankreich und McAdam in Schottland entwickelten die 'Packlage', einen Straßenaufbau aus mehreren Schichten unterschiedlich großer Steine, so daß der Straßenbelag Regen und ständige Benutzung aushielt und größere Geschwindigkeiten erlaubte. Man beschäftigte sich auch theoretisch mit dem Straßenbau; so veröffentlichte der Franzose Gautier schon 1712 ein erstes Lehrbuch zum Straßenbau; im deutschsprachigen Raum werden 1831 in einer Veröffentlichung 37 umfangreiche Arbeiten zu dem Thema rezensiert (Arnd 1831). Neben jeweils detailreicher Erläuterung der technischen Anlagen und Verfahren – auf die ich nur kurz eingehen will – wird dabei immer wieder auf den übergeordneten Zweck des Straßenbaus hingewiesen:

38 Straße im 18. Jahrhundert

„Die großen Vortheile, welche allen civilisirten Staaten aus bequemen Straßen erwachsen, sind vielleicht nie in dem Maaße erkannt worden, als in unseren Zeiten: worin die Gewerbe aller Art mit reger Thätigkeit betrieben werden; das Reisen zum Bedürfniß, so wie zur Mode geworden ist, und die Tactik, welche eine Menge schweren Geschützes nothwendig macht, das Drückende schlechter Straßen recht fühlbar werden läßt. Es kann daher nicht geläugnet werden, daß zu den wichtigsten öffentlichen Anstalten gute Landstraßen gezählt werden müssen. Sie sind indessen nicht bloß ein wichtiges Hülfsmittel, das Gedeihen des Handels und aller Gewerbe zu bewirken, sondern sie vermindern auch den Preis der unentbehrlichen Lebensbedürfnisse, indem sie die Transportkosten verringern. Ja, sie tragen zum Wachsthume der Agricultur wesentlich bey, theils durch Erleichterung des Absatzes der Früchte und des Holzes aller Art, theils dadurch, daß sie das bey schlechten Wegen zum Transport erforderliche Zugvieh dem Landbau zuwenden. Endlich erleichtern sie auch die Führung eines auswärtigen Krieges, und die Vertheidigung des Landes, weil sie die Militär-Transporte mit möglichster Ersparnis und Schnelligkeit befördern, auch ohne dieselben der Truppenmarsch und der Transport des Geschützes sowohl, als der an-

deren Kriegsbedürfnisse, nur mit großem Zeit- und Geldaufwand bestritten werden können." (Wiebeking 1804, S. 1 f.)

Neben den taktischen und kulturellen stehen bei allen Autoren an erster Stelle die ökonomischen Interessen; hier ist England Vorbild:

„Der größte Wohlstand, den England, besonders seit der Regierung des Hauses Braunschweig-Hannover, genossen, wodurch es schon seit einiger Zeit auf den Culminationspunkt seiner Macht gekommen zu seyn scheint, hat freilich seinen Grund in verschiedenen zusammentreffenden Umständen, ...allein es ist nicht zu leugnen, daß die durch Canäle und Chausseen so außerordentlich erleichterte innere Communication, einen wesentlich sehr großen Beitrag dazu geliefert hat..." (Justi 1828, S. 5 f.)

Parallel dazu wurde in theoretischen Abhandlungen an Verbesserungen der Fuhrwerke gearbeitet; eine erste Veröffentlichung ist schon von 1787 bekannt (Müller 1787). 1797 schrieb die Königl. Dänische Gesellschaft der Wissenschaften zu Kopenhagen eine diesbezügliche Preisfrage aus, bei der Nicolaus Fuß den ersten Preis erhielt (Fuß 1798). 1802 versucht der Mathematiker Kröncke die Fuhrwerke nach den abstrakten Erkenntnissen der mechanischen Physik zu verbessern; er setzt sich aber auch für die Aufhebung der Zölle und des Stapelrechtes ein und fordert für die Straßen die übergeordnete Zuständigkeit des ganzen Deutschen Reiches, da nach seiner Erkenntnis Straßenbau nur als nationales Netzwerk sinnvoll sei (Kröncke 1802).

Dies begann dann technisch und organisatorisch während der französischen Besetzung Deutschlands im 19. Jahrhundert. Napoleon ließ das Straßennetz auch hier erheblich erweitern. So wurde eine Chaussee von Wesel über Münster, Osnabrück und Bremen nach Hamburg angelegt. Die Straßen wurden in drei Kategorien unterteilt: die Hauptstraßen finanzierte der Staat, zu den Departementstraßen mußten die Gemeinden Zuschüsse geben, während sie die Vicinalstraßen auf eigene Kosten bauen und unterhalten mußten.

Erst jetzt kann man von einem korporativen Betreiben des Straßenbaus sprechen. Der soziale Traum des 20. Jahrhunderts vom Mittelalter als das verlorene Paradies einer selbstbestimmten Gemeinschaft gleicher Bürger, die eigenständig ihr Gemeinwesen betreiben, hatte – auf den Straßenbau bezogen – seine größte historische Realität in den napoleonischen Neuerungen. Die Straßen selbst, die Art der Straßendecke und die Wasserführung artikulierten einen Kontrast zur Landschaft. Korporation als eigenverantwortlicher Bau der Straßen geht zusammen mit Verwissenschaftlichung, d.h., Objektivierung der Bauweise. Das eigenverantwortliche Handeln geschieht nach allgemeinen Regeln.

In der Mitte des 19. Jahrhunderts kam es zur Aufhebung fast aller binnenländischen Zollschranken (Deutscher Zollverein) und der meisten der oben angeführten Behinderungen, so daß die Straßen dann – über 600 Jahre nach dem Reichstag in Mainz – tatsächlich offen und frei waren.

Innerhalb der Städte experimentierte man mit eckig behauenen Pflastersteinen und mit Holzpflaster, das die viel Lärm verursachende Steinpflasterung ablösen sollte. Wiederum aus Frankreich kam dann die Entwicklung der Asphaltdecke, mit der man 1877 in Berlin erste Straßenzüge baute. Da der Asphalt aber verhältnismäßig selten in der Natur vorhanden ist, ließ sich die Anwendung nicht universalisieren. Erst als man bei der Verarbeitung von Erdöl entdeckte, daß das abfallende Bitumen die gleichen Zwecke erfüllte, wurden Pflasterungen allmählich abgelöst.

Als dann nach mehreren Erfindungen gegen Ende des 19. Jahrhunderts das Auto mit Gummi-Luft-Reifen entwickelt worden war, entstanden neue Anforderungen an die Straßen in und zwischen den Ansiedlungen. Die prinzipielle Möglichkeit von Autos zu hoher Geschwindigkeit wurde durch den Aufbau der Straßendecke und des Straßenverlaufs zu einer konkreten verwirklicht: die Autobahnen wurden gebaut. Der Gegensatz von Straße und Landschaft hat sich vor allem durch den auf die hohe Geschwindigkeit zugeschnittenen Straßenverlauf immens verstärkt. Mit der Verdichtung des Verkehrs entstand die Notwendigkeit von Parkplätzen.

Soziale und kulturelle Implikationen

Es zeigt sich also, daß eine Straße prinzipiell nicht nur als technische Einrichtung verstanden werden kann: sie hat ökonomische, politische sowie kulturelle Bedingungen und Auswirkungen, sie dient zudem auch als soziales Instrument. Eine Straße ist nicht nur Weg, der an sich unwichtig wäre, dessen Ende allein zählte und den man möglichst minimieren muß, um schnell ans Ziel zu gelangen. Eine Straße ist immer auch Platz, d.h., ein Ort bedeutsamen Geschehens.

39 Stadtraum als Demonstration feudaler Macht

40 Stadtraum als Arbeitsfeld

41 Stadtraum als Sozialraum

Im 19. Jahrhundert wurde ein fundamentaler Umbau der oben angedeuteten Funktionen des Stadtraums in allen größeren Städten Europas vorgenommen. In Paris hatte Haussmann vordergründig das Ziel, die am Rande der Stadt Paris liegenden Bahnhöfe durch Straßen miteinander zu verbinden. Deshalb wurden breite Boulevards als Schneisen durch die Altstadtbereiche von Paris gelegt.

42 Haussmannplanung von Paris

Diese Umbauten und dieses Umfunktionieren der Straßen hat die Auswirkungen, daß sie von den jeweiligen Anliegern nicht mehr als Wohn- und Arbeitsplatz genutzt werden und so ihren privaten Charakter verloren haben. Zugleich war durch die Erschwerung des Barrikadenbaus die Möglichkeit, staatliche Ordnung zu destruieren, genommen:

„*Der wahre Zweck der Haussmannschen Arbeiten war die Sicherung der Stadt gegen den Bürgerkrieg. Er wollte die Errichtung von Barrikaden in Paris für alle Zukunft unmöglich machen. In solcher Absicht hatte schon Louis-Philippe Holzpflasterung eingeführt. Dennoch spielten die Barrikaden in der Februarrevolution eine Rolle. Engels beschäftigt sich mit der Taktik der Barrikadenkämpfe. Haussmann will sie auf doppelte Art unterbinden. Die Breite der Straßen soll ihre Errichtung unmöglich machen und neue Straßen sollen den kürzesten Weg zwischen den Kasernen und Arbeitervierteln herstellen. Die Zeitgenossen tauften das Unternehmen 'L'embellissement stratégique'**" (Benjamin 1982, S. 57)

*strategische Verschönerung

Dennoch muß man bei aufmerksamer Analyse des neuen Stadtgrundrisses von Paris feststellen, daß
1. bei weitem nicht alle Gassen beseitigt wurden und Barrikadenbau immer noch möglich war (wie man 1968 sehen konnte) und daß

2. durch die Boulevards neue Felder für politisches Handeln angeboten wurden. Denn durch Auflösung des privaten Charakters der Straßen ermögliche sich öffentliche politische Tätigkeit.

Die neuen Möglichkeiten hatten sich schon am 5. Oktober 1789 im 'Marsch der Frauen' und der ihnen folgenden 20000 Männer von Paris nach Versailles zum König angedeutet (Soboul 1983, S. 130). Durch den mit Haussmann begonnenen Ausbau der innerstädtischen Straßen zu Boulevards waren dann später die Straßen für Demonstrationen hergerichtet und gleich die bürgerlichen Adressaten als Anwohner herbeigeschafft worden. Durch den technischen Ausbau der Boulevards wurde auch der politische Weg zu den Sitzen feudaler Macht bereitet. Die in den Cafes diskursiv entstandene bürgerliche Öffentlichkeit wurde von proletarischer Öffentlichkeit ergänzt; die Unterschichten brauchten sich nicht mehr mit körperlicher Verweigerung von Herrschaft zu begnügen, sie konnten politischen Druck ausüben.

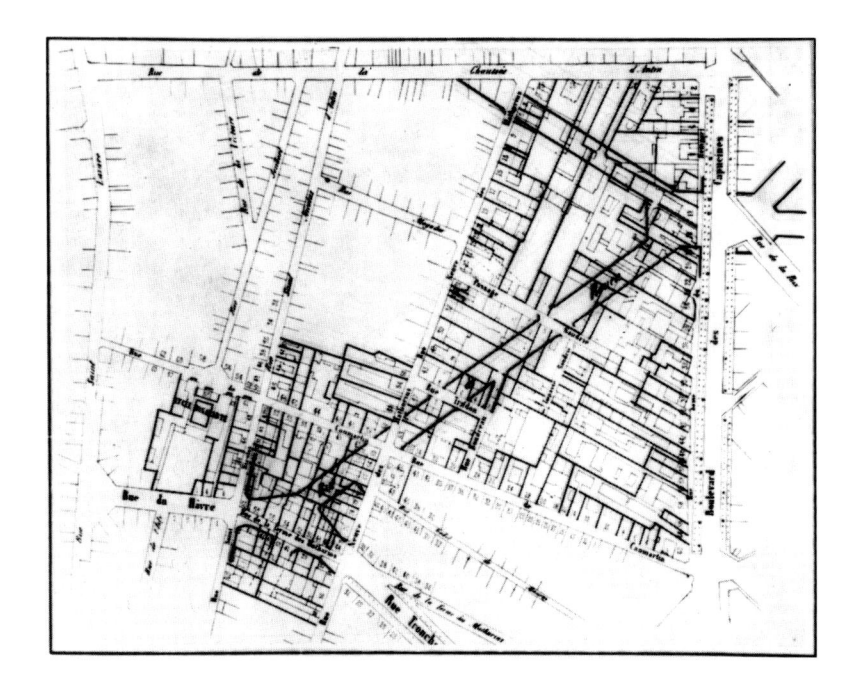

43 Haussmannplanung von Paris

Diese politischen Möglichkeiten der neuen Straßen wurden dann systematisch bei den Maifeiern und Wahlrechtsdemonstrationen zu Beginn unseres Jahrhunderts ausgebildet. Die Arbeiter verkünden ihr 'Recht auf die Straße' (Arbeiter-Zeitung, Dortmund, 19. Jg. Nr. 45 v. 23.2.1910).

Friedrich Naumann schreibt dazu:

„Als diese Demonstrationen anfingen, waren innerhalb wie außerhalb der Sozialdemokratie die Stimmen über Wert und Nutzen solcher Aufzüge sehr geteilt... Aber die ganze Debatte darüber, ob man Demonstrationen machen soll oder nicht, ist inzwischen gegenstandslos geworden... Das Volk hat sich eine

neue Art geschaffen, in der es sich mit den Herrschenden unterhält" (Die Hilfe, 1910, Nr. 11, S. 164 f.)
Die breite Straße wurde zu einem Ort der reflexiven Wahrnehmung und Bewußtwerdung der eigenen Macht und Kraft

„Die Massen in Bewegung! Zahllos kamen sie daher, in kleinen losen Zügen anfangs, die wuchsen und wuchsen, in langen Zügen die Straßen füllten, bis sie schließlich in unabsehbarer Menge die weiten Plätze überfluteten. Die Straße in Anmarsch!... Größe liegt in der Demonstration der Masse und ein hinreißendes Pathos. Ein starkes Machtbewußtsein geht von ihnen aus und erfüllt jeden einzelnen mit neuem Kampfesmut und Siegeswillen. Was die Masse vermag, welch ungeheure unwiderstehliche Wucht in ihrer Bewegung lebt, wird jedem einzelnen zum unmittelbaren Erlebnis..." (Vorwärts, 27 Jg. Nr. 83a, vom 11.4.1910; nach: Ludwig-Uhland-Institut 1986)

44 Demonstration in Nordhorn

Diese prinzipiellen Möglichkeiten der Straße hatte man nach dem 1. Weltkrieg langsam verdrängt. Hier waren sicher der Entwurf des französischen Architekten Le Corbusier für eine 'ville Contemporaine' (1922) und der sogenannte 'Plan voisin' (1925) zielgebend. Auch in den ersten 20 Jahren nach dem 2. Weltkrieg waren sehr viele Bestrebungen auf die 'autogerechte Stadt', auf eine Stadt mit Straßen, die allein dem Autoverkehr dienten, gerichtet. Die Straße als Platz wurde durch die Planungen der Städtebauer vernichtet.

Nun erst ist die Straße vor dem Bürgerkrieg (W. Benjamin) gesichert. Erst nach dem 2. Weltkrieg wurde die Straße aufs neue als Ort und Medium sozialer Interaktionen problematisiert. Wohl zuerst hob die amerikanische Soziologin Jane Jacobs in ihrer Arbeit 'Tod und Leben großer amerikanischer Städte' von 1961 die Wichtigkeit der Straße als „Schule für das Stadtleben" (Jacobs 1963, S. 62) hervor: Sie diene dem sozialen Austausch der Anwohner, eine belebte Straße garantiere deren Sicherheit.

Der französische Philosoph Henri Lefèbvre bezieht sich darauf. Er listete 1970 abstrakt und assoziativ den Charakter der Straße auf:

„*Für die Straße. Sie ist nicht nur Durchgangs- und Verkehrsplatz. Die Invasion durch das Auto, der Druck der Autoindustrie bzw. des Lobby, haben den Wagen zum Schlüsselobjekt werden lassen; wir sind besessen vom Parkplatzproblem, hinter Fragen des Verkehrs hat alles zurückzustehen; soziales und städtisches Leben werden von alldem zerstört. Der Tag rückt näher, da man die Rechte und die Macht des Autos wird einschränken müssen, was nicht ohne Mühe und Scherben abgehen wird. Die Straße? Sie ist der Ort der Begegnung, ohne den es kein Zusammentreffen an anderen dafür bestimmten Orten (Cafés, Theater, andere Versammlungsorte) gibt. Diese privilegierten Örtlichkeiten be-*

45 Le Corbusier, Ville contemporaine, 1922

46 Le Corbusier, Plan voisin, 1925

leben die Straße und werden von ihr belebt, sonst könnten sie nicht existieren. Auf der Straße, der Bühne des Augenblicks, bin ich Schauspiel und Zuschauer zugleich, zuweilen auch Akteur. Hier ist Bewegung; die Straße ist der Schmelztiegel, der das Stadtleben erst schafft und ohne den nichts wäre als Trennung, gewollte und erstarrte Isolierung. Schaffte man (nach Le Corbusier und seinen 'nouveaux ensembles') die Straße ab, so wären die Konsequenzen: Erlöschen jedes Lebens, die 'Stadt' wird zur Schlafstätte, das Leben zur unsinnigen Funktionserfüllung. Die Straße hat Funktionen, die Le Corbusier außer acht ließ: sie dient der Information, ist Symbol und ist zum Spiel notwendig. Auf der Straße spielt man, lernt man. Die Straße ist Unordnung. Sicher. Alle Bestandteile städtischen Lebens, die an anderer Stelle in eine starre, redundante Ordnung gepreßt sind, machen sich frei, ergießen sich auf die Straße, und von dort aus in die Zentren; hier, ihren festen Gehäusen entrissen, begegnen sie sich. Diese Unordnung lebt, sie informiert, sie überrascht. Zudem schafft die Unordnung eine höhere Ordnung. Die Arbeiten von Jane Jacobs haben gezeigt, daß in den Vereinigten Staaten die Straße (flutend, belebt) der einzige Ort ist, wo der einzelne vor Kriminalität und Gewalt sicher ist (Diebstahl, Vergewaltigung, Aggression). Wo die Straße verschwindet, nimmt die Kriminalität zu und organisiert sich. Auf der Straße und durch sie manifestiert sich eine Gruppe (die Stadt selber), bringt sich zum Ausdruck, macht sich Örtlichkeit zu eigen, setzt eine Raum-Zeit-Beziehung in die Wirklichkeit um. Damit wird offensichtlich, daß Gebrauch und Gebrauchswert wichtiger sein können als Austausch und Austauschwert. Revolutionen gehen normalerweise auf der Straße vor sich. Zeigt das nicht, daß ihre Unordnung eine neue Ordnung hervorbringt? Ist nicht der Raum, den die Straße im Stadtgeschehen einnimmt, der Ort des Wohnens, der Ort, an dem Worte und Zeichen ebenso wie Dinge getauscht werden? Ist sie nicht der bevorzugte Ort zur Niederschrift des Wortes? Wo es 'ausbrechen' und sich unter Umgehung von Vorschriften und Institutionen auf den Mauern niederschreiben kann?

Gegen die Straße. Ort der Begegnung? Vielleicht. Aber Begegnungen welcher Art? Oberflächiger. Man streift sich auf der Straße, aber man begegnet sich nicht. Das 'man' überwiegt. Auf der Straße kann sich keine Gruppe bilden, kein Subjekt entsteht; sie ist bevölkert von allen möglichen Leuten auf der Suche. Wonach? Auf der Straße entfaltet sich die Ware: hier ist ihre Welt. ... Die neokapitalistische Konsum-Organisation demonstriert auf der Straße ihre Herrschaft, die nicht auf politischer Macht, noch auf Unterdrückung allein (offen oder versteckt) beruht. Die Straße, ein Aufeinanderfolgen von Schaufenstern, von zum Verkauf ausgestellten Dingen, zeigt, wie zur Logik der Ware eine (passive) Betrachtungsweise hinzukommt, die Charakter und Bedeutung einer Ästhetik und einer Ethik annimmt. Die Anhäufung von Gegenständen begleitet die Anhäufung von Menschen, die wiederum Folge der Anhäufung von Kapital ist. Sie wandelt sich zur Ideologie, die nach außen hin die Züge des Sichtbaren und des Lesbaren trägt und in Zukunft als Beweis gilt. Man kann deshalb von einer Kolonisierung des städtischen Raumes sprechen..." (Lefèbvre 1972, S. 24 - 27)

Henri Lefèvre hob in seinem Text vor allem die direkten Kontakte zwischen den Benutzern der Straße hervor. Die Straße sei für ihn der Ort, an dem sich überhaupt Menschen begegnen können, sie sei die Vorbedingung für jede weitergehende Beziehung der Menschen miteinander; er kritisierte jedoch auch, daß diese Beziehungen nur oberflächig sei, da die

Menschen keine Subjekte seien, sondern da sie nur als 'man' miteinander kommunizierten.

Diese Kritik an der Straße hat viele Stadtplaner beeinflußt. In Gegenposition zu Le Corbusier aber auch zu der durch die Macht der Verkehrsplaner in den Städten der 70er Jahre erzeugten Wirklichkeit suchten sie die Straßen als Aufenthaltsort der Anwohner neu zu gestalten.

A. Die Straßen in den Innenstädten wurden zu Fußgängerbereichen umgestaltet; eine der ersten Verwirklichungen war nach dem Krieg die 'Lijnbaan' in Rotterdam.

Die allein für Fußgänger freigegebene Straße hatte ihren Vorläufer selbst wiederum in den Passagen, den überdachten Einkaufsstraßen in den Großstädten des 19. Jahrhunderts, wobei der Bezug auch darin bestand, daß die Fußgängerstraßen vor allem als Einkaufsstraßen ausgeführt wurden, was vor allem in zwei Punkten Kritik erfuhr:

1. Mit dem Ausbau der Fußgängerstraßen erhöhte sich der Wert der Lage der dort befindlichen Geschäfte. Dies wiederum hatte eine allgemeine Mieterhöhung und eine Verdrängung unterer Einkommensschichten aus ihren Wohnungen zur Folge.
2. Die Fußgängerstraßen gaukelten nur urbanes Leben vor, sie dienten der Einstimmung in verstärkten Konsum.

B. Kritiker an dieser einseitigen Förderung des Konsums entwickelten Konzepte zur Schaffung eines 'Raums für soziales Leben' auch in den Straßen der Wohnbereiche. Mit der Beruhigung des Verkehrs, der Begrünung und dem Ausbau von Straßenmöbeln sollte eine 'menschengerechte Stadt' erzeugt werden. Auch hier konnte man an ein Vorbild anknüpfen, der in Sennestadt/Westfalen von H. B. Reichow verwirklichten 'autogerechten Stadt', ein Ausdruck, der heute falsch benutzt wird, weil er damals die Trennung des Auto- und Fußgängerverkehrs voneinander meinte, wobei separat für Autos sowie für Fußgänger und Anwohner geeignete Straßen gebaut wurden. Während aber in Sennestadt noch die überlieferte Nutzung der Fußgängerstraßen beibehalten wurde, gehen heute die Planungen weiter.

Mit der Möblierung der Straße zu einem bürgerlichen Wohnzimmer, zu einem Ambiente privater und intimer Kommunikation, findet jedoch die zweite Zerstörung der Straße statt: sie hat

a) keinen Platz mehr für Fremdes und Ordnungsalternativen und sie ist
b) kein öffentlicher Raum mehr.

zu a) Durch die Privatisierung der Straße kann sie nicht mehr ein 'Speicher verbotenen Wissens' und 'Schule der Unmoral' sein. Den Straßenjungen, wie ihn idealtypisch Victor Hugo im Gavroche gesehen hat (Hugo, Die Elenden) (siehe dazu Lindner 1983) oder von dem Pasolini als revolutionärem Subjekt träumt, gibt es dann nicht mehr.

zu b) Der Ausbau der Straße zum Wohnzimmer verlangt den kleinen Raum, er zerstört damit jedoch die Straße als Ort politischer Auseinandersetzung und Darstellung.

Die sozialen Beziehungen auf einer Stadtstraße von heute sind distanziert und sie sollen es bleiben. Was Levèbvre als die Oberflächigkeit des 'man' verurteilt, ist doch tatsächlich die Vorbedingung einer Hauptstraße. Die Hauptstraße verlangt als Akteur nicht die Person, sondern den Bürger. Es

47 Lijnbaan, Rotterdam

Öko-Stadt

48 Straßenidylle

begegnet einem folgerichtig dann auch nicht ein Mitmensch, sondern ein Mitbürger, die Regeln des Miteinanderumgehens sind geprägt von diesem Verständnis (dazu Sennett 1983).

Eine weitere Anmerkung sei noch gestattet: Die ausgebaute Straße erst macht das Begehen eines Pfades zum Wandern; denn nur insofern das Begehen dieser Pfade außeralltäglich ist, kann man vergessen, wie unpraktisch und behindernd ihr Zustand ist, wieviel Mühe der alltägliche Transport auf ihr wäre; erst jetzt kann man sie positiv besetzen. Man konnte sagen, daß erst der Ausbau der Straßen, daß erst der Autoverkehr Wandern als bewußtes Genießen körperlicher Bewegung auf unbefestigten Wegen möglich machte.

Nordhorns Straßen im 19. Jahrhundert

Ein einigermaßen umfassendes Bild der Straßen Nordhorns läßt sich wegen mangelnder Quellen erst fürs 19. Jh. gewinnen. Im Fernverkehr (zur Zeit der französischen Herrschaft) lag Nordhorn an der Route zwischen Amsterdam und Hamburg, wobei die beiden nächsten Stationen sieben Stunden (Almelo) und vier Stunden (Lingen) entfernt lagen. Die Post wurde in der Mitte des 19. Jahrhunderts auf dem Lingener Kurs jeweils mittwochs und samstags um 9 Uhr abends abgeholt und montags und donnerstags morgens gebracht (StA NOH C VIII h 90).

Im 'de la Porte-Plan' von 1832 (siehe Abb. 12) ist der geschwungene Verlauf der Hauptstraße mit zwei Brücken (am Rathaus und an der Mündung der Achterstraße) über die Binnenvechten eingezeichnet. Von 1829, in der Zeit der hannoveranischen Herrschaft, gibt es ein von der Königlich Großbritannisch-Hannoverschen Landdrostei in Osnabrück veröffentlichtes 'Regulativ wegen Unterhaltung der nicht für öffentliche Chausseen erklärten Landstraßen und der Communalwege im Landdrostei-Bezirke Osnabrück' mit Vorschriften über den Bau und die Unterhaltung von Straßen. Ziel war die Verbesserung der Straßen und eine permanente Kontrolle des Zustandes. Die Communalwege müssen von den Ortschaften so erhalten werden, *„daß sie zu jeder Zeit mit Fuhrwerk jeder Art ohne Beschwerde befahren werden können. Zu dem Ende sind die nöthigen Wasserabzüge anzulegen und zu unterhalten, die in den Weg gewachsenen Bäume und Büsche, so weit sie ihn beengen hinweg zu nehmen und die Hindernisse möglichst zu entfernen, die der Abtrocknung der Wege entgegen sind. Beengen Gebäude oder Befriedigungen den Weg in einem Orte zu sehr, so ist darauf zu halten, daß bei der etwaigen Erneuerung solcher Gebäude oder Befriedigungen dieselben zurückgesetzt und der für den Eigenthümer daraus erwachsende Verlust an Grundeigenthum demselben nach dem Werthe aus der Gemeinheit, wo es daran aber fehlt, von der ganzen Gemeinde nach dem Geldwerte ersetzt werde..."* (§§ 40 - 42) (StA NOH C VIII h 9)

Das Regulativ ist ganz auf Optimierung des Verkehrs gerichtet, eine Enteignung – der Streitpunkt bei dem späteren Preußischen Fluchtliniengesetz, der die Verabschiedung um ein Jahrzehnt verzögerte – ist hier selbstverständlich und wird durch die Landdrostei entschieden. Von 74 Paragraphen befaßt sich nur der § 68 mit der Reinlichkeit:

„Unrath, Dünger, Unkraut oder Schutt auf die Wege oder in deren Gräben zu werfen, imgleichen todtes Vieh ... ist ... zu strafen." (ebenda)

Ein 'Strassen-Polizei-Reglement' der gleichen Behörde vom Januar 1836 ist da umfassender; es wird wohl nicht falsch sein, das jeweils Verbotene als Hinweis auf Gewohnheiten zu nehmen:

„*Artikel 1*
Jeder Einwohner ist bei Strafe von vier Sgr. verpflichtet, am Sonnabend jeder Woche ... die Straße vor seiner Wohnung und seinen Besitzungen entlang ... zu kehren und das Kehricht sofort wegzuschaffen ...

Artikel 4
Alle Mist- und Aschegruben, so weit sie auf der Besitzer eignem Grunde, vor und neben den Häusern an der öffentlichen Straße sich befinden, müssen ... fest und sicher bedeckt sein...

Artikel 5
Wer Unrath auf die Straße bringt, wer Nachtgeschirr oder sonst Wasser auf dieselben ausgießt, verfällt in eine, im Wiederholungsfalle zu schärfende Strafe von sechs Sgr. Die gleiche Strafe wird diejenigen Einwohner und Gewerbetreibende treffen, welche krepirtes Vieh oder sonstigen Abfall ... auf die Straßen werfen.

Artikel 15
Das Aushängen weißer oder gefärbter Leinewand oder Katun aus den oberen Theilen der Gebäude, aus den Fenstern oder an Stangen an der öffentlichen Straße, wird bei zwölf Sgr. Strafe untersagt.

Artikel 20
Wer seine Nothdurft an oder auf der öffentlichen Straße verrichtet, ... verfällt in eine Strafe von vier Sgr. ...

Artikel 22
Das hirtenlose Herumlaufen der Pferde, Kühe und Schweine in den Straßen des Fleckens ... wird ... mit 12 Sgr. gestraft werden.

Artikel 25
Das unanständige Rufen, Schreien und Lärmen, desgleichen das Schimpfen auf der Straße wird bei einer polizeilichen Ahndung von acht Sgr. untersagt...." (zit. nach Heddendorp 1978, S. 117 - 121)

Das eigentliche Ziel der Ordnung auf der Straße wird dann an der ersten Bauordnung für Nordhorn von 1867 klar (vollständig abgedruckt in v. Looz-Corswarem, Schmitt 1979). Ihr eigentliches Ziel ist – neben dem Brandschutz – eine Entfamilialisierung, eine Veröffentlichung der Hauptstraße, d.h., die Erzeugung eines öffentlichen Stadtraumes; hier nur die entsprechenden Paragraphen:

„*§ 4*
Das Zurückziehen der Häuser an der Baulinie der Strassen ist von dem Amte in der Regel nur dann zu gestatten, wenn die Strassenlinie durch eine entsprechende anständige Einfriedung, über deren Zulässigkeit das Amt nach Anhörung des Magistrats zu entscheiden hat, abgeschlossen wird.

§ 8
Neue Anlagen von Mist- und Aschegruben auf den Strassen und offenen Plützen sind untersagt. Wo dieselben bis jetzt noch vorhanden sind, ist auf deren Beseitigung hinzuwirken...

§ 15
Fachworkswände müssen an der Strasse, resp. öffentlichen Plätzen mit Ziegeln ausgemauert werden.

§ 22
Die Anlage von Brunnen auf den Strassen und öffentlichen Plätzen bedarf der Genehmigung des Amtes. Die neuangelegten müssen mit Pumpen versehen sein..." (StA Osn, Rep. 335, Nr. 10 485, zit. nach Schmitt 1979, S. 166 - 168)

Die Paragraphen geben Standards vor, die die Hygiene (Mist- und Aschegruben) und die Sicherheit (Pumpen) betreffen. Insofern jedoch Mist- und Aschegruben nun auf die Höfe gelegt werden und nur die zur Straße liegenden Fachwerkswände ausgemauert werden müssen, ferner die Bauflucht, wenn nicht durch eine Hausfront dann durch eine Einfriedung abgeschlossen sein muß, steht als Sinn in diesen praktischen Maßnahmen die Erzeugung eines Raumes, der nicht mehr durch private Sachen bestimmt und somit zum öffentlichen Stadtraum wird. Auch die Beseitigung der 'Sträßchen' gehört in diesen Sinnzusammenhang. Das hat nur indirekt etwas mit Verkehr zu tun (siehe Einfriedung). Es wäre in Nordhorn denkbar gewesen, den Verkehr entlang der alten Wege (Vechte) und nicht über die Hauptstraße zu führen. Daß man ihn aber dann durch die Hauptstraße führt, und diese – wie oben beschrieben – säubert, bedeutet letztlich deren Entprivatisierung, die Erzeugung eines öffentlichen Raumes.

Die Hauptstraße mußte immer wieder einmal neu gepflastert werden, da sie technisch der Belastung der schweren Fuhrwerke nicht so recht gewachsen war. Von 1828 und von 1838 sind Neupflasterungen bekannt, wobei die Hauptstraße 1828 auch höher gelegt wurde. Mit der Zudämmung eines Teils der Binnenvechte wurde die Brücke am Rathaus beseitigt. Dazu schlug die Wegebauinspektion vor:
„Sehr wünschenswert würde es sein, bei dieser Gelegenheit auch die bereits gepflasterten Trottoire zu beiden Seiten der Straße für den öffentlichen Fußgänger-Verkehr durch Fortnahme theilweise vorhandener Absperrungen, Bedecken der Aschegruben und Quergossen udgl. einzurichten." (zit. nach Klopmeyer 1956)
Wegen der hohen Kosten bat der Magistrat die Landdrostei in Osnabrück um finanzielle Beihilfe. Am 28.10.1859 meldete er dann die Vollendung der entsprechenden Bauarbeiten und gibt uns heute damit eine Beschreibung:
„...eine bedeutende Ersparnis an Material ist daraus hervorgegangen, daß eine Nebenstraße aufgebrochen ist, welche fast nur große Kiesel enthielt, welche gespalten zur großen Straße benutzt sind und nun mit kleinen Steinen wieder gepflastert wird. Ferner haben wir eine Unmasse Benth. Steine, die aus der Brücke gebrochen zerschlagen und spalten lassen und statt Kieselsteine zu Bordsteine verbraucht..." (StA NOH B2 Nr. 213)

In einem nicht genauer datierten Überblicksartikel der Nordhorner Nachrichten aus dem Jahre 1936 wurde aus einer älteren Abhandlung zitiert, daß die Hauptstraße in Nordhorn ursprünglich mit unbehauenen Feldsteinen gepflastert war und daß man in der Mitte der Straße einen etwa anderthalb Meter breiten Streifen mit flachem Bentheimer Sandstein ausgelegt hatte, auf dem man dann bevorzugt zu Fuß ging oder auf dem das Vieh zur Weide getrieben wurde (StA NOH C VIII h 28). Dies scheint sich auf den 1859 vollendeten Umbau der Hauptstraße zu beziehen; mit 'Bordstein' in der oben zitierten Quelle könnte dieser Mittelstreifen gemeint sein.

In den 90er Jahren des 19. Jahrhunderts muß die Straße dann nochmals gepflastert worden sein, denn auf den nun gemachten Fotos der Straße ist dieser Bordstein verschwunden. Jetzt bestand die Straße aus einem mit Feldsteinen gepflasterten Mittelstreifen und aus von diesem durch Gefälle und einen offenen Abwasserlauf abgetrennten 'Sträßchen'. Diese waren durch die Lage der Steine und durch Gossen, die das Abwasser in den Straßenlauf führten, den jeweiligen Häusern zugeordnet.

Man kann auf einem vor der Jahrhundertwende aufgenommenen Foto (Abb. 49) einzelne noch nicht sehr lange stehende aber gleichzeitig gepflanzte Bäume erkennen, die sehr nahe an den Fassaden stehen.

Um 1900

49 Straße mit Hund

50 Hauptstraße, Südseite

Die Bebauung der Hauptstraße bestand zu dieser Zeit aus zumeist giebelständigen und eingeschossigen Einzelhäusern, die durch schmale Gänge (Gryppen) voneinander getrennt sind. Größe und Funktion der Häuser differieren, teilweise haben sie eine große Einfahrt und sind als Ackerbürgerhäuser genutzt, teilweise sind es Geschäftshäuser (Apotheke, Hotel), teilweise Bürgerhäuser.

Abbildung 50 zeigt einen etwas späteren (Jahrhundertwende?) Zustand auf der Südseite der Stadt. Die Straße war offensichtlich neu gepflastert worden, da sie jetzt fünfgeteilt ist: der Mittelstreifen wurde auf Kosten der 'Sträßchen' verbreitert; der neue Streifen besteht aber nicht aus Feldsteinen, sondern aus Kopfsteinen, er bot eine angenehmere Oberfläche, über die man bevorzugt ging. Auf den 'Sträßchen' befanden sich trotz der Reglements (s.o.) noch Karren, Möbel und Umzäunungen. Vereinzelte – moderne – Hausbesitzer (s. in Abb. 51 unten rechts) hatten ihr 'Sträßchen' schon mit einem Hochbord versehen und zu einem 'Bürgersteig' umgebaut.

51 Hauptstraße

52 Hauptstraße

Noch vor 1912 (Brand des Rathauses) ist dann ein durchgehender Bürgersteig mit Hochbord gebaut worden, wobei in gewisser Weise die Fünfteiligkeit beibehalten wurde. Denn der Bürgersteig wurde in einen mit großen Platten ausgelegten Fußweg und in die immer noch markierten 'Sträßchen' unterteilt.

Durch diese gestalterische Veränderung erhielt der Stadtraum eine Richtung; was vorher Platz war, wurde nun zum Weg. Gleichzeitig werden die in Umriß und Form doch sehr unterschiedlichen Gebäude ästhetisch zusammengefaßt.

Diese Tendenz wurde mit dem Abriß des alten Rathauses und dem Bau des Hotels Deiting an gleicher Stelle (vor dem 1. Weltkrieg) sowie der Beseitigung des 'Flaschenhalses' am Lingener Tor (s.o.) verstärkt. Die Hauptstraße verlor ihren Platzcharakter dann vollständig in der Zeit nach dem 1. Weltkrieg.

Vor dem 1. Weltkrieg

53 Hauptstraße

In der Zwischenkriegszeit

Der so erfolgte Umbau (mit der Beseitigung der Bäume) konnte nicht den Verkehr als Motiv gehabt haben – insofern sind die Fotos sicher richtig. Wie groß der Verkehr tatsächlich war, kann eine Verkehrszählung vom 7. und 8. Januar 1935 an der Lingener und Bentheimer Brücke zeigen:

am 7.1.35	Fußg.	Radf.	M.rad	PKW	LKW	Fuhrwerke
11 - 14 Uhr	372	952	20	43	17	52
16 - 19 Uhr	371	672	41	117	23	56
am 8.1.35						
6 - 9 Uhr	372	1133	24	35	27	67
11 - 14 Uhr	432	1033	20	55	32	39
16 - 19 Uhr	350	704	22	90	47	27

(StA NOH C VIII h 28)

Diese Daten könnte man noch weiter auswerten und z.B. auf die Arbeitszeiten beziehen. In unserem Zusammenhang werfen sie jedoch auch ein bezeichnendes Licht auf die von der Hauptstraße überlieferten Fotos: Sie sind insofern alle grundverkehrt, als die Straßen von Fußgängern und vor allem von sehr vielen Radfahrern genutzt wurden; Autos spielten nur eine geringe Rolle.

Erreicht hat man aber – ob geplant oder ungeplant – mit dem Straßenumbau die Erzeugung eines geordneten und von Schmutz, Plunder und sonstigen wilden Äußerungen gereinigten Stadtraums.

54 Hauptstraße

1949 wurde die Fahrstraße von 7 m auf bis zu 9 m ausgeweitet, wobei aber der Fußweg mindestens 4 m breit bleiben sollte. Nun erst spielte der Verkehr eine Rolle.

Das Verkehrsvolumen hatte sich dann aber in den 50er Jahren sehr erhöht und war durch die Ausweitung der Fahrfläche so nah an die Häuser herangetragen worden, daß es zu Protesten kam:

„*Nordhorn, den 5. Juli 1956*

Nachstehend Unterzeichnete bitten den Rat der Stadt Nordhorn dringend um Abschaffung folgender Mißstände:

Der Verkehr, besonders der Lastzug und Omnibusverkehr durch die Hauptstraße unserer Stadt, nimmt ständig mehr zu. Abgesehen davon, daß die an der Hauptstraße wohnenden Menschen, die tagsüber angestrengt arbeiten, nachts keinen Schlaf mehr bekommen, da sie buchstäblich in ihren Betten beben, leiden die Häuser ungemein. In sämtlichen Häusern zeigen sich ... immer größer werdende Risse..." (es folgt eine Liste mit 28 Unterschriften, E. F.) (Handakte Hauptstraße, Straßenbauamt Stadt NOH)

Die Folge war eine Asphaltierung der Hauptstraße, was zwar zuerst den Lärm minderte, dann aber das Verkehrsaufkommen erhöhte.

Nach dem 2. Weltkrieg

55 Hauptstraße

56 Straßenarbeiten
57 Hauptstraße

Umbau zur Fußgängerzone

1986 wurde die Hauptstraße dann im Rahmen der Innenstadtsanierung zu einer Fugängerzone umgebaut.
Die Fußgängerzone wird heute primär von den anliegenden Unternehmen in Besitz genommen; Einkaufsgeschäfte stellen ihre Waren, die Cafes und Gaststätten ihre Tische und Stühle auf die Straße und erweitern so – mietfrei – ihre Geschäftsräume. Für Passanten und Käufer zu Fuß erleichtert sich der Umgang und Aufenthalt auf der Straße, die zu Straßencafes umgewandelten Restaurationen bieten nun das 'Schauspiel der Straße', bei dem die Passanten Darsteller und Zuschauer in einem geworden sind (siehe Lefèbvre). Die Anwohner werden jetzt nur noch vom Zulieferverkehr und von den Betriebsgeräuschen einer Einkaufsstraße, die sich jedoch bei Nacht minimieren, gestört.
In der Gestaltung wird einerseits durch Bäume und deren Umrandungen, wie auch durch die beiden Plastiken, das Transitorische eines Weges aufgehoben.

58 Fußgängerzone

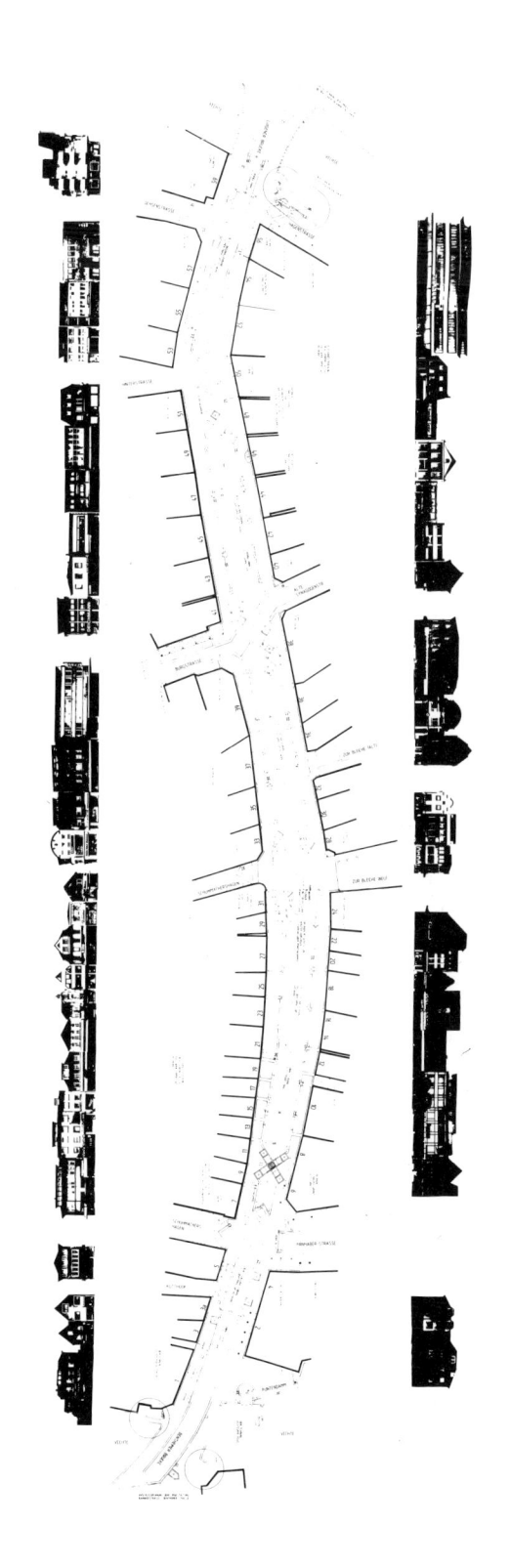

59 Fußgängerzone

Durch unterschiedliche Pflasterfarben und -muster wird andererseits versucht, den alten Verlauf der Straße nachzustellen, die ehemalige Splitting in nördlichen und südlichen Teil (s.o.) wird jedoch zugunsten der Heraushebung der Mitte verändert. Ein Fußgängerplatz befindet sich vor dem Kaufhaus, hier enden verschiedene Wege; es sind zwei Sonderflächen (Mulde und Plateau) artikuliert, die Sitz- und Aufenthaltsgelegenheit bieten. Die beiden vor dem Kaufhaus (das vom Warenangebot her ein normales Niveau hat) befindlichen Orte gestatten den Konsum von im Supermarkt des Kaufhauses oder an diversen Imbißständen erstandenen Lebensmitteln und bieten eine kleine Verdauungspause nach dem Besuch des Selbstbedienungsrestaurants des Kaufhauses an. Dadurch sowie durch die unaufwendige Gestaltung werden Mulde und Plateau eher von Turnschuh- und Jeansträgern (als Lebenskultur verstanden) benutzt. Dieser Fußgängerbereich steht somit nicht nur im Kontrast zur Hauptstraße wegen der unterschiedlichen räumlichen Ausprägung und der unterschiedlichen ökonomischen Struktur der Geschäfte, sondern auch als Sozialort, denn die Restaurationen der Hauptstraße werden vorwiegend von besser gestellten Bürgern genutzt.

Soweit man bis jetzt erkennt, hat die Umwandlung sozioökonomisch kaum Einfluß auf die Bewohnerstruktur gehabt. Das liegt aber auch daran, daß in Nordhorn die Geschäftsinhaber häufig sowohl Geschäfts- als auch Hausbesitzer sind und teilweise an Ort und Stelle wohnen, ferner, daß es nur relativ wenig Mietwohnungen gibt.

Die bedeutsamste Transformation der Innenstadt hat zudem mit der Straße nichts zu tun, sie hat schon früher stattgefunden:

Wohnungen für Arbeiter und später für Ostflüchtlinge wurden nicht auf der Insel gebaut, die wichtigsten öffentlichen Institutionen (Rathaus, Schulen etc.) sind aus der Stadt ausgezogen (siehe dazu S. 173f.) und befinden sich nun quasi in einem Kreis um die Innenstadt, so daß sie – wenn man vom gesamten Nordostbereich (kath. Kirche, Ochsenstraße) einmal absieht – sich tatsächlich zu einem Konsumort monofunktionalisiert hat; Öffentlichkeit ist auf direkten sozialen Austausch und auf Konsum reduziert. Die Gestaltung der Hauptstraße zu einem Fußgängerbereich hat insofern jedoch mit diesem Prozeß der Entpolitisierung und Entgesellschaftung zu tun, als man sich nicht mehr vorstellen kann, wie auf ihr eine Demonstration wie bisher üblich stattfinden könnte.

Kann eine Demonstration überhaupt in einem Fußgängerbereich stattfinden? Bei einer Demonstration geht man auf der Straße, nicht auf dem Bürgersteig. Denn eine Demonstration ist transitorisch, sie ist kein Aufenthalt. Zugleich schafft der Bürgersteig eine gewisse Distanz zwischen Anwohnern und Geschäftsleuten und den Demonstrierenden. Diese fällt weg, wenn es eine Einkaufsstraße gibt. Was auch wegfällt, ist die Geschlossenheit der demonstrierenden Gruppe; sie zerfasert, weil dann wieder Kioske oder Stühle oder ähnliches dazwischen stehen. Also verringert eine Einkaufsstraße auch das Selbstwertgefühl der Demonstrierenden. Eine Demonstration braucht eine große, breite Straße, als Weg zum angezielten (politischen) Ansprechpartner; erst dort braucht sie Platz. Deshalb sind Demonstrationen in Altstädten immer etwas mißraten, Altstädte kann man nur verbarrikadieren (s.o.).

60 Hauptstraße 1987

Beleuchtung

Entfaltung des Problems

Bis zum Ende des 18. Jahrhunderts waren der Holzscheit, der bisweilen in Harz oder Pech getränkt war, die Öllampe und die Kerze die einzigen künstlichen Lichtquellen.

Sie gaben ein sehr bescheidenes und deshalb punktförmiges Licht. Die gesamte Ausleuchtung eines bestimmten Raumes war nur durch eine Vielzahl der Lichter zu erreichen und deshalb sowohl mit großem Arbeitsaufwand als auch mit großen Kosten verbunden. Licht diente in den Innenräumen so allein zur Beleuchtung bei Zusammenkünften der Oberschicht, Außenräume wurden wohl nur bei Festen illuminiert. Zur täglichen Verlängerung des bürgerlichen Alltags (zur Arbeit und zur Muße) war es zu kostspielig.

Die Menschen zogen sich bei Einbruch der Nacht in ihre Häuser zurück, allein der Nachtwächter kontrollierte den Stadtraum, er trug neben Waffen ein Licht.

61 J. Bader, Badische Volkssitten, 1843

62 Nachtwächter, Gravüre von Brand

63 Beleuchtung als Aufklärung

Die Beleuchtung ist jedoch nicht nur ein technisches Problem; sie gestaltet Alltag und Lebenswelt und hat Einfluß auf die Mentalität.

Schon immer ist das Licht als Medium oder Vermittlerin der (göttlichen) Wahrheit gesehen worden; dies trifft vor allem auf die Philosophie der christlichen Kulturen zu. Architektonisch findet diese Einstellung ihren prägnanten Ausdruck in der Lichtführung der Kircheninnenräume. Dies wird besonders in den farbigen Fenstern der gotischen Kathedralen deutlich, zeigt sich aber auch in der dynamischen, barocken Lichtdramaturgie.

Die Wörter 'Wahrnehmung' (nur im Deutschen) und 'Aufklärung' (noch stärker 'illuminismo' o.ä.) verweisen auf eine Parallelisierung von geistiger Erkenntnis und optischer Sichtbarkeit. Sie hat m.E. eine reale Ursache: Die visuelle Wahrnehmung hat sich (normalerweise) als die primäre Ebene der Handlungsorientierung herausgebildet. Sie ist angewiesen auf Licht. Je umfassender eine Situation beleuchtet ist, desto besser kann ich sie erkennen, desto sicherer kann ich mich orientieren. Im Dunklen hingegen, in der Nacht, verschlechtert sich die optische Wahrnehmung, man verliert die Orientierung und die Sicherheit. Dies gilt um so intensiver in fremder Umgebung (s.u.).

Das Problem der Beleuchtung enthält neben der Frage seiner kulturellen (räumlichen, sozialen und semiotischen) Bedeutung zwei Problembereiche: es handelt sich

a) um das ausgestrahlte Licht und

b) um das das Licht ausstrahlende Objekt, also um das ästhetische Aussehen der Lampen.

Man könnte sagen, daß es um die Laternen bei Nacht und bei Tag geht, denn leuchten sie in der Dunkelheit, so sind sie als Objekt kaum zu erkennen; bei Tag kann man nur ihren Körper wahrnehmen.

Licht

Gegen Ende des 17. Jahrhunderts wurde in den europäischen Großstädten damit begonnen, die Straßen zu beleuchten.
In Paris geschah dies teilweise schon im 16. Jahrhundert durch Pech- oder Kienpfannen, die an den Enden und in der Mitte der Straßen standen. Von 1667 an wurden dort auf Initiative des absolutistischen Staates Öllaternen an Stricken quer über die Straße gehängt.
In Den Haag wurden die Straßen seit 1673 durch Öllampen beleuchtet, in Deutschland folgte als erste Stadt 1675 Hamburg. In Berlin sollte auf Anweisung des Kurfürsten von 1678 jedes dritte Haus beleuchtet sein; da dies – wie man sich wegen der Schwierigkeit der Durchführung auch schon denken kann – nicht richtig durchgeführt wurde, wurden seit 1682 Laternen auf Pfählen aufgestellt. 1702 werden in Leipzig 750 Öllaternen zur Straßenbeleuchtung errichtet.
Die Lampen und Laternen waren jedoch sehr lichtschwach. Sie beleuchteten schon die normalen Innenräume nur spärlich, feinere Arbeiten oder gar Lesen war sehr schwer möglich. Auf den Straßen waren zudem die Laternen letztlich in sehr geringer Zahl über die ganze Stadt verteilt. Ihre Helligkeit erzeugte keine gleichmäßige Räumlichkeit, keinen Lichtraum, sondern einen Lichtfleck, die Laternen dienten als Orientierungspunkte aus der Ferne, zur Sicherheit der Durchquerung. Sie verhalfen nicht zur Orientierung in fremder Umgebung: um ans Ziel zu gelangen, mußte man die Straßenzüge schon vom Tage her kennen, die Lampen waren nur Hilfe für die Ortskundigen. Sie ermöglichten es auch nicht, nachts fremde Passanten zu erkennen, man konnte höchstens Bekannte wiedererkennen.
Zur Ausweitung der Stadtbeleuchtung trugen dann technische Erfindungen bei:
- 1783 perfektionierte Argand die *Öl*lampe durch Einsatz eines Runddochtes, der wie ein Kamin wirkte, und er erreichte dadurch, daß das Öl weniger Rauch entwickelte und das Licht heller erschien.
- Zu Beginn des 19. Jahrhunderts machte die Beleuchtung durch Einsatz neuer Technologien einen qualitativen Sprung. 1806 wurde Baltimore, 1807 die Mall in London zum ersten Mal durch *Gas*laternen beleuchtet. 1811 erhielt ein Teil der Fischergasse in Freiburg, 1825 Hannover und 1830 Berlin Gasbeleuchtung.
- 1850 wurden in Petersburg Straßenabschnitte durch *elektrisches* Bogenlicht erhellt. Die Straßen waren nun auch nachts so hell, daß geeignete Bedingungen für (körperliches und soziales) Handeln gegeben waren.

Das Licht diente nicht mehr nur der Darbietung von Orientierungspunkten, sondern als Artikulation eines Raumes, d.h., es verhilft nicht allein zur Orientierung in bekanntem, sondern zur Explorierung von fremdem Terrain und unbekannten Personen. Aufgrund dieser Auswirkungen kann die Stadt auch nachts sinnlichen Genuß bieten. Es entsteht das Nachtleben, vor allem natürlich insofern, als die Kaufleute sich diese Mittel und diese Gelegenheit zur Präsentation ihrer Waren nicht entgehen lassen und durch lichtdurchflutete Schaufenster wiederum zur weiteren Beleuchtung des Straßenraums beitrugen.
Vor allem in Paris kam es in der ersten Hälfte des 19. Jahrhunderts zum Bau von Passagen, die nicht nur gut ausgeleuchtet waren, sondern auch

ordentliches Pflaster hatten (s.o. das Kapitel über den Straßenbau) und Schutz vor dem Wetter boten.

Funktionen von Laternen und Helligkeit
a) Die Laternen *repräsentieren* die Feudalherren; aufgestellt auf Veranlassung der Herrscher nahmen sie in ihrer Stellvertretung nachts den Stadtraum in ihre Macht. Diese Funktion führte z.B. dazu, daß sie während der französischen Revolution auch repräsentativ zerstört wurden (siehe dazu die umfangreiche Veröffentlichung von Schivelbusch 1983).

Vor dieser ideologischen Bedeutung hatten die Laternen jedoch vor allem *praktische* Auswirkungen:
b) Die Nacht zerstört den durch *Wahrnehmen* konstituierten Stadtraum, er hebt die Erfahrung vom physikalischen Raum auf, da weder Körper, Form, Differenzierung und Textur, Wände und Versprünge im Boden, noch Grenzen sichtbar sind.
c) Als Folge hat die Nacht einen geringeren *psychosozialen* Wirklichkeitsgrad, sie verringert die Orientierung.
Während der Tagraum aufgrund der sinnlichen Wahrnehmung eine Verankerung des Subjekts in der Umwelt ermöglicht, bietet der Nachtraum keine Gliederung und keinen Horizont, das Ich verliert seinen Halt an der Um- und Mitwelt.
„Wenn z.B. die Welt der klaren und wohlartikulierten Gegenstände sich auflöst, so zeichnet unser seiner Welt beraubtes wahrnehmendes Sein sich eine Räumlichkeit ohne Dinge vor. Nichts anderes geschieht in der Nacht. Sie ist nicht ein Gegenstand mir gegenüber, sie umhüllt mich, sie durchdringt all meine Sinne, sie erstickt meine Erinnerungen, sie löscht beinahe meine persönliche Identität aus. Ich finde mich nicht mehr auf meinem Wahrnehmungsposten zurückgezogen, von dem aus ich auf Abstand die Profile der Gegenstände vorüberziehen sehe. Die Nacht ist ohne Profile, sie selbst ist es, die mich anrührt ... sie ist reine Tiefe, ohne Vorder- und Hintergründe, ohne Oberflächen, ohne Abstand von ihr zu mir..." (Merleau-Ponty 1966, S. 329 f.)
Die Menschen fühlen sich in dem ungegliederten, unbegrenzten Raum dem unfaßbaren Leeren ausgeliefert, es kann durch transempirische, religiöse, mystische, psychische und politische Projektionen besetzt werden. Dies zeigt sich in den gegen die Aufklärung gerichteten Bestrebungen der Romantik; so etwa schreibt Novalis 'Hymnen an die Nacht':
„Abwärts wend ich mich zu der heiligen, unaussprechlichen, geheimnisvollen Nacht... Hast auch du ein gefallen an uns, dunkle Nacht? Was hältst du unter deinem Mantel, das mir unsichtbar kräftig an die Seele geht? Köstlicher Balsam träuft aus deiner Hand, aus dem Bündel Mohn. Die schweren Flügel des Gemüths hebst du empor. Dunkel und unaussprechlich fühlen wir uns bewegt... Wie arm und kindisch dünkt mir das Licht nun ... du hast die Nacht mir zum Leben verkündet – mich zum Menschen gemacht – zehre mit Geisterglut meinen Leib, daß ich luftig mit dir inniger mich mische und dann ewig die Brautnacht währt."
(Novalis 1977, S. 131/132)
Aus dieser romantischen Einstellung resultiert dann bisweilen auch Widerstand gegen die Einführung der Straßenbeleuchtung:
„Jede Straßenbeleuchtung ist verwerflich

1) aus theologischen Gründen; weil sie als Eingriff in die Ordnung Gottes erscheint. Nach dieser ist die Nacht zur Finsternis eingesetzt, die nur zu gewissen Zeiten von Mondlicht unterbrochen wird. Dagegen dürfen wir nicht auflehnen, den Weltplan nicht hofmeistern, die Nacht nicht in den Tag verkehren wollen;
2) aus juristischen Gründen; weil die Kosten dieser Beleuchtung durch eine indirekte Steuer aufgebracht werden sollen. Warum soll dieser und jener für eine Einrichtung zahlen, die ihm gleichgültig ist...
3) aus medizinischen Gründen; die Oel- und Gasausdünstung wirkt nachteilig auf die Gesundheit schwachleibiger oder zartnerviger Personen...
4) aus philosophisch-moralischen Gründen; die Sittlichkeit wird durch Gassenbeleuchtung verschlimmert. Die künstliche Helle verscheucht in den Gemüthern das Grauen vor der Finsternis, das die Schwachen von mancher Sünde abhält...
5) aus polizeilichen Gründen; sie macht die Pferde scheu und die Diebe kühn
6) aus staatswirthschaftlichen Gründen; für den Leuchtstoff ... geht jährlich eine bedeutende Summe ins Ausland, wodurch der Nationalreichthum geschwächt wird
7) aus volksthümlichen Gründen; öffentliche Feste haben den Zweck, das Nationalgefühl zu erwecken. Illuminationen sind hierzu vorzüglich geschickt. Dieser Eindruck wird aber geschwächt, wenn derselbe durch allnächtliche Quasi-Illuminationen abgestumpft wird. Daher gafft sich der Landmann toller in dem Lichtglanz als der lichtgesättigte Großstädter." (Kölner Zeitung 1819, zit. nach Rebske 1962)

Auch in Nordhorn ist – allerdings ohne Überlieferung der Motive – Kritik an der Aufstellung von Laternen überliefert (Specht 1941, S. 272).

d) Die Nacht verhindert die Entstehung eines öffentlichen sozialen Beziehungsgeflechtes. Denn die mit den Mitmenschen vollzogene Kommunikation ist von nonverbalen Hinweisen abhängig (von der faktischen Bedrohung durch Waffen über die gestisch angedeutete Bedrohung bis hin zur subtilen Zustimmung und Ermunterung). Sie erlaubt die Kontrolle der Geschehnisse und war sicherlich der vorrangigste Grund für die Zerstörung der Laternen bei der französischen Revolution.

e) Der eigentliche Anlaß zur Ausweitung der Beleuchtung liegt jedoch in der Entwicklung der Arbeitsweise. Solange die handwerkliche und bäuerliche Produktion in kleinen Arbeitseinheiten und mit handlichen Werkzeugen stattfand, wenig Arbeitsteilung herrschte und keine großen Maschinen eingesetzt wurden, war Licht bei der Arbeit für die Leistung und Sicherheit weniger nötig.

Maschinen jedoch boten nun die Möglichkeit, einerseits die Menschen von den 'Naturkräften' (vor allem Wind- und Wasserkraft) zu befreien und zu einer kontinuierlichen Produktion zu gelangen; sie forderten jedoch andererseits auch durch den hohen Kapitaleinsatz die ständige Ausnutzung, um durch die Menge der Produktion den Kapitaleinsatz zu amortisieren. Gleichzeitig konnten an den Maschinen viele Arbeiter beschäftigt werden, so daß Helligkeit und Sichtbarkeit wegen des gefährlichen Umgangs mit den Maschinen, wegen der Arbeitsteilung und der Zusammenarbeit unabdingbar wurden.

Hinzu kommt die Beleuchtung der Wege zur Arbeitsstätte. Denn in dem Maße, in dem durch die Ausweitung der Produktion neue Arbeiter, Angestellte und Unternehmer und deren Familien in die Stadt zogen, war für die Neubürger räumliche und für die Altbürger soziale Orientierungshilfe nötig. Wunsch und Bereitschaft zur Straßenbeleuchtung ist auch von daher zu erklären.

In *Nordhorn* wurde die erste Straßenbeleuchtung wohl 1741 vor dem Rathaus aufgestellt. Erscheint heute der Ort vielleicht selbstverständlich, so sei doch hervorgehoben, daß mit dem Licht die Mitte der Stadt artikuliert wurde, wobei 'Mitte' nicht topologisch, sondern soziokulturell verstanden wird. Da die Hauptstraße gebogen verläuft, kann dieser Ort nicht gewählt worden sein, um die Straße optimal zu beleuchten. Die Lichtausbeute einer mit Öl betriebenen Laterne war so gering, daß – wie bereits weiter oben beschrieben – ihre Leuchtkraft einen Straßenraum nicht ausleuchten konnte, sondern lediglich die Stelle punktuell markierte. Die Laterne stand nicht vor der 'Burg', also vor dem Ort religiöser Betätigung, ebenso nicht vor dem Haus des Richters, als dem Ort der Vertretung feudaler Macht und auch nicht vor dem Haus des Nachtwächters, was praktischen Nutzen gehabt hätte, sondern am Ort der Ausübung bürgerlicher Macht; sie war somit dessen 'Auratisierung'.

Um 1830 gab es in Nordhorn dann ca. 20 Laternen aufgestellt (StA NOH C VIII i1), 1879 mindestens 25 (im Sommer wurden weniger, im Winter mehr benutzt). 1897 waren es erst 31 Laternen, die inzwischen auf Petroleum umgestellt waren; obwohl sich die Anzahl der Bewohner in Nordhorn fast verdreifacht hatte, war also kaum eine Steigerung zu verzeichnen. Daran änderte auch die Gründung einer Gasanstalt (1897) nichts.

Die Bewohner hatten jedoch jetzt großes Interesse an der öffentlichen Beleuchtung; es gab immer wieder Eingaben an den Magistrat. So etwa baten Arbeiter mit Unterstützung der Textilfabrik den Magistrat im November 1900 um Laternen:

„Die Endunterzeichneten erlauben sich um baldigste Anbringung von 2 städtischen Gaslaternen auf dem öffentlichen Weg zu ihren Wohnungen zu bitten. In der Höhe der Fabrik von B. Rave und Co liegen jetzt 10 Familienwohnungen, welche mit den Kostgängern eine Einwohnerzahl von ca. 85 Personen enthalten. Der öffentliche Weg, welcher entlang der Fabriken der Firmen Kistemaker, Rave & Schlieper sowie B. Rave und Co zu diesen Wohnungen führt, hat nicht irgendeine Beleuchtung. Nach Schluß der Fabriken um 6 Uhr oder um 7 Uhr abends herrscht auf diesem Wege eine absolute Finsterniß, so daß es nicht möglich ist, den Weg zu finden und einzuhalten..." (StA NOH B 8)

1921 fordern Anwohner der Alkenstiege Beleuchtung, 1926 melden sich Bewohner der Hafenstraße und der Luisenstraße.

Am 7. Mai 1924 gaben die Städt. Gas- und Wasserwerke an den Magistrat einen Bericht, in dem sie mitteilten, daß 27 Straßenlaternen brennen würden und der Ausbau auf 41 Laternen geplant sei. Aus der uns überlieferten Aufstellung ist ersichtlich, daß sich etwa die Hälfte der Laternen im Inselbereich befunden hat, davon 7 auf der Hauptstraße (vor dem Rathaus, an jeder Brücke und an privaten Gebäuden). Außerhalb der Insel beleuchteten die Laternen vor allem die Wege zu den Fabriken (StA NOH C VIII 14). Als die Stadt im Dezember 1924 eine Aufstellung über die Brenndauer der Gaslaternen erhielt, wurden bereits 43 Laternen aufgelistet. Aus dieser Aufstellung läßt sich zudem ersehen, daß die Laternen tatsächlich nur als

64 Licht in Nordhorn (Arbeitsort, Stadt, Weihnachtsbaum

Ersatz für das Mondlicht gedacht waren, wenn dieses hell genug leuchtete, wurden die Laternen abgeschaltet (StA NOH C VIII 14).

Art der Helligkeit
Insgesamt läßt sich für die Zeit bis zum Ende des 2. Weltkrieges feststellen, daß die Laternen innerhalb des Inselbereichs immer noch punktförmig leuchteten; die Stadt war nicht – wie heute – in eine gleichförmige Helligkeit getaucht, sondern es gab in der Dunkelheit helle Orientierungspunkte, so daß nicht der Aufenthalt oder in der Nacht das Leben auf den Straßen angestrebt und möglich war, sondern die Durchquerung der Stadt erleichtert und gesichert werden sollte.
Durch die Steigerung von Quantität und Intensität, ferner durch Höherlegen des Leuchtpunktes der Laternen wurde die Helligkeit der Straßen verändert; der Straßenraum wurde nachts immer mehr zu einem einheitlichen Lichtraum, er barg die Passanten, verlor seinen transitorischen Charakter und forderte zum Aufenthalt auf.
Nach dem 2. Weltkrieg wurde die Hauptstraße durch sehr hoch über der Straße gespannte Leuchtstoffröhren beleuchtet, wodurch sich ein nahezu durchgehender Lichtraum ergab. Die Seitenstraßen im Inselbereich hatten weiterhin Laternen auf Pfählen; allein schon so wurden Haupt- und Nebenstraßen unterschieden. Sie bildeten keinen durchgehenden Lichtraum aus, sondern begrenzte Lichtplätze.

Ort der Helligkeit
Auch der Ort der Helligkeit hat soziale oder kulturelle Bedeutung. Noch im 19. Jahrhundert waren die Laternen in Nordhorn an den Häuserfassaden angebracht; da die Straße nicht in Bürgersteig und Fahrbahn unterteilt war, gaben sie sowohl den Fußgängern als auch den Fuhrleuten eine Hilfe zur Orientierung in der Stadt. Mit Einführung der Gaslaternen wurde dieser alte Ort teilweise beibehalten, teilweise wurden die Laternen aber auf Pfählen angebracht und auf den nun durch einen Bordstein angehobenen Bürgersteig gestellt. Wenn man die Lichtausbeute der Gaslaternen in Betracht zieht, so wurde jetzt vor allem den Fußgängern geleuchtet. Zusätzlich war die Kreuzung der Hauptstraße mit der Burgstraße für die Fuhrleute durch eine sehr hoch hängende Lampe erhellt. (Abb. 65)

65   Hauptstraße mit Laternen

Die nach dem 2. Weltkrieg mitten über der Fahrbahn der Hauptstraße angebrachten hochhängenden Leuchtstoffröhren hingegen sind für den fahrenden Verkehr gedacht, die Bürgersteige werden einerseits durch sie mitbeleuchtet, andererseits durch die Schaufenster erhellt. Die Lichttemperatur der Straßenlampen ist auf klare Sicht (der Autofahrer) abgestellt, sich begegnende Passanten hingegen nehmen sich mit bleicher Hautfarbe wahr. Sie befinden sich auf dem Bürgersteig der Hauptstraße in einer Zwischenwelt: nicht mehr auf der Straße und noch nicht in den Geschäften. Die Seitenstraßen hingegen mit den Laternen auf Pfählen sind auf Bedürfnisse von Fußgängern zugeschnitten.

Mit dem Umbau der Hauptstraße zur Fugängerzone wird durch die Laternen auf Pfählen der ursprüngliche Bezug wiederhergestellt.

Zusätzlich zur öffentlichen trägt natürlich auch die private Beleuchtung durch Werbung und Schaufenster zur Erhellung der Stadt bei; der durch Helligkeit artikulierte Stadtraum wird so besetzt.

Nach dem Umbau zur Fußgängerzone wurden die Leuchtstoffröhren durch Einzellaternen ersetzt, durch ihre Helligkeit bilden sie nun Lichtzonen aus.

66 Nordhorn bei Nacht

Das ästhetische Aussehen der Leuchten hat im Zusammenhang mit der Funktion bestimmte technische Bedingungen:

Will man in Nachahmung des Sonnenlichtes die Straßen von oben beleuchten, so müssen die Leuchten in einer gewissen Höhe angebracht werden, wobei die Höhe in Relation zur Lichtabgabe stehen muß; sie müssen möglichst hoch angebracht sein, um einen möglichst weiten Raum auszuleuchten und um einen möglichst realistischen (dem Tage adäquaten) Eindruck des Stadtbildes zu erzeugen. Sie dürfen aber auch nicht so hoch angebracht sein, daß ihr Licht nicht mehr richtig den Boden erreicht.

Leuchten

Die Öl- und Gasbrenner stellen aus physikalischen Gründen größere technische Ansprüche an die Form einer Lampe: zur Herstellung des Lichtes werden Substanzen verbrannt, die irgendwie zugeführt und angezündet sowie deren Abgase und Hitze abgeführt werden müssen. Wenn das Licht nach unten strahlen soll, die Substanzen aber nach oben brennen, müssen einmal Reflektoren angebracht sein, wenn man einigermaßen ökonomisch denkt, und man muß zum anderen die Stützen möglichst so anbringen, daß die Leuchte sich nicht selber in den Schatten stellt. Die Leuchten müssen vor Witterung und Beschädigung geschützt werden.
Elektrische Bogenlampen, deren Lichtabgabe groß ist, müssen, damit sie die Passanten nicht blenden, sehr hoch angebracht sein. Sie brauchen zwar nicht mehr durch eine Person angezündet, die Kohlestifte müssen jedoch noch ziemlich oft erneuert werden, so daß die technische Konsequenz im 19. Jahrhundert eigentlich nur ein Mechanismus zum Herunterlassen der Lampen sein konnte. Bei Glühbirnen und Leuchtstoffröhren verringern sich die technischen Anforderungen an die Form, bei der letzteren fällt auch noch die Abführung der Wärme fort, so daß nur noch die Möglichkeit der Auswechslung verbrauchter Lampen und die Verschmutzung berücksichtigt werden müssen.
Diese technischen Bedingungen erfordern zudem ihre ästhetische und kulturelle Konkretisierung.

Schriftliche Aussagen über das Aussehen der Laternen sind für Nordhorn nicht erhalten; allein auf den seit ca. 100 Jahren gemachten Fotos der Straßen und Häuser sind sie zu entdecken.

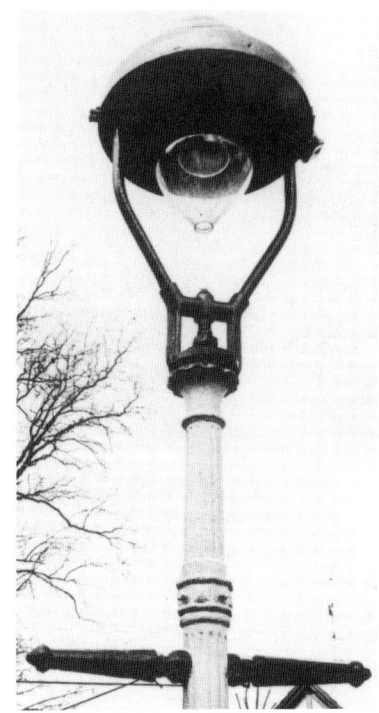

67 Laterne vor der Burg
68 Klassizistische Laterne

Die frühesten Laternen – bei der Umstellung auf Gas – sind leider nur in der Silhouette zu erkennen; sie sind eine durch eine Halterung vermittelte Addition von zwei ästhetisch eigenständigen Teilen, dem Pfahl und der eiförmig gerahmten Laterne.

Beim folgenden Typ wird diese Zweiteiligkeit aufgehoben, Pfahl und Laterne bilden formal eine Einheit. Der Pfahl selbst ist in mehrere Abschnitte unterteilt. Sie sind in Anspielung an eine klassische Säule kanneliert; der obere Abschnitt hat ein blumenartiges Kapitell, das quasi organisch die Laterne trägt.

Das Glas beider Laternen ist klar, so daß sich – durch den Rahmen noch betont – ein (Glas)Körper ergibt, durch den man aber hindurchschauen kann.

69 Laternen der 30er Jahre

Aus der Zeit nach dem 1. Weltkrieg ist noch eine Laterne überliefert, die dem sachlichen Stil der damaligen Moderne entspricht; auf einem nach oben konisch zulaufenden Pfahl steht eine nach unten sich verjüngende, prismatische Laterne mit matten Scheiben.

Diese Laternen waren verhältnismäßig hoch und biedern sich der traditionalen Bebauung sowohl vom Maßstab als auch von der Form her nicht an.

Das galt auch für die Laternen der 50er Jahre, die noch höher waren. Sie hatten keine geometrischen, sondern den Körper als Einheit umfassende elipsoide Form; auch sie wurden in bewußten Kontrast zur überlieferten Bebauung gestellt.

Während alle diese Laternen das Licht direkt abgeben und bei Tage die Lichtquelle sichtbar ist, muß man bei den Laternen der 60er Jahre um ihre Funktion wissen oder durch Aufstellungsort und -weise darauf schließen; diese Laternen erscheinen als völlig geschlossene pilzartige Gebilde auf Pfählen; weder Lichtquellen, noch Scheiben o. ä., durch das es scheinen

70 Laterne 50er Jahre

71 Laterne 60er Jahre

72 Laterne 80er Jahre

könnte, sind sichtbar. Die Laternen sind ziemlich niedrig, bei Nacht bilden sie einen schutzmantelähnlichen Lichtraum aus.

Die heutigen Laternen sind in klar artikulierte formal selbständige Einheiten (Pfahl, Arm, Laterne) gegliedert; auch sie sind niedrig, die Lampen hängen und geben direktes Licht ab. Alle bisherigen Laternen standen als mehr oder weniger körperhafte Objekte im Straßenraum (am stärksten die Laternen der 60er Jahre), die neuen Laterne jedoch ist in ihrer Körperhaftigkeit reduziert; durch die sie horizontal durchschneidende Kreisfläche nimmt sie einen Platz im Raum ein und visualisiert so zudem das Leuchten des Lichts auch bei Tage.

Die Entwicklung des Stadtraumes zusammenfassend läßt sich von einem Prozeß der Veröffentlichung des Straßenraums und der Privatisierung der Familie sprechen.

Ich benutze dabei diese beiden Begriffe im Sinne von G. Simmel (1922), der damit Resultate tatsächlicher Erfahrung bezeichnet, die dem Erfahrenden entweder Einsicht in Sinn, Ziel und Struktur des Handelns Anderer ge-

Diese Beziehungsbegriffe lassen sich substantivieren, wenn man die historischen Verhaltensweisen im 19. und 20. Jahrhundert in der europäischen Stadt einbezieht (ausführlich hierzu: Plessner 1960, Bahrdt 1961, Habermas 1962, Sennett 1983). Der Stadtraum ist insofern öffentlich, d.h. er vermittelt Einsicht in die Handlungsrationalität der Passanten, als sich ein universaler, unpersönlicher Verhaltenskodex herausgebildet hat, der Intimität jeder Art tabuisiert und so leicht Verhaltenseinsicht und schnell Verhaltenssicherheit gewährt.

Als Ergebnis konkreter Erfahrung sind Öffentlichkeit und Privatheit bedingt auch in der Sichtbarkeit des Tuns, also in seiner körperlichen und in seiner baulich-räumlichen Präsentation.

Dem steht in der Bezeichnung Rodriguez-Lores' Erkenntnisse über die 'Privatisierung der Stadt' (1980) gegenüber, denn Rodriguez-Lores faßt damit die Umwandlung des städtischen oder landesherrlichen Grund und Bodens in individuelles Eigentum (er vergleicht Berlin und Barcelona in der Mitte des 19. Jahrhunderts miteinander). Auf Nordhorn bezogen trifft dieser Vorgang rechtlich allerdings nur für einen Teil des städtischen Grundes zu (einzelne Grundstücke, alle Straßen und Plätze blieben kommunales Eigentum); zudem waren Verfügungsgewalt und Besitzansprüche schon lange bei den Vollbürgern, die allein Anteil an der Mark hatten, privatisiert; auch die kommunalen Geschäfte wurden weitgehend von ihnen geführt. Dies änderte sich auch durch Umwandlung des anteiligen Grundbesitzes in parzelliertes Grundeigentum im Prinzip in Nordhorn nicht.

Wichtigste Gundlage der Nordhorner Entwicklung zur Veröffentlichung (der Stadt) und Privatisierung (der Familie) war vielmehr die Industrialisierung der Textilfabrikation.

Installationen

Im 19. Jahrhundert hatten sich – in den deutschsprachigen Ländern – zwei entgegengesetzte Weisen, Stadtplanung zu betreiben, ergeben; dies war auf der einen Seite der künstlerische Städtebau im Sinne Sittes und auf der anderen Seite der technische Städtebau im Sinne von Baumeister und Stübben. Während der künstlerische Städtebau teilweise in der Weimarer Republik abgelehnt wurde und nach dem Weltkrieg völlig in Vergessenheit geraten war, erfährt er erst heute wieder eine Renaissance (etwa durch Rob Krier). Dagegen wurde der technische Städtebau außerhalb jeglicher Diskussion, Kritik und gesellschaftswissenschaftlicher Reflexion durchgeführt. Erst in jüngerer Zeit, einerseits durch die normative 'Ökologiebewegung' (ich markiere das, um sie von der wissenschaftlichen Ökologie zu unterscheiden), andererseits durch einen Paradigmenwechsel in der historischen Forschung (Alltagsgeschichte etc.) ausgelöst, wird die Stadttechnik auch als Gesellschaftstechnik gesehen.
Installationen (Wasserzuleitungen, Abwasserkanalisation, Gasleitungen, elektrische Leitungen, Telefon-, Rohrpost- und sonstige Kommunikationsleitungen) bestimmen massiv den Alltag in der Stadt. Teils unterirdisch, teils ohne materiale Leitungen fundieren sie soziale Ordnung.

- Entnahmestationen
Die Installationen werden direkt erfahrbar und erreichen ihren Gebrauchszweck erst in den jeweiligen Empfängern, im Radio- und Fernsehapparat, im Wasserhahn, WC, Gas- und Elektroherd usw.
Diese Stationen haben ihren topographischen Ort; sie stehen im Wohnzimmer, in der Küche, sind an den Eingang der Wohnung gelegt, befinden sich mitten in der Stadt oder an deren Rand, sie erlauben einer bestimmten Anzahl von Personen die gleichzeitige Benutzung.
Die Stationen erhalten also durch ihre technische Ausstattung und ihren Ort eine bestimmte Funktion im Alltag der Bewohner, sie haben psychologische, soziale, politische und kognitive Funktionen.

- Netze
Trotz ihrer weitgehenden Unerfahrbarkeit bestimmen auch die jeweiligen Leitungssysteme den Alltag der Stadtbewohner.
So kann etwa die zeitweise als Daseinsvorsorge verstandene und heute als Infrastruktur bezeichnete Versorgung mit Wasser und Energie und die Entsorgung der Abwässer bei der Stadt Nordhorn den Übergang vom kollektiven zum kommunalen Handeln kenntlich machen.

- Produzent
Während mit der Entnahmeseite die sozialordnende Konsumtion der Installationen und der transportierten Substanzen angesprochen wird, darf der – allerdings anonymisierte – Produzent nicht vernachlässigt werden;

Entfaltung des Problems

während urtümlich sich der Konsument die entsprechenden Güter unmittelbar selbst (Brennholz, Wasser aus der Vechte) und dann im Kollektiv (Bau von Brunnen und Pumpen, Reinigung der Vechte) besorgt hatte, wird er gegen Ende des 19. Jahrhunderts mittelbar zuerst durch Privatunternehmer (Gas) und dann durch die Kommune oder von der Kommune getragenen Unternehmungen (Elektrizität) versorgt.

Im Rahmen dieser Untersuchung über den Städtebau werde ich mich auf Installationen, also auf die technische Infrastruktur, konzentrieren und z.B. die soziale und kulturelle Infrastruktur vernachlässigen.
Ebenfalls können hier nicht die wirtschaftstheoretischen Implikationen diskutiert werden (dazu siehe Jochimsen 1966 und Gude 1972). Es geht mir vielmehr darum, sowohl die direkten Veränderung des Alltags bei der Nutzung wie das Verständnis von Kommune herauszustellen.

Energieversorgung

Gas

Die Versorgung der Haushalte mit Energie im Rahmen von Gas- oder Elektrizitätsleitungen vollzieht einen strukturellen Wandel: vom Individualtransport quantifizierter Mengen von gestreuten Sammelorten zu den Haushalten kommt es zu einer kontinuierlichen Präsenz von Energie, die an einem zentralen Ort hergestellt wird, im Haushalt. (Da die historische Entwicklung von Gas und Elektrizität umfassend erforscht ist, beziehe ich mich hier nur auf Nordhorn.)
In Nordhorn wurde im Dezember 1897 dem Unternehmer C. Franke aus Bremen gestattet, ein Gaswerk zu errichten; die Stadt beteiligte sich vorerst mit 10000 Mark an den Kosten, kaufte dann jedoch (bis 1908; s. Ratsprotokoll vom 11. 4. 1908; NOH StA C I h 4) sämtliche Aktien auf.
Der Verbrauch betrug 1904 92811 cbm, verdoppelte sich bis 1909 zum ersten und bis 1915 zum zweiten Mal, stagnierte in der Kriegszeit und stieg dann bis 1925 auf 614710 cbm.
Durch den Einstieg der NIKE in die Versorgung mit elektrischem Strom (s.u.) reduzierte sich der Verbrauch bis 1934 auf 504510 cbm, um dann wieder anzusteigen (Einzeldaten siehe Specht 1941, S. 273).

Elektrizität

In der Nordhorn benachbarten Stadt Schüttorf war schon 1896 ein Elektrizitätswerk durch die Fa. Edel und Koppelmann errichtet worden, auch in Bentheim gab es 1899 eine Elektrizitätsversorgung.
In Nordhorn diskutierte man seit 1895 über die Errichtung eines Elektrizitätswerkes; die Gründung eines Gaswerkes verringerte dann aber wohl vorerst das Interesse an der Elektrifizierung.

Dennoch gab es auch vor dem 1. Weltkrieg in Nordhorn schon Elektrizität; in den Textilfabriken wurde Elektrizität durch Dampfturbinen erzeugt, die auch zu den Villen der Direktoren geleitet wurde. Ebenso ging der Müller

Wolf daran, zuerst für seinen Bedarf in der Mühle, aber dann auch für die Stadt, Strom zu erzeugen. Im März 1914 verhandelte der Magistrat mit einer Abordnung der NIKE, einer Tochter der Rheinisch-Westfälischen Elektrizitäts-Versorgungs-Gesellschaft, um Anschluß an das Kohlekraftwerk Ibbenbüren. Die NIKE war jedoch nur bereit, Elektrizität nach Nordhorn zu liefern, wenn eine Mindestabnahme von 30000 Mark im Jahr garantiert würde, was wiederum bedeutete, daß die Fabriken auf eigene Produktion von Elektrizität verzichteten und ihren Bedarf von der NIKE abnehmen müßten. Die Unternehmen wollten jedoch weiterhin Strom selber produzieren und von der NIKE nur eine Ergänzung für den Spitzenbedarf abnehmen und sie als Reserve vorhalten. Daraufhin trat die NIKE von den Verhandlungen zurück.

Das Problem der Elektrifizierung stellte sich der Stadt aber wiederum nach dem 1. Weltkrieg. Die Bevölkerung nahm zu und die Bebauungsfläche dehnte sich aus; für das Gaswerk war es nicht mehr rentabel, auch zu den entlegensten Häusern Leitungen zu bauen. Zudem war die Beleuchtung durch Gas mit Belästigung durch Geruch und Sauerstoffmangel verbunden und auch in der Qualität nicht sehr hoch (s.u.).
Zur Diskussion kamen nun verschiedene Möglichkeiten: 1921 zog man in Erwägung, ein Wasserkraftwerk an einer Emsschleuse (bei Haneken) zu bauen. Ebenfalls erörtert wurde aber auch, die Elektrizität von den in Nordhorn ansässigen Fabriken zu beziehen, die sich nach Scheitern der Verhandlungen mit der NIKE, zu einem Verbundsystem zusammengeschlossen hatten. Als sich aber herausstellte, daß die Wasserkräfte der Ems nicht ausreichen und die Firmen die für die Versorgung der Stadt mit Elektrizität erforderlichen Investitionen nicht aufbrachten, zog die Stadt in Erwägung, am Mühlenwehr ein eigenes Kraftwerk zu bauen, was sich aber auch wieder wegen der als zu gering eingeschätzen Ausbeute zerschlug. In der Zwischenzeit hatten die Außengemeinden Bookholt, Altendorf und Bakelde, die nicht durch Gas versorgt wurden, die eigene Errichtung eines Elektrizitätswerkes in der ehemaligen Molkerei in Erwägung gezogen, was aber auch gescheitert war.
So kam es dann doch zu neuen Verhandlungen mit der NIKE; im Februar 1925 wurde ein entsprechender Vertrag geschlossen, der Stromlieferungen von Ibbenbüren, vom Heseper Torfwerk, das sich an die NIKE band, und aus dem Ruhrgebiet durch mehrere Überlandleitungen vorsah. In den Verträgen wurde der Stadt Nordhorn ein Übernahmerecht eingeräumt, das vorsah, daß die Stadt Nordhorn allen Strom vom Elektrizitätswerk abnehmen und dann selbständig an die städtischen Abnehmer verteilen konnte. 1930 verzichtete die Stadt jedoch gegen Zahlung von 106000 Mark (Kip 1985, S. 172) auf dieses Vorrecht.
Weihnachten 1925 sollen die ersten Glühbirnen in Funktion gewesen sein. Specht berichtete 1941 in 'Nordhorn. Geschichte einer Grenzstadt' dazu:
„Ein freudiges Aufatmen ging infolge dieses Ereignisses durch die Stadt und Landschaft, die sich bisher mit Petroleumlampen und puffenden Karbidbüchsen hatten behelfen müssen. Auch das Handwerk warf jetzt veraltete Maschinen und Gasmotoren beiseite und ließ elektrische Motoren in seinen Betrieben schnurren." (Specht 1941, S. 354)

Diese euphorische Beschreibung und das Einführungsdatum (Weihnachten!) sollte die Bedeutung der Elektrifizierung deutlich machen.
Dennoch ist die Darstellung von Specht unangemessen und verschweigt wichtige Vorgänge. Denn wie bereits erwähnt, stellten die Fabriken zu diesem Zeitpunkt schon lange eigenen Strom her (s.o.). Aber auch der Müller Wolf erzeugte mindestens seit 1920 (in seinem Tagebuch gibt H. Wolf die Zeit des 1. Weltkriegs an) elektrische Energie, die er zuerst nur für den Betrieb der Mühle und für sich selbst verbrauchte, dann jedoch an Abnehmer in der Stadt lieferte. 1921 bat er die Stadt um Genehmigung einer Leitung zu seinem Wohnhaus in der Kokenmühlenstraße:

„An den Magistrat der Stadt Nordhorn
Seit vorigen Jahres habe ich in der Mahlmühle eine Lichtmaschine aufgestellt zwecks Beleuchtung des Betriebs und des Mühlenplatzes. Um nun meine ganz in der Nähe der Mühle, an der Kokenmühlenstraße No. 11 gelegenen Wohnung mit Strom zu versorgen möchte ich hiermit die ergebene Bitte unterbreiten, mit einer Leitung nach den gesetzlichen Vorschriften die Bentheimerstraße zwischen den Häusern der Herren Zwitzers und Niemeyer kreuzen zu dürfen. Ich gebe hiermit gleichzeitig die Versicherung, daß bei Errichtung eines städtischen Elektrizitätswerkes die geplante Leitung wieder entfernt werden wird..."
(StA NOH C VIII i 4)

Aus den überlieferten Unterlagen geht hervor, daß Wolf dies gestattet wurde und daß er an weitere Abnehmer Strom geliefert hat:

„Nordhorn, den 30. März 1922
An den Magistrat der Stadt Nordhorn
Dem Müller H. Wolf ist städtischerseits die Genehmigung zur Anlegung einer elektrischen Leitung zu dessen in der Kokenmühlenstrasse gelegenem Grundstück gestattet worden. Da diese Leitung über mein Haus führt und befestigt worden ist, sollte von mir schon vor einigen Wochen die Genehmigung um Mitbenutzung der Leitung für einige Brennbirnen nachgesucht werden. Im Drange der Geschäfte ist dies leider unterblieben. Inzwischen waren zwei Lampen angelegt worden, die wieder beseitigt wurden. Hiermit ersuche ich dennoch die Anlage dieser Lampen genehmigen zu wollen. Meine gegenwärtige Gasanlage war auf frühere Verhältnisse eingestellt. Durch sehr oftes Versagen genügt sie meinem gegenwärtigen Verbrauch nicht. Auch musste unsere Lampenzahl vergrössert werden, als wir in weitherziger Weise mehreren fremden Herren Unterkunft gewährten. Wenn in den Fremdenzimmern beleuchtet wird, dann versagt im ganzen Haus das Licht. Hierdurch erwachsen mir besonders in den Wintermonaten geschäftliche Nachteile. Lediglich um mich gegen solche zu schützen, wird der obige Antrag gestellt..." (StA NOH C VIII i 4)

Die Unzuverlässigkeit des Gases forcierte also die Elektrifizierung der Haushalte, aber auch der Unternehmen; im Stadtarchiv liegen dementsprechende Anträge der Lichtspieltheater 'Schauburg' und 'Union' vor. Die Lieferung von Strom scheint so umfassend gewesen zu sein, daß sich nun auch in ihren Interessen Gestörte meldeten:

„An den Herrn Landrat zu Bentheim
Elektrische Leitung H. Wolf zu Nordhorn
Verfügung vom 15. d. Mts.
Mit der Ausführung der in anl. Plan (der leider verloren ist, E.F.) eingezeichneten Leitung kann ich mich nicht einverstanden erklären, da die elektr. Anlage des

Wolf lediglich nur die Kraftquelle der Ölmühle ist, die bisher von keinem Fachmann in Bezug auf Sicherheit abgenommen wurde. Ausserdem ist die in der Skizze eingezeichnete Leitung bereits schon seit längerer Zeit in Betrieb und zwar in erheblich weiterm Umfange als wie sie in der Skizze eingezeichnet ist und wird auch ein weit grösserer Kundenkreis mit Strom beliefert.
Schon jetzt ist die Stromlieferung des Wolf eine so weitgehende, dass dadurch dem Gaswerk ein nicht unerheblicher Schaden durch Fortfall von Abnehmern entsteht. Wolf liefert letzten Endes gegen Entgelt soviel Kunden Strom, dass hierin ein Gewerbe erblickt werden muss.
Gegen die Belieferung der kath. Kirche, die in unmittelbarer Nähe der Mühle gelegen ist, hätte ich letzten Endes nichts einzuwenden, aber nur aus dem Grunde, der Kirchengemeinde nicht die Möglichkeit, billigere und bequemere Beleuchtung zu erhalten zu unterbinden.
Ich bitte daher ergebenst, dem Antrage nicht stattgeben zu wollen..." (StA NOH C VIII i 4)
Wie Müller Wolf in seinem Tagebuch festhält, hat er jedoch auch nach 1925 Strom erzeugt und an Abnehmer in der Stadt geliefert; er will sogar Straßenbeleuchtung und Telefone gespeist haben. Für 1946 gibt Wolf an, insgesamt ein Netz von nahezu 10 km versorgt zu haben (Angaben aus Schriftenreihe der VHS 1987).

Dieser Vorgang hat nun tatsächlich eine besondere Bedeutung, wenn man feststellt, daß der Gasverbrauch tatsächlich in der fraglichen Zeit nicht zurückgegangen ist, sondern vielmehr eine kontinuierliche Steigerung erfuhr.
Ferner muß man bedenken, daß der Müller ursprünglich nicht nur eine Korn-, sondern auch eine Ölmühle betrieb und damit die Stadtbewohner bis zur Einführung des Petroleums auch mit Brennmaterial für ihre Lampen versorgte.
Ihm stand nun mit einer gewissen traditionalen Legitimation zu, weiterhin die Energieversorgung zu betreiben.
Da der Magistrat ursprünglich selbst überlegt hatte, die Wasserkraft der Vechte zur Erzeugung von Elektrizität zu nutzen, ferner auch das Gas durch eine private Aktiengesellschaft bereitgestellt worden war, bestand in der Sache eigentlich kein Grund, die Elektrizitätsversorgung einem Bürger zu untersagen.
Der Vorgang ist jedoch erklärlich auf der Folie eines veränderten Verständnisses von Kommune und kommunalem Handeln:
In Nordhorn hatte sich lange Zeit noch eine genossenschaftliche Vorstellung von Stadt erhalten, bei der sie als Gesamtheit der Vollbürger verstanden wurde. Dieses Verständnis verwirklichte sich sowohl in gemeinsamer Nutzung von Feldmark und Stadtraum, wie etwa in der gemeinsamen Reinigung der Vechte (s.u.). Während der französischen Herrschaft (1795 - 1813) wurde dieses Verständnis aufgehoben; Stadt war nun eine staatliche Verwaltungseinheit. Dies galt für Nordhorn im Prinzip noch lange nach Abzug der Franzosen bis 1861. Obwohl Nordhorn durch das Landgemeindegesetz von 1859, das in Nordhorn 1861 gültig wurde, die Kommune wieder zu einer Selbstverwaltungsinstitution wurde – ein Ergebnis der Bestrebungen des Freiherrn vom Stein, eine Identifizierung der Bürger mit

dem Staat herzustellen – wurde die Identität der Gemeinschaft der Bürger mit der Kommune aufgelöst; die Mark, an der nur die Bürger Nutzungsrecht hatten und von der bis dato die Neubürger ausgeschlossen waren, wurde aufgeteilt, die ökonomische Basis der 'Genossenschaft' somit aufgelöst. Die Kommune wurde zu einer selbständigen Körperschaft mit eigener Haushaltung; ihre Handlungsträger waren Bürokraten, ihr Ziel war Daseinsvorsorge. Konnte in der genossenschaftlichen Stadt ein Genosse Handlungsträger sein, so konnten nun – nach der privatwirtschaftlichen Zwischenlösung – zentrale kommunale Aufgaben nicht mehr in eigener Verantwortung durch private Personen ausgeführt werden. Bei der Bereitstellung von Elektrizität machte der Müller als private Einzelperson einer für die Kommune stehenden also öffentlichen Institution Konkurrenz und usurpiert insofern auch Öffentlichkeitscharakter. Dies widersprach jedoch dem neuen Verständnis von 'Kommune'.

Wasserwirtschaft

73 Kanalisationsplan

Kanalisation

Bei der Betrachtung des Gesamtplans stellt man fest, daß er sich – grob gesprochen – in Ringen um den Stadtkern zieht und auf den vorgängig festgelegten Verlauf der Straßen Bezug nimmt.

Von Bedeutung scheint mir der Bauprozeß, d.h., die Reihenfolge der Verwirklichung der Kanalisationsabschnitte.

Seit 1899 besaßen die neu errichteten Villen der Unternehmer u.a. (Stroink, Kistemaker etc.) auf der (heutigen) Bahnhofstraße eine private Kanalisation, seit Beginn des 20. Jahrhunderts hatten auch die Textilfabriken einen kanalisierten Anschluß an die Vechte.

1912/13 wurde ein Kanal über die Ludwig- und Bogenstraße im Streng, dem Wohngebiet der Arbeiter der Firma Niehues, angelegt.

Der erste Bauabschnitt der öffentlichen Kanalisation (Ende 1927/Anfang 1928) erstreckte sich vom Wasserwerk über den heutigen Stadtring in einem großen Bogen um den Stadtkern, der zweite Bauabschnitt bezog sich auf die 'Blumensiedlung', eine stilistisch herausgehobene Arbeiteransiedlung im Südosten der Stadt. Nach weiteren Bauabschnitten wurde dann als letztes (1930) die Innenstadt kanalisiert.

Die Kanalisation war also zuerst eine private Einrichtung der (modernen) Industrie und der sozialen Oberschicht; sie wurde von den übrigen Bewohnern in Beschwerden nicht angesprochen (Fäkalien auf den Straßen und in der Vechte fand ich nirgends erwähnt) und auch nicht (soweit bekannt) ausdrücklich gefordert, vielmehr teilweise sogar boykottiert (s.o.). Bezüglich der Anschlüsse (Abtritte, Ausgüsse) änderte sich eigentlich wenig, sie waren und blieben haus(halts)weise verteilt. Der kommunale Bau der Kanalisation betraf zuerst die ästhetisch anspruchsvollen Neubaugebiete mit den Wohnungen der Arbeiter.

Die Innenstadt war der Nachzügler; sie wurde so – zum ersten Male – zur *Alt*stadt.

Wasserleitungen

Der für die Wassergewinnung ungünstige Untergrund – es gibt Wechselschichten aus Morast, Ortstein und Torf, die von einer nur ca. 50 cm dicken Sandschicht überdeckt sind – hatte schon immer Schwierigkeiten der Wassergewinnung verursacht. Zudem ist das Wasser in Moorgebieten sehr stark mit bitter schmeckender Huminsäure angereichert. Im Inselbereich gab es nur wenige geeignete Brunnen oder Pumpen (vor dem Rathaus, bei Weustmann; StA NOH C I h 4).

Die oberflächige Erscheinung eines Brunnens ist in einer Ausschreibung für ein Armenhaus überliefert:

„*Brunnen*

An näher zu bezeichnender Stelle soll von dem Unternehmer ein Brunnen angefertigt werden, im Lichten 1,10 von Brunnensteine, nach Angabe in Kalk, Tras und Sand. Vor diesem Brunnen ein Kübel hoch 1,10 Meter von 2 1/2 cm starke Schroten laut Angabe, versehen inwendig mit einem doppelten hölzernen Ring von 3 cm starkem Holze, mit den nöthigen Unterstützungen, und außerhalb von einem eisernen Reifen umschlossen. Diesen Brunnen so zu versenken, daß er genügend Wasser hält für die dabei zu bauenden Wohnungen und aufgemauert bis 80 cm oben Erdboden und mit Rollschicht in Zement bearbeitet."

(StA NOH C VIII g 15)

74 Pumpe, ehemals vor dem Rathaus

75 Brunnen

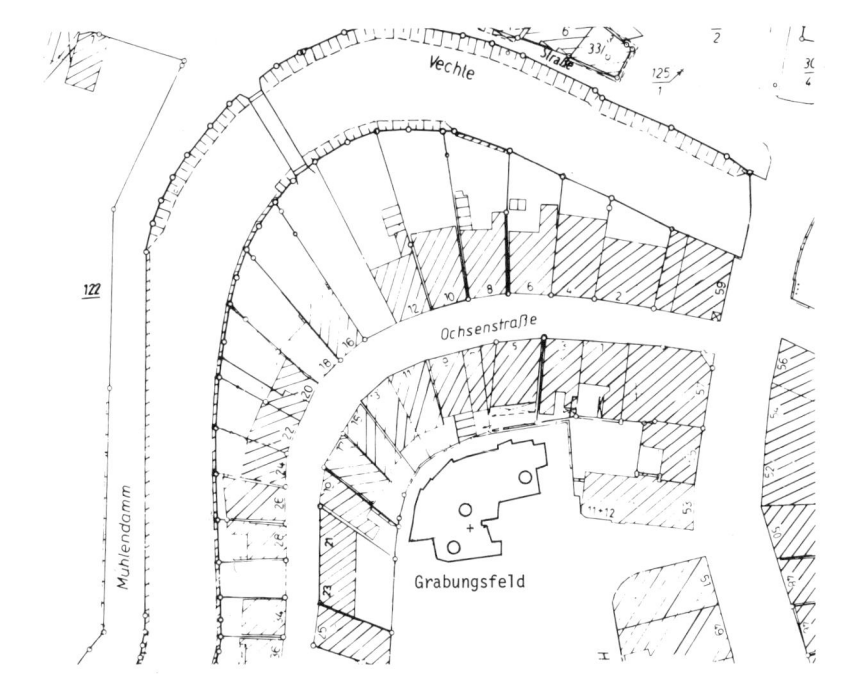

Legende:
○ = Brunnen
+ = Zisterne

103

Dies führte dazu, daß viele Bewohner der Insel ihr Wasser aus der im Verlauf des 19. und 20. Jahrhunderts immer intensiver verunreinigten Vechte nahmen.

Fluß und Pumpen waren öffentlich zugänglich; inwieweit das auch auf die Brunnen zutraf, ob sie eventuell nur von einigen Anliegern oder gar nur von einem Haushalt genutzt wurden, ist durch schriftliche Quellen nicht überliefert und auch Grabungen konnten bisher keinen eindeutigen Aufschluß liefern.

Die Anschlüsse waren – ganz im Gegensatz zur Kanalisation – zum großen Teil nicht haushaltsweise verteilt, der oben beschriebene Brunnen z.B. gab Wasser für 16 Wohnungen; ein Teil der Versorgung des familialen Haushalts war also stadtöffentlich. Sie waren zudem öffentliches Eigentum und – soziologisch gesehen – ein Ort des sozialen Austausches.

Im Gegensatz dazu entwickelte sich die strukturelle Verteilung der Anschlüsse bei der Verlegung von Wasserleitungen.

In Nordhorn gab es 1900 schon erste Pläne für eine zentrale Trinkwasserversorgung, die dann wegen finanzieller Schwierigkeiten aufgegeben werden mußten. Am 24.8.1905 beschloß dann der Magistrat der Stadt den Bau eines Wasserwerkes, das dann 1906 nach Plänen des Bremer Ingenieurs Glass erbaut wurde und das Wasser aus zwei 18 m tiefen Filterbrunnen gewann und es in einen Wasserturm mit 250 cbm Behälter pumpte. Zur Speicherung des aufbereiteten Wassers wurde ein Turm gebaut, der im neogotisierenden Stil Bürgerliches repräsentierte und lange Zeit neben den Türmen der reformierten und katholischen Kirche und einem Treppenturm auf dem Gelände der Textilfabrik von Povel die Stadtsilhouette ausmachte.

Am 1. April 1907 gab die Anlage erstes Trinkwasser ab. Wohl wegen der oben angesprochenen Probleme der Wassergewinnung auf der Insel schlossen sich die Bürger sehr schnell der Versorgung an: 1911 gab es 1175, 1915 1500 und 1940 2400 Abnahmestellen. Dies verweist darauf, daß die Anschlüsse übergangsweise von mehreren Haushalten gemeinsam genutzt worden sein dürften (die Vermutung konnte leider nicht durch Quellen unterstützt werden).

1925 wurden wegen des großen Eisen- und Mangangehaltes des Wassers weitere Filter eingebaut. Es zeigte sich jedoch, daß die Kapazität des Wasserwerks nicht ausreiche. Im Hochsommer gab es Engpässe in der Lieferung mit Wasser; zudem konnte man 1936 erst 2/3 der stark angestiegenen Bevölkerung mit Wasser versorgen, wobei die Stadtrandgebiete überhaupt noch nicht angeschlossen waren.

Noch 1939 begann man mit den Bauarbeiten zu einem zweiten Wasserwerk, das aber erst im Dezember 1949 in Betrieb gehen konnte; inzwischen wurden weitere Brunnen angelegt.

Während heute jeder Haushalt einen Wasseranschluß hat, waren lange Zeit einige ländliche Gebiete ausgeschlossen:

„Der größte Teil der Bevölkerung der Niedergrafschaft behilft sich noch heute mit einer Wasserversorgung, die der Zeit des Holzpfluges entspricht. Das Wasser wird aus Gräben, Bächen, Kanälen, selbstgegrabenen Brunnen, die mit

76 Wasserturm

Torfsoden oder Ziegelsteinen aufgesetzt sind, mittels Ziehstangen, Wippbäumen oder Handpumpen geschöpft." (Emse 1951, S. 48)

Es läßt sich insgesamt festhalten, daß in dieser zeitlichen Spanne sich für Nordhorn ein Zusammenhang von Infrastruktur und sozialer Ungleichheit in bestimmter Weise ergibt. Die Infrastruktur verstärkt nicht, noch kompensiert sie eindeutig soziale Ungleichheit; sie differenziert weder allein die höheren Schichten aus, noch bietet sie allein den unteren Schichten Ersatz für ihre geringere ökonomische Kraft. Vielmehr schließt sie die Unternehmer mit ihren Arbeitern *kulturell* zusammen und stellt sie zu Beginn unseres Jahrhunderts als Moderne den Altbürgern und den Bauern gegenüber; seit der Mitte des Jahrhunderts wurde aus dieser innerstädtischen eine Gegenüberstellung von Stadt und Land.

Zudem bewirkt die familienweise Verteilung der Entnahmestationen die Herausbildung eines abgegrenzten Haushaltes und die Privatisierung der Re-Produktion. Insofern halte ich den Begriff der 'Vernetzung' für die Installationen (Schivelbusch 1983, Schott/Skroblies 1987) für unangemessen; er meint im eigentlichen Sinn das Zusammenbinden autonomer Einheiten, die durch die Vernetzung nicht verändert werden sollen, während sich bei der Verwirklichung der Installationen gerade die Elemente fundamental verändern.

Reinheit

Entfaltung des Problems

Der langfristige Prozeß und die Art der Verwirklichung der Installationen verweisen auf ganz bestimmte lebensweltliche Grundhaltungen (wie etwa der Privatisierung der Familien).
Wenn man nun in Nordhorn die Kanalisation genauer untersucht, so wird man gerade hier auf Veränderungen in dieser Grundhaltung verwiesen. Denn zu Beginn des 20. Jahrhunderts verdichtete sich zwar die Bevölkerung, aber sie wohnte immer noch verstreut in weitauseinandergezogenen Siedlungen, zudem war die Stadt weiter ins Ländliche eingebunden und die Kanalisation transportierte weiterhin die Abwässer und Fäkalien ungeklärt in die Vechte, in die sie auch ohne die Installation schon zum Teil gelangt waren. Eine Notwendigkeit des immensen finanziellen Aufwandes aus sachlichen Gründen scheint so ohne weiteres nicht gegeben.
In der Tat haben sich die Vorstellungen über die Ursachen von Krankheiten und über das Funktionieren des menschlichen Körpers in den vergangenen 200 Jahren fundamental verändert; allein mit ihnen ist der Ausbau der Kanalisation und weitere planerische Maßnahmen erklärlich.

Theoretische Diskussion in Europa

Noch im *18. Jahrhundert* nahm man an, daß Krankheiten u.a. durch Miasmen und Mefiten, d.h., durch Ansteckungsstoffe in der Luft und durch verpestete Dünste, erregt würden (ganz allgemein dazu siehe Corbin 1984); erst Ende des 19. Jahrhunderts entdeckte L. Pasteur, daß es sich dabei um Keime handelte. Diese gasförmigen Elemente würden, so meinte man, mit der Luft aufgenommen und zerstörten im Körper das Gleichgewicht der Kräfte, was sich dann wiederum in Pest, Blattern, Skorbut usw. äußerte. Krankheitserreger erkenne man am Gestank; durch bestimmte Ausdünstungen meinte man sogar, die jeweilige Krankheit bestimmen zu können. Ärzte warnten vor Gestank und Verseuchung, die Oberschichten wurden im Geruch feinfühliger. Als Heilmittel wurden lange Zeit Parfums, aromatische Stoffe, auch das Tabakrauchen angenommen, sie sollten durch Desodorisierung die Luft reinigen, d.h., die Miasmen binden und so neutralisieren:
„Man nehme einen in Essig getränkten Schwamm, eine mit Gewürznelken gespickte Zitrone oder aber einen Riechapfel in die Hand, um den Duft von Zeit zu Zeit einzuatmen. Außer Riechkapseln und Räucherpfannen empfehlen die am besten in diesen Dingen bewanderten Autoren allen mittellosen Personen, die sich derartige Ausgaben nicht leisten können, Riechkissen mit einem Gemisch aus Raute, Melisse, Majoran, Minze, Salbei, Rosmarin, Orangenblüten, Basilikum, Thymian, Quendel, Lavendel, Lorbeerblättern sowie Orangen-, Limonen- und Quittenschalen; in Pestzeiten sollte man derlei Schutz immer in der Wohnung haben." (Papon 1799, Bd. II, S. 47; zit. nach Corbin 1984, S. 90)
Praktische Vorsorge gegen die Anreicherung der Luft mit Miasmen und Gestank war die Trockenlegung von Sümpfen, morastigen Uferstellen,

feuchten Straßen und Häusern und deren Reinigung von allen Stoffen, die aufgrund ihres Geruchs verdächtig waren; Ventilation sollte Aufnahme und Festsetzung der Miasmen verhindern. So berichtete Corbin von der Absicht, fahrbare Windmühlen herzustellen, die man auf Schlitten in betroffene Regionen bringen wollte, aber auch Glockenläuten und Geschützfeuer einzusetzen, um die Atmosphäre zu erschüttern und so die Gefahr zu beseitigen (Corbin 1984, S. 131). Neben dem Dreck der Umwelt wurden auch die Ausdünstungen und Exkremente der Menschen als schädlich eingeschätzt. Zwar galten sie weiterhin als fruchtbarer Dünger für die Landwirtschaft, man hielt sie jedoch auch wegen der Ausdünstungen für gefährlich. So schilderte Jean-Noël Hallé einen Unfall bei einem Experiment der 'Société Royale de Médecine', bei dem in den Kloaken von Paris ein Feger einem Erstickungsanfall erlag. Als ein Fachmann versuchte, ihn wiederzubeleben, wäre er sogar noch selbst gefährdet worden:

„Kaum hatte er die Luft geatmet, die dem Mund des Sterbenden entströmte, schrie er 'ich bin tot' und fiel ohnmächtig um... Ich sah, wie er unter äußersten Anstrengungen um Atem rang, wie er an den Armen gehalten wurde, während er sich brüllend aufbäumte; abwechselnd hoben und senkten sich Brust und Bauch in heftigen, krampfartigen Bewegungen. Er hatte das Bewußtsein verloren; seine Extremitäten waren kalt; der Puls wurde immer schwächer... Manchmal füllte sich der Mund sogar mit Schaum, die Glieder wurden steif und der Kranke schien einem wahren epileptischen Anfall ausgesetzt..." (Hallé 1785, S. 57 - 58, zit. nach Corbin 1984, S. 11)

Der Leipziger Arzt Platner sah als weitere Gefahr die körperliche Unreinheit: Dreck verstopfe die Poren und verhindere so den für das Gleichgewicht der körperlichen Kräfte wichtigen Gasaustausch. (Platner 1752)

Neben dieser Vorstellung von den physikalischen und biologischen Wirkungszusammenhängen wurde ein psychosoziales Konzept in bezug auf den Dreck entwickelt:

Schon für Jean-Jacques Rousseau (in seinem 1762 erschienen Buch 'Emil oder über die Erziehung') betraf die Sauberkeit Geist und Körper zugleich, denn in seiner Philosophie ist Vernunft (des Handelns) und die 'Natur' (der Umwelt und des Körpers) miteinander vermittelt; insofern kann körperliche Reinlichkeit auch moralische Reinheit sein. Wenn man 'natur'gemäß lebe, so Rousseau, bestehe eine optimale Gesundheit, und ein gesunder Körper gehe überein mit einem gesunden Geist; sogar die Medizin werde weitgehend überflüssig:

„Der einzige nützliche Zweig der Medizin ist die Hygiene, und die ist weniger eine Wissenschaft als eine Tugend. Mäßigkeit und Arbeit sind die beiden wahren Ärzte des Menschen: die Arbeit fördert den Appetit und die Mäßigkeit verhindert die Völlerei." (Rousseau 1971, S. 30 f.)

Eigentlich sei für die Sauberkeit jedoch nicht Emil, das männliche Beispiel seiner Erziehungstheorie, sondern – was bis heute blieb – dessen weibliche Ergänzung, Sophie zuständig:

„Es gibt nichts Widerlicheres auf der Welt als eine unsaubere Frau, und der Mann, der sich vor ihr ekelt, hat niemals unrecht. Die Mutter hat ihrer Tochter von Kindheit an diese Verpflichtung so oft gepredigt, sie hat so sehr die Sauberkeit ihrer Person, ihrer Kleider, ihres Zimmers, ihrer Arbeit, ihrer Toilette verlangt, daß diese Aufmerksamkeit zur Gewohnheit wurde und einen Großteil ih-

rer Zeit in Anspruch nimmt und sogar den anderen Teil beherrscht. Auf diese Weise kommt, etwas richtig zu tun, erst in zweiter Linie; in erster steht, es sauber zu tun.... Über der Aufmerksamkeit, die sie ihrem Äußeren widmet, vergißt sie aber nicht, daß sie ihr Leben und ihre Zeit auch edleren Verpflichtungen schuldet. Jene übertriebene Sauberkeit des Körpers, die die Seele beschmutzt, kennt sie nicht oder verachtet sie. Sophie ist weit mehr als sauber, sie ist rein." (Rousseau 1971, S. 431)

In Deutschland setzte sich der Arzt Christoph Wilhelm Hufeland 1797 in seinem in Jena veröffentlichten Buch 'Die Kunst, das menschliche Leben zu verlängern' für die körperliche und umweltliche Reinlichkeit ein: *„Unreinlichkeit setzt den Menschen physisch und moralisch herunter"* (Hufeland 4. Aufl. 1810, S. 196). Er sah dabei einen Zusammenhang zwischen Ansteckungsgefahr und Schichtzugehörigkeit (Dienstboten sollten möglichst aus den Kinderzimmern ferngehalten werden).

In der Einleitung einer weiteren Schrift erläutert er die Logik dieses Zusammenhanges:

„Denn wie viele Schiefheiten der Denkart und des moralischen Gefühls sind im Grunde nichts weiter, als Kränklichkeit und Verstimmung des Körperlichen! und ich bin völlig überzeugt, daß ein gesunder Zustand der Organisation und naturgemäße Vertheilung und Harmonie der Kräfte der wesentliche Grund von der edlen Gabe ist, die man gesunden Menschenverstand, bon sens, nennt, und die eigentlich nichts anderes ist, als ein gehöriges Gleichgewicht und harmonische Brauchbarkeit der Seelenkräfte, Man wirds dem Arzte verzeihen, wenn er zu bemerken glaubt, daß aus eben dieser Ursache Witz, Genieflug, erhitzte Einbildungskraft, Schwärmerey u.s.w. in unserer Generation weit häufiger sind, als reiner natürlicher Sinn und richtige Urteilskraft, wenn ich jene glänzenden Eigenschaften der jetzigen Zeit nicht als Ausbrüche der Kraft, sondern als bedenkliche Symptomen einer kränklichen und ungleichen Seelenreizbarkeit ansehe, und wenn ich zu hoffen wage, daß durch fortgesetzte bessere und naturgemäße Behandlung des physischen Menschen auch eine gesündere Geistesstimmung zu erwarten seyn dürfte.

Man erlaube mir nun, die vorzüglichsten Mittel, wodurch man diese Ideen schon vom Anfang an in Ausübung bringen kann, anzugeben. Sie heißen: kaltes Waschen, lauwarme Bäder, tägliches Luftbad, Reinlichkeit." (Hufeland 1803, S. 12/13)

Der Zusammenhang von körperlicher Gesundheit und Reinlichkeit und Moral wurde darüber hinaus von vielen Autoren behauptet. In einem 1784 in London erschienenen Buch über Gefängnisse, Zucht- und Krankenhäuser von John Howard, das schon 1788 ins Französische übersetzt wurde, teilte der Autor seine Beobachtung mit, daß die „reinlichsten Männer stets auch die ehrlichsten und anständigsten seien, während die ungepflegtesten zugleich als die lasterhaftesten und größten Störenfriede auffielen" (Howard 1788, Bd. I, S. 240; zit. nach Corbin S. 147).

1842 unternahm dann Bayard eine empirische Untersuchung für das IV. Arrondissement von Paris und wies den Zusammenhang von Bevölkerungsschicht und Epidemien (Bayard 1842), also von Sozialität und Biologie nach. 1845 beschreibt Friedrich Engels auf dieser Basis die Lage der englischen Arbeiter.

Im Verlaufe des *19. Jahrhunderts* ging man nun allgemein daran, diesen grundsätzlich postulierten Zusammenhang von Reinlichkeit und Reinheit auch praktisch umzusetzen; die 'Soziale Frage', also vor allem das durch die Industrialisierung entstandene städtische Proletariat, war dabei Motor und Ziel der Bestrebungen. Dabei vertiefte sich die naturwissenschaftliche Erkenntnis über die biologischen und medizinischen Wirkungszusammenhänge; die Hygienetheorien bezogen sich nun auch auf sozial- und nationalpolitische Bereiche und sie wurden umfassend in die Praxis umgesetzt. Die Absichten im Zusammenhang mit der Hygienebewegung könnte man vielleicht vorläufig so zusammenfassen:

„Mit sehr viel Wasser (und wohl auch Seife) und einer städtischen Kanalisation könne der Schmutz und seine sozialen Folgen einfach weggespült und der Arbeiter in die bürgerliche Gesellschaft integriert werden. Also Wasserwerke und Kanalisation als technokratische Lösung der gesamten sozialen Frage!" (von Simson 1983, S. 10)

Die – bürgerliche – Lösung der Mißstände setzte bei den Phänomenen an; die Umwelt und die Menschen sollten sauberer, damit gesünder und dadurch moralischer werden. Die Menschen sollten durch ihre Gesundheit selber in der Lage sein, sich durch Arbeit Wohlstand und somit die Bedingungen für ein gesundes und moralisches Leben zu schaffen. Gleichzeitig sollte damit der Gesellschaft die Last der Verwahrlosten und Armen genommen und der Reichtum einer Nation vermehrt werden. Sauberkeit war eine säkularisierte Religion; Mesmer stellt für die Schweiz fest:

„Der Sonntagsspaziergang wie das Bad am Samstagabend wurden zu Ritualen der gesunden Lebensführung, wer sie nicht einhielt, beging ein größeres Sakrileg als wer nicht zur Kirche ging. (Mesmer 1982, S. 485)

Die gesundheitliche Sanierung der Unterschichten wurde als Voraussetzung für deren psychosoziale Heilung verstanden; diese wiederum diente der 'sanitären' Stabilisierung der gesellschaftlichen Verhältnisse.

In England selbst war man sich der Mißstände natürlich auch bewußt. Zwar gab es seit 1601 ein Armengesetz, das die jeweilige Gemeinde verpflichtete, für die Armen zu sorgen. Dies jedoch war den Gemeinden einerseits, mit der Ausweitung der Armut, nicht mehr möglich, andererseits veränderten sich die theoretischen Positionen über die Armut; sah man die Unterstützung vordem als patriarchalische Fürsorge, so sah man die Ursache der Armut nun in der Faulheit, Unfähigkeit und großen Kinderzahl der Armen selbst (Malthussche Theorie der Population); man wollte nun nicht mehr die Armen unterstützen, sondern die Armut von Grund auf beseitigen. Es half also nichts, die Armen zu versorgen, dabei ihren Status aber nicht zu verändern, sondern sie selbst und ihre Umwelt mußten saniert werden. In diesem Zusammenhang wurde 1833 eine Kommission ernannt (Poor-Law-Commission), die die Zustände empirisch untersuchen und ein neues Gesetz entwickeln sollte. 1834 wurde der Jurist Edwin Chadwick zum Leiter dieser Kommission ernannt; er legte 1842 den 'Report on the Sanitary Condition of the Labouring Population of Great Britain' vor, der national und international für die Hygiene und den Städtebau große Auswirkungen hatte. Unter der Perspektive der damaligen Vermutungen über die Entstehung von Krankheiten und Epidemien stellte auch Chadwick The-

sen vom Zusammenhang umweltlicher Bedingungen, moralischer Vorworfenheit, Sterblichkeit und politischer bzw. sozialer Radikalität her. Als Lösung dieser 'Sozialen Frage' schlug Chadwick einen technischen Ausbau der Stadt und der Wohnungen vor. Jetzt sollten die Fäkalien nicht mehr in Gruben gesammelt und von Bauern der Umgebung zur Düngung der Äkker abgeholt werden, was die Luft in der Stadt, während des Transports und während der Düngung verdarb. Ferner sollte das Schmutzwasser nicht so einfach in die Themse eingeleitet werden, dort giftigen Gestank verbreiten und zum Teil als Frischwasser wieder benutzt werden. Wasserleitungen sollten in jedes Haus frisches Wasser bringen, Wasserklosetts mit Hilfe des Wassers die Fäkalien abtransportieren; die Stadt sollte kanalisiert werden, um alle faulenden und krankheitserzeugenden Stoffe aus der Stadt zu entfernen.
Diese Untersuchung, die zum Teil auch ins Deutsche übersetzt wurde, löste das 'Public Health Movement' aus, in dessen Verlauf man zur Lösung der 'Sozialen Frage' die Verbesserung der Arbeiterwohnungen und den Bau von Wasch- und Badeanstalten vorschlug.

Die konzeptionellen Positionen für Deutschland machte James Hobrecht, der die Kanalisation für Berlin entworfen hat, deutlich. Natürlich war ihm auch die körperliche Gesundheit der Bürger wichtig, sie sei durch die Zivilisation und den Konkurrenzkampf, der zur Erzeugung gesellschaftlichen Reichtums erforderlich sei, gefährdet. Er sah aber auch einen Zusammenhang von körperlicher und geistiger Gesundheit. Darüber hinaus hatte Hygiene aber für Hobrecht eine a) soziale, b) eine ökonomische und c) eine nationale Funktion:
a) Die Hygiene (der unteren Schichten) sei die Voraussetzung für das anzustrebende Zusammenwohnen aller Schichten, das letztendlich zu deren aller Verbürgerlichung beitragen solle. (Hobrecht 1868, S. 12 ff.)
b) Sie diene aber auch dem Staatswohl:
„Menschen-Leben und Menschen-Gesundheit, die Ersparnis aufreibender Schmerzen, der Gewinn geistiger Frische und Heiterkeit, die Befähigung zur Arbeit und zum Genuss der Schönheit dieser Erde ist es, um was es sich handelt! – es ist eine private Angelegenheit, weil sie jeden betrifft, eine kommunale, weil die Kommunen vorzugsweise die Lasten und Kosten der öffentlichen Krankenpflege zu tragen haben ... endlich ist es eine Forderung des Staatswohls. ... In letzterer Beziehung ist es nicht blos die Erhaltung der nothwenigen Zahl der Bürger, sondern auch der Umstand, dass dem Staate Arbeit und Schutz nur durch Menschen in voller Kraft gewährt wird, während Sieche und Kinder seinem Reichthum und seiner Kraft schaden, und mit Jedem vor der Zeit Verstorbenen das auf seine Erziehung verwendete Kapital nutzlos zu Grunde geht." (Hobrecht 1868, S. 8)
c) Der nationalpolitische Zweck der Hygiene äußere sich vor allem – wie auch schon in obigem Zitat angedeutet – in der Wehrhaftigkeit der Bürger:
„Im gesunden Körper wohnt der gesunde Geist, und dieser ist es, der sich mit Wärme und Interesse den öffentlichen Angelegenheiten widmet, der Liebe für das Vaterland und freudigen Opfermuth erzeugt; leichter bilden sich kräftigere Armeen zur Vertheidigung häuslicher Altäre, der Grabhügel ge-

liebter Angehöriger und des Erbtheils, das für unsere Kinder gesammelt ist, aus einem gesunden Volke, als aus den bleichen Leidträgern, die unsere Civilisation erzeugt..." (Hobrecht 1868, S. 8 f.)

Die medizinische Diskussion in Deutschland in den 70er Jahren des 19. Jahrhunderts war von zwei wissenschaftlichen Theorien über die Verursachung von Epidemien geprägt. Max von Pettenkofer und seine 'Münchener Schule' nahmen in ihrer 'Bodentheorie' an, daß sich Cholera- und Typhusbazillen durch Ausdünstungen des Bodens verbreiteten und daß eine Verdünnung mit Wasser die Gefahr der Ansteckung beseitigen würde, somit die Einleitung der Fäkalien in Flüsse mit ausreichend Wasser völlig ungefährlich sei. Demgegenüber stand Robert Koch mit seiner 'Berliner Schule' und seiner 'Trinkwassertheorie' (die wir heute als richtig akzeptieren), der meinte, daß sich die Epidemien über das Trinkwasser verbreiteten und folgerichtig die Fäkalien nicht in die Flüsse geleitet werden dürften, aus denen sie dann – mehr oder weniger, in dieser oder jener Art – wieder ins Trinkwasser gelangten.

Die nationale Diskussion über Hygiene wurde in einer 1869 gegründeten Fachzeitschrift den 'Vierteljahresschriften des Deutschen Vereins für Gesundheitspflege' geführt; der programmatische Leitartikel des ersten Bandes sah – wie schon bei Hobrecht hervorgehoben – die Gesundheit der Bevölkerung als ein nationalökonomisches Problem an.

Mit Methoden einer reinen quantifizierenden Naturwissenschaft, also unter Ausschluß aller sozialen, psychischen und kognitiven Aspekte der untersuchten Menschen sollten die 'Naturbedürfnisse der Einzelnen' in Laborsituation herausgefunden und zu Normen formuliert werden:

„Zur Aufstellung des Naturbedürfnisses als Norm der Gesetzgebung gehört aber die exacte Feststellung desselben in Mass, Zahl und Gewicht. Dies ist bereits in den letzten Jahren das Mühen aller strebsamen Hygieniker gewesen. Der Cubikraum guter Luft für Kranke, Schüler, Gefangene, – die nöthige Quadratfläche für Gräber und die richtige Zeitdauer ihres Turnus nach der Bodenart, – die Gewichtsmenge und Mischung der Nahrung zur Erzeugung einer gewissen Summe Wärmeeinheiten und zur Erhaltung des Körpergewichts ... die Quadratfläche Fensterglas für genügend Beleuchtung und die Heizfläche bestimmter Temperatur für genügende Erwärmung, – das richtige Verhältnis zwischen Häuserhöhe und Strassenbreite, zwischen Bewohnerzahl, Baufläche und grüner Vegetation..." (Reclam 1869, S. 3)

Die ökonomischen und gesellschaftlichen Machtverhältnisse der damaligen Zeit führten aber dazu, daß die Normen nur die Minimalwerte festhalten.

Im 20. Jahrhundert entstand dann als Konsequenz daraus das Konzept der 'Wohnung für das Existenzminimum'.

„Aus der Vermittlung zwischen den Bedürfnissen des menschlichen Körpers und Geistes und den Selbsterhaltungsgesetzen der Natur auf der einen Seite und den Anforderungen des Systems auf der anderen Seite entsteht ein totalitärer Normierungsversuch der physischen und geistigen Welt, bei dem die aufzustellenden Normen immer nur jene minimalen Werte auszudrücken haben, unter denen die Balance zwischen maximaler Leistung und genügender Erhaltung des individuellen Körpers und der Natur gewährleistet werden kann. Gewiß vollzieht sich damit in der öffentlichen Gesundheitspflege eine sozio-ökonomi-

sche Entfremdung zentraler Begriffe wie 'gesund' und 'krank': 'gesund' ist, wer den normierten Zustand an körperlicher Leistungsfähigkeit und sittlich-geistigem Verhalten erreicht; 'krank' ist, wer diesen Zustand nicht erreicht; er ist dann 'a-normal'." (Rodriguez - Lores 1985, S. 32)

Zusammenfassend läßt sich sagen, daß über die Entwicklung der Vorstellung der Reinlichkeit der Menschen und ihrer Umgebung ein sehr differenziertes Konzept vom Menschen selbst in allen seinen Aspekten dargelegt wurde. Von der Neufassung seiner Orientierung an der physikalischen Umwelt will ich hier nicht weiter sprechen, sein neues Verständnis von Individuum, von seiner sozialen Rolle und Funktion und von seiner Existenz als Staatsbürger jedoch noch einmal aufführen:

a) in individueller Hinsicht
— wird eine Konstitution der Wahrnehmungsbedeutung vorgenommen, bestimmte Geruchsreize werden als Gestank empfunden, bei gewissen räumlichen und sachlichen Situationen wird Ekel gespürt,
— wird der Charakter der Menschen bestimmt; denn insofern er sauber sein soll, soll er arbeitsam, ordentlich und zurückhaltend sein,
— werden die Menschen als eine wie auch immer bestimmte Einheit von Körper und Geist verstanden; dies bedeutet historisch gesehen, daß Menschsein aus philosophischer Sicht nicht mehr nur im 'Cogito', im geistigen Sein, und theologisch gesehen nicht allein in der unmateriellen Seele besteht, was sehr viele praktische Auswirkungen hat; so wird der Mensch durch seine Körperlichkeit in die Umwelt gebunden, alle Vorgänge in der Umwelt treffen in seine Grundbestimmung,

b) in sozialer Hinsicht
— wird die Sauberkeit als Ausweis für die Zugehörigkeit zur bürgerlichen Klasse definiert und
— es werden einzelne Rollen zugeteilt; so ist seit Rousseau die Frau für die Sauberkeit zuständig,

c) in staatspolitischer Hinsicht
— ist eigentlich nur der saubere und gesunde Mensch Staatsbürger, da nur er durch seine Arbeit und durch seine biologische Vermehrung für den Erhalt des Staates sorgt und sich mit ihm identifiziert und so dann auch bereit ist, ihn nach außen zu verteidigen.

Ich bin weit davon entfernt, Schmutz, Krankheit, Armut und Unmoral zu romantisieren. Einmal sind die Menschen wegen ihrer körperlichen Fundiertheit ganz real davon betroffen, zum anderen werden gerade im 19. Jahrhundert die technischen und chemischen Verfahren und Instrumente verfeinert; sie werden so viel störanfälliger durch nicht zum Prozeß oder Verfahren gehörende Substanzen, die jetzt erst auffallen und begrifflich als Schmutz qualifiziert werden.

'Reinlichkeit' konzipiert die Menschen; als historisches Konzept ist sie sicherlich teilweise grundsätzlich positiv einzuschätzen, etwa in dem Verständnis der körperlich-geistigen Einheit der Menschen; teilweise grundsätzlich negativ, etwa wenn man fehlende Sauberkeit als Hinweis auf Charaktermängel und Asozialität nimmt; in der Regel jedoch muß man die Konzepte differenziert nach möglichen Inhalten bewerten, etwa der Verurteilung der Hygiene allein, weil sie etwa durch Identifikation mit dem Staat und durch Saturierung individueller Bedürfnisse die Wehrfähigkeit erhöhe, muß gegenübergestellt werden, daß die Identifikation der Arbeiter mit dem Staat und die Befreiung von der unmittelbaren Not ihnen Zeit, Anlaß und Motivation zu politischer Arbeit und Engagement gab; bei der Bewertung einer Identifikation mit dem Staat kommt es auf den konkreten Staat und auf die konkrete Stadt an.

Hygiene in Nordhorn

Wie überall grassierten auch in Nordhorn und Umgebung verheerende Epidemien, wie Blattern, Diphterie, Faulfieber, Rote Ruhr, Typhus usw. So verbreitete sich 1764 eine durch Soldaten eingeschleppte Diphterie, ferner sind zwei schwere Ruhrepidemien bekannt (1736 - 1739 und 1776 - 1779) (StA Osn Rep 125 Nr. 821).
Dabei wurde auch hier der Gestank als eine giftige Substanz angesehen, die die entsprechende Krankheit schon aus sich bewirken kann; so schreibt der Neuenhäuser Richter Buch am 4.10.1779 in einem Promemoria:
"seit dem Anfang des abgewichenen Monats September hat sich im Dorfe Feldhausen die Rote Ruhr geäußert und hat, weil die Patienten sich nicht frühzeitig genug um die nöthigen Mittel umgesehen, auch solche größtenteils nicht bezahlen können, dergestalt um sich gerissen, daß sie schon in vielen Bauernschaften sowohl als in hiesiger Stadt eingefallen ist. Nach der Aussage des Apothekers Weber, welcher den Patienten hin und wieder die nöthigen Mittel gereicht hat, soll die Ansteckung dabei ausnehmend sein, weil einesteils die Exkremente einen unglaublichen Gestank verbreiten und nicht gehörig eingegraben werden und anderenteils diejenigen so damit belastet sind unter den Gesunden umhergehen und das Übel verhehlen..." (StA Osn Rep 125 I Nr. 824)
Von offizieller Seite ist eine *"Anweisung wie sich der Landmann nicht nur vor der Ruhr präservieren, sondern auch glücklich und mit wenigen Kosten selbst curiren könne"* bekannt, worin die Vorstellung der Wirkungsweise einer epidemischen Krankheit überliefert wird:
"Die rothe Ruhr, an und vor sich betrachtet, ist weder eine gefährliche, noch tödtliche Krankheit. Wenn das Blut im Sommer, bey vermehrter Ausdünstung des Körpers, verdicket, und durch die Sonnenhitze schärfer, besonders aber die Galle beissend, und zur Fäulung disponiret worden: so wird das Blut mit gar zu vielen unreinen und faul gewordenen Theilen, die dessen natürliche gute Mischung stöhren, beschweret: da aber die Schweißlöcher bey der heißen Sommerzeit weiter sind, und daher auch größere, verdorbene, vornehmlich galligte Theile durchlassen: so wächset der Gesundheit dadurch nicht der geringste Nachtheil zu, so lange diese Sommer-Ausdünstung im Gange bleibt. So bald aber die Schweißlöcher enger geworden; so ist nichts natürlicher, als dieses, daß alsdenn ein großer Theil der auszudünstenden Materie zurück bleiben müsse. Je häufiger nun die Ausdünstungen gewesen, je schleuniger und stärker die Erkältung ist, welche sich der gesundeste Mensch zuziehet, je mehr scharfe,

faul und unnütz gewordene Theile bleiben im Körper zurück; und bey den so gestalten Sachen ist in dem Körper kein gewöhnlicher Weg vorhanden, durch welchen diese zurückgehaltene unnütze und verderbliche Materie von dem Geblüt abgesondert; und aus dem Leibe geschaffet werden, als die Gedärme, deren Drüsen gewöhnlicherweise die gröbere schleimige Feuchtigkeiten von dem Geblüte ab- und aussondern, denen sie aber, da sie nicht übernatürlich scharf sind, auf keine Weise schädlich, sondern vielmehr zur leichten Ausleerung beförderlich sind.

Weil aber das Geblüt, auch durch anhaltende Sommerhitze, nach und nach mehr aufgelöset ist, und die sonst milden Theile desselben, dünner, schärfer und beissender geworden: so werden die Drüsen der Gedärme mehr als gewöhnlich erweitert, die Gedärme gereizt, auch in denselben eine größere Menge faulender, gallichter scharfer Feuchtigkeiten ergossen, und auf diese Art ein blutiger Durchfall, mit Schmerzen und Fieber, zuwege gebracht..." (StA Osn Rep 125 Nr. 824)

Diese vom Königlichen Ministerium in der Grafschaft in insgesamt 90 und in Nordhorn in 20 Exemplaren verteilte 'Anweisung' enthielt ferner aus dem Verständnis der Krankheitsursache resultierende medizinische Rezepte (Brechwurz, Rhabarber usw.). Zudem werden Verhaltensvorschläge erteilt, die sich nun überhaupt nicht aus dem Verständnis der Krankheitsursache ableiten: denn wird sie als eine Disharmonie der Körpersäfte, die keinen Abfluß finden, verstanden, so soll desungeachtet der Erkrankte in einem Zimmer, das gut gelüftet und mit Wacholder und Essig ausgeräuchert wurde, sozial isoliert werden (ebenda). Als Speisen werden – wie schon in einer Unterrichtung der Königlichen Majestät von 1736/39 (StA Osn Rep 125 Nr. 821) – einfache, dünne Breie, aber auch Muskat und Zimt empfohlen; Wasser darf danach nur abgekocht getrunken werden. Diese Vorschläge beruhen zwar nicht auf empirischer Einsicht in die Wirkungszusammenhänge der Krankheit, sie sind jedoch – so wie wir es heute beurteilen würden – auch nicht ganz falsch. Dies kann man für ein wohl zur gleichen Zeit verfaßtes Gutachten des Landphysicus Dr. Bening zum Faulfieber nicht immer sagen:

„...Sobald als die ersten Zeichen der Krankheit bemerkt worden, muß man sich alles Fleisches und Fettes und was damit gekocht ist, auch des Bieres und Branntweins sorgfältig enthalten. Sofort ein Brechpulver aus 20 Gran Ipecacuana, 1 Gran Brechweinstein mit etwas Zucker versetzt nehmen und laues Wasser oder Thee nachtrinken. ... und zur Beförderung des Lactierens zu einem Mengel dieser Molken 1 bis 2 Lot glauberischen Salz und daneben noch 1 Gran Brechweinstein fügt. Hierbei muß man jedoch die Vorsicht gebrauchen, die Milch durch saure Sachen nicht in einem metallenen oder glasierten Topfe abscheiden zu lassen, sondern sich dazu eines steinernen bedienen...

Man trinkt davon alle Stunden eine oder zwei Teetassen voll, bis man anfängt zu lactieren, hält damit so lange an, bis die sehr stinkenden und faulichten Stuhlgänge aufhören. Man befördert nötigenfalls diese ausleerende Wirkung durch die täglich zweimalige Anwendung eines Clistiers ... und nun besonders die erwähnten Clistiere angewendet, indem sonst leicht das Gehirn angegriffen wird, worauf ein Irreden und hierauf der Tod erfolgt...

Das vornehmste und beste Getränk während der Krankheit ist frisches, reines ungekochtes Wasser mit Essig...

(Dr. Bening gibt zum Schluß seines Gutachtens Ratschläge:)
I) Man reinigt und lüftet das Haus und besonders das Schlafgemach des Kranken, so viel sein kann...
II) Reinlichkeit im Bette und im Anzuge, weshalb die Wäsche und Bettücher des Kranken oft verändert werden, nachdem man sie über Wacholderbeerdampf geräuchert hat...
III) Die Gesunden schlafen nicht bei den Kranken... (Sie, E.F.) spülen den Mund mit Essig aus und nehmen wohl auch einen Schluck davon...
IV) Abgang und Urin des Kranken müssen unverzüglich unter die Erde gescharret und Wäsche und Bettücher an die freie Luft gehänget oder in kaltes Wasser gesteckt werden..." (StA Osn Rep I Nr. 821)

Neben dem schon ausführlich dargelegten Zusammenhang von Vorstellung über Krankheit und den Anforderungen an die Lebensweise, von Gestank und Krankheitserreger, der Heilkraft der reinen Luft, wird in dem Gutachten des Landphysicus Berning dem kalten, klaren Wasser eine bedeutende Funktion zugesprochen. Dieses Verständnis erklärt, warum man sich in allen Planungen in Nordhorn bezüglich der Vechte so engagiert.
Zu Beginn des 19. Jahrhunderts, in der Zeit der Besetzung der Grafschaft (1806 - 1813), unternahmen die Franzosen verstärkt Anstrengungen zur Verbesserung der Gesundheit, was bedeutete, daß sie die Ausdünstungen beseitigen wollten und z.B. Vorschriften für Beerdigungsriten machten, aber auch Reglements zur Reinlichkeit der Stadt erließen, wie sie die 'Rundverfügung des Provinzial-Rathes in Coesfeld an die Beamten des Arrondissements Steinfurt vom 12.10.1807' enthielt:
„*Es ist schon jetzt sichtbar, wieviel die Städte, Flecken und Wigbolde durch die verordnete Wegschaffung der Mistgruben an Reinlichkeit gewonnen und wie sehr dadurch ein gefälligeres Aussehen bewirkt wird. ... Auf höhere Ministerielle Verfügung wird daher verordnet:*
1. In den Städten, Flecken und Wigbolden dörfen keine Schweineställe an den offenen Straßen gebaut, die vorhandenen müssen wie alle sonstigen der Gesundheit und Reinlichkeit schädlichen Anlagen und Einrichtungen mit den Mistgruben weggeschafft und die Straßen Morgens früh vor 8 Uhr bei 3 Rthlr. Strafe gereinigt werden.
2. Es dörfen in denselben keine Karren, Wagen und andere Sachen stehen oder liegen gelassen werden, wodurch die Vorübergehenden bei Nachtzeit beschädigt werden können..." (zit. nach Klopmeyer 1955, S. 185)
Neben den Richtern und Bürgermeistern wurden vor allem die Pfarrer, Seelsorger und Prediger aufgefordert, sich „*durch die richtige Darstellung*" (a.a.o., S. 186) für die Reinlichkeit einzusetzen; das hat sicherlich traditionelle Gründe, und ist auf christliche Hospizen, kirchliche Armenfürsorge und der Funktion der Pfarrer als Volksbelehrer zurückzuführen. Die Gleichsetzung von Reinlichkeit, Gesundheit und Religion wurde nun noch verstärkt.
Zu Beginn des 20. Jahrhunderts weitete sich dann in Nordhorn die Hygienebewegung auf alle Bereiche aus, obwohl die diesbezüglichen Einrichtungen teilweise erst sehr spät verwirklicht wurden. Jetzt steht vor allem die Bekämpfung der Tuberkulose an erster Stelle; seit 1922 gibt es im Kreis eine Tuberkulosefürsorgestelle (Moeller 1962).

Die Bewohner engagieren sich für ihre Umgebung; dazu zwei beispielhafte Quellen.
Am 15. November 1913 beschwerte sich der Postassistent G. Hallenbach in einer Eingabe an den Magistrat:
"Seit April 1913 wohne ich Laarstr. 19. Seit demselben Zeitpunkt befindet sich die genannte Strasse in einem Zustande, der dieselbe für Fussgänger, – namentlich bei Regenwetter und in der Dunkelheit – unpassierbar macht. Durch meinen Beruf bin ich gezwungen, den Weg häufig morgens gegen 1/2 5 Uhr und abends nach Eintritt der Dunkelheit zu benutzen. Zur Zeit ist der Weg selbst bei Tageslicht infolge der Regenfälle nur im Sprungschritt passierbar, von der Gefahr, die man bei Benutzung in Dunkelheit läuft ganz zu schweigen. Ich glaube wohl berechtigt zu sein, den wohll. Magistrat auf eingangs erwähnte Tatsachen mit Nachdruck hinweisen und um baldige beschleunigte Verbesserung der fraglichen Zugänge ... bitten zu dürfen." (NOH StA C VIII h 11)
Am 21.6.1926 vermerkte ein Polizeiassistent:

*Grüppen werden die schmalen Gänge zwischen den Häusern genannt; E.F.

"...die Grüppe (*), welche die hiesige Hinterstr. durchfliesst und zwischen dem beiden Grundstücken Räkers und Weustann zur Vechte geht, (ist, E.F.) *vollständig verschlammt. Bei der jetzt herrschenden warmen Witterung steigen dort die übelsten Dünste auf und können dadurch leicht Krankheiten hervorgerufen werden."* (NOH StA C VIII h 11)
Der unten ausführlicher besprochene Umbau der Vechte ging in der Bevölkerung mit einer Bewußtwerdung des Unrates und mit einer Veränderung der Einstellung zum Schmutz einher. So wie es für uns wichtig ist, die sachliche Veränderung der Vechte und den Zusammenhang mit dem städtischen Alltag zu interpretieren, so sehr ist es auch bedeutsam herauszufinden, mit welchen subjektiven Intentionen und mit welchen objektiven Auswirkungen das verbunden war und in welcher Weise der Zustand und die Veränderungen den Bewohnern auffielen, also welche Veränderung der Wahrnehmung (des Sehens und des Riechens) hier stattfand. Denn liest man das erste Zitat genauer, so fällt auf, daß sich die Bürger über die Färber, also über eine neu angesiedelte Industrie, beklagten, daß sie sich über den Gestank beschwerten, obwohl in der Hauptstraße weiterhin die Misthaufen und Gerümpel lagen und die Straßen, wie noch 1926 moniert werden konnte (s.o.), in keinem besserem Zustand waren.

Reinheit des Ortes

Der natürliche Fluß

- seine generellen Funktionen

Vor der Entwicklung der technischen Einrichtungen wurden viele Aufgaben von den Flüssen übernommen; sie lieferten Wasser als
— Trinkwasser (für Mensch und Tier),
— Brauchwasser (für Haushalt, Industrie und Landwirtschaft),
— Löschwasser und
— Reinigungsmittel (für Menschen, Tiere und Sachen);
ihr Wasser diente jedoch auch als
— Transportmittel (Schiffahrt) und
— Energieträger (Antrieb von Wassermühlen);
sie übernahmen die Abfuhr des – wie auch immer – gebrauchten Wassers,

des Abfalls und die Beseitigung der menschlichen und tierischen Exkremente.

Zusätzlich bieten die Flüsse ein Reservoir für Lebensmittel (Fische).

Die hier sicherlich immer noch nicht erschöpfend aufgeführten Anwendungsmöglichkeiten sind in ihren Anforderungen an den Fluß teilweise sehr konträr, so daß bei Intensivierung aller Nutzungen oder bei Maximierung einer bestimmten Nutzung das System kollabiert.

- in Nordhorn

In Nordhorn war die Versorgung durch die Vechte bis ins 20. Jahrhundert unmittelbar und umfassend; die Vechte mit ihren Abzweigungen im Stadtgebiet versorgte die Anwohner und die Fabriken mit frischem Wasser, nahm gebrauchtes Wasser, Abfälle und teilweise Exkremente auf, versorgte die Öl- und Kornmühle mit Energie und bot den Schiffen, vor allem dem Steinhandel, einen Transportweg.

Sicher war die Versorgung nicht unproblematisch. Es gab Überschwemmungen der ganzen Stadt (u.a. 1772, 1798, 1808, 1848), die ihre Bedrohlichkeit mit dem Bau des Nordhorn-Almeloer Kanaldamms (1900) zwar verloren hatten, dennoch aber auch in der zweiten Hälfte des 20. Jahrhundert vorkamen. Es gab jährlich wiederkehrende, unregelmäßige Phasen der Trockenheit.

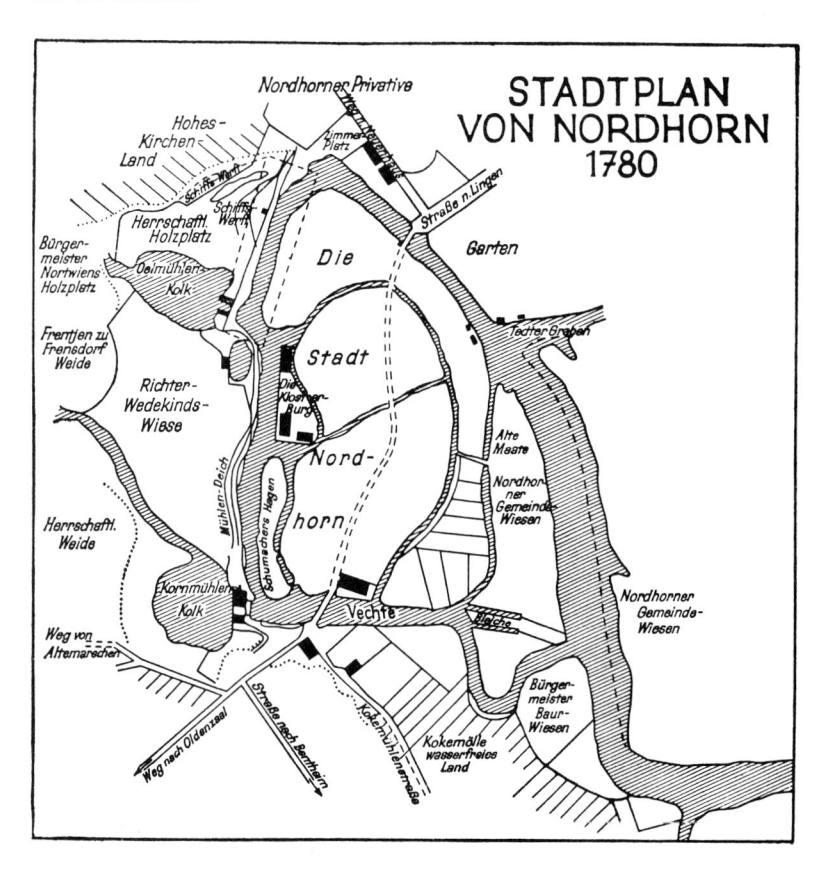

77 Stadtplan von Nordhorn, 1780

Während dieser Zeiten konnte der Fluß einzelne Funktionen nicht mehr ausführen und es kam zu Konflikten zwischen den unterschiedlichen Nutzern. Da die Vechte in so vielen Aspekten für das Leben der Bürger eine wichtige Rolle spielte, war der Umgang mit ihr reglementiert. Die Pflege der Vechte oblag den einzelnen Privatleuten, der Stadt gehörte eine Schute, die die Bürger zu Reinigungsarbeiten mieten konnten.

Im 18. Jahrhundert wurden technische Verbesserungen vorgenommen, die die Funktionen der Vechte jedoch im Grunde erhielten. Wegen des niedrigen Wasserstandes im Sommer gruben die Bürger gemeinsam und teilweise sogar im Beisein des Rates, das Flußbett breiter und tiefer. Sie legten oberhalb des Bentheimer Tores zur Regulierung ein kleines Stauwerk und niedrige Deiche an (1733, 1826) (Specht 1941, S. 50). Zur Verbesserung des überregionalen Transportes wurde zwischen Münster und der Vechte der Max-Clemens-Kanal gebaut.

Im 19. Jahrhundert veränderte sich dann die Funktion der Vechte fundamental. Durch politisch motivierten Ausbau von Lippe und Ems verlagerte sich die Schiffahrt, zudem wurden Menschen und Sachen verstärkt auf den neu angelegten Steinstraßen transportiert; die expandierende Textilindustrie leitete Abwässer ein; durch die Verdoppelung der Bewohnerzahl im Laufe des 19. Jahrhunderts fand nicht mehr jeder Haushalt Anschluß an die Vechte. Die Energieversorgung wurde regional betrieben. Das Frischwasser wurde durch ein Wasserwerk in Tiefbrunnen gewonnen. Gegen Ende des 19. Jahrhunderts diente die Vechte zum größten Teil nur noch der Aufnahme der Abwässer, der Reinigung von Menschen und Sachen sowie als Viehtränke, was sich natürlich gegenseitig störend auswirkte.
Den Einwohnern Nordhorns wurde der in den sehr unterschiedlichen Nutzungen der Vechte liegende Widerspruch im Zusammenhang mit der expandierenden Industrie deutlich, sie beklagten sich über die Verschmutzung der Vechte:
„Mehrfache Ursachen, das Hineinwerfen von Schutt und dergleichen schmutzigen Gegenständen durch Androhung von Strafen zu verhindern, sind bisher fruchtlos geblieben, vielmehr hat solches aus den Gründen noch zugenommen, weil der Färber Vigilius, jetzt sein Nachfolger Beck, durch allmähliche Vergrößerung des Färbereigeschäfts am meisten zur Anhäufung des Unrats in der Binnenvechte beiträgt und solches nach einer mündlichen Äußerung des Herrn Landdrosten von Lütken in seinem Gewerbe schwerlich verhindert werden dürfte; demnach ist das einzige Mittel, dieser Unratanhäufung ein Ende zu machen, daß die Vechte an den diesem Unrat am meisten ausgesetzten Stellen zugedammt wird." (Firnhaber 1856, zit. nach Specht 1941, S. 240)
Nachdem dann noch dem Kaufmann P. Düll für eine Vergrößerung seines Hinterhauses die Einfüllung der Binnenvechte hinter seinem Grundstück vom Rat der Stadt am 22.5.1858 genehmigt wurde und er nach längerem Hin und Her durch Zuschütten eines Teils der Binnenvechte den Wasserdurchfluß beendete, diese deshalb als stinkende Kloake empfunden wurde, da beschloß der Magistrat, die Färber vor der Stadt anzusiedeln und alle Binnenarme der Vechte zuzuschütten. Das dauerte aber noch bis 1899, als der letzte Rest an der Burg aufgefüllt wurde. Durch diese Sanie-

rung wurde zwar die Insel hygienischer, insgesamt reduzierten sich die Verunreinigungen der Vechte jedoch nicht, sondern wurden nur verlagert; die Verschmutzungslast des Inselbereichs der Stadt Nordhorn schob man nur nach außen und an die nächste dem Flußlauf folgende Ansiedlung ab. Die Binnenarme der Vechte wurden in der zweiten Hälfte des 19. Jahrhunderts zugedämmt; in einem Bericht des Bürgermeisters Firnhaber an das Königliche Amt in Neuenhaus vom 28.10.1859 wird der Anstoß dazu deutlich:

„... In Betreff der Ableitungsgassen namentlich durch die zugedammte Binnenvechte welche jetzt an die Reihe kommt und wegen der vorgerückten Jahreszeit zu großer Eile Veranlasung gibt, stoßen wir auf große Schwierigkeiten, welche hauptsächlich durch Ablassen der Farbejauche aus der Färberei des P. Beck vermittelst der angelegten und noch anzulegenden Gassen in die Vechte veranlasst werden, wodurch das Wasser in dem Flusse, selbst zu häuslichen und technischen Zwecken gänzlich unbrauchbar gemacht wird.
Wenngleich dieses Ablassen der Farbejauche in die frühere Binnenvechte aus Rücksicht gestattet weil die eine Jauche in die andere floß und sich darin so ziemlich verlief bevor sie das Flußwasser verunreinigen konnte, so hat die Sache doch jetzt eine andere Wendung genommen. Die Einwohner wollen deshalb sich nicht mehr gefallen lassen, daß ihnen durch die Färberei des P. Beck Flußwasser verdorben werde und daß solches geschieht wenn diesem Übelstande nicht abgeholfen wird, steht fest. Wovon wir vor einigen Wochen schon ein Beispiel hatten, daß der p. Färber eine Portion der Farbejauche direkt in den Fluß gelassen hatte, wodurch der Fluß in einer großen Ausdehnung gänzlich gefärbt erschien, was sich erst nach ein paar Stunden einigermaßen wieder verlaufen hatte. Der Rat wurde gleich davon in Kenntnis gesetzt und fand die Sache bestätigt, wollte die Sache aber nicht gleich rühren. Jetzt aber sehen wir uns genötigt, Königliches Amt von dem zu gewärtigenden Übelstande in Kenntnisse zu setzen und um möglichst schleunige Abhilfe gehorsamst zu ersuchen, wozu unseres Bedenkens eine Okularinspektion seitens Königlichen Amtes jetzt erforderlich erscheinen dürfte. Es sind bereits im verwichenen Jahre oder vor zwei Jahren seitens des Königlichen Amtes mit dem P. Beck und W. Stroink Verhandlungen an Ort und Stelle gepflogen, deren ungünstiges Resultat aber gerade wegen des Abflusses der Farbejauche in die nur Kloake enthaltende Binnenvechte weiter nicht gerügt worden..." (NOH StA C VIII h 12)
Aus dem Bericht wird deutlich, daß die Bürger die Binnenarme der Vechte kognitiv vollständig von der die Insel umfließenden Vechte trennten und daß sie zugleich einen prinzipiellen Unterschied zwischen dem Abwasser aus den Haushalten und dem der Industrie machten.

Der zivilisierte Fluß - kulturelle Entwicklung

Vereinzelt gab es schon in der Antike und im Mittelalter Kanalisationsleitungen (dazu siehe Meckseper 1985); zu einer systematischen öffentlichen Versorgung jedes einzelnen Einwohners kam es aber erst im 19. und 20. Jahrhundert. Die Gründe dafür stehen in einem Zusammenhang mit den oben dargestellen Vorstellungen von sozialer Ordnung, physikalischer Gesetzmäßigkeit und biologischen Wirkungsgefügen. Bei der Einführung wurden unterschiedliche Systeme entwickelt.
Der Beginn wurde 1858 in *London* mit einer Mischkanalisation gemacht.

Dort wurde das Abwasser und Fäkalien in einem einzigen Leitungssystem beseitigt, wobei das Abwasser zur Verstärkung des Transports der Fäkalien und zum Durchspülen der Kanalisation eingesetzt wurde. Auch die Kanalisation endete wieder in der Themse (die sie vom Schmutz befreien sollte), aber der Zugang lag flußabwärts, so daß zumindest die Stadt London von ihren Abfällen befreit war.

Man meinte, daß diese Lösung der städtischen Hygiene nur funktioniere, wenn sie flächenübergreifend für jedes Haus bestünde, es dürfe keine Lücke in der Entsorgung bestehen, da sich dann erneut Krankheitskeime in der Stadt verteilen würden. Zudem müsse man zur Einrichtung einer Kanalisation, deren Bau intensiv in städtisches Eigentum eingreife, hohe Investitionskosten aufbringen; ihr Bau dauere zudem so lange, daß sie nicht mehr von Einzelunternehmen durchgeführt werden könne. Die Durchführung der Kanalisation verlange eine Beteiligung der ganzen Stadt und folglich eine Zwangsnutzung durch alle Bewohner.

In *Paris*, der zweiten europäischen Hauptstadt mit großer Bevölkerungszahl, bestand (s.o.) über die Wirkungszusammenhänge zwischen Umwelt, Bevölkerung und Epidemien eine zu London sehr ähnliche Vorstellung. Auch hier fühlte man sich zu einer Entsorgung der Stadt gedrängt, kam aber zu einer ganz anderen technischen Lösung. Schon 1851 baute man unter der Rue de Rivoli einen Abwasserkanal, auf dessen beiden inneren Seiten man mit Schienen versehene Laufstege anbrachte, über die man ein Fahrzeug zur Reinigung des Kanals ziehen konnte. Als 1854 Haussmann von Louis Napoleon mit dem Umbau von Paris beauftragt wurde, nahm er diese technische Entwicklung auf. Einerseits setzte er sich für den Anschluß jedes Hauses an das Wasserleitungssystem ein und ließ für die Abwässer eine Kanalisation bauen, die vor allem die öffentlichen Straßen trockenlegte, andererseits wollte er jedoch das Abfuhrsystem der Exkremente beibehalten, um sie nach einer Trocknung in der Landwirtschaft als Dünger verwenden zu können. Um nun die negativen Auswirkungen zu beseitigen, übernahm er die technische Entwicklung der Kanalisation unter der Rue de Rivoli und wollte es zu einem unterirdischen Abfuhrsystem ausbauen. Danach sollte es unterirdische Verbindungsgänge zu den Abtrittsgruben geben, die mindestens 1,30 m breit und 2 m hoch sein mußten und in denen die Exkremente auf Karren abtransportiert werden sollten. Als Haussmann in dieser Hinsicht 1858 seine zweite Denkschrift vorlegte, gab es schon 1 300 Häuser in Paris, die durch solche unterirdischen Straßen erschlossen waren (v. Simson 1983, S. 48). Erst ab 1894 kam man, nachdem sich das System der unterirdischen Abfuhr als zu aufwendig erwiesen hatte, zu einer Mischkanalisation Londoner Art.

In Deutschland war *Hamburg* die erste Stadt mit einer Mischkanalisation. Als zwischen dem 5. und 8. Mai 1842 ein großer Brand fast ein Viertel der Stadt zerstörte, nutzte man die Chance des Neuanfangs; 1848 konnte der damit befaßte Ingenieur Lindley mitteilen, daß die Kanalisation des abgebrannten Stadtteils weitgehend abgeschlossen sei.

Zwar diskutierte man in den anderen Städten auch alternative Systeme, wobei etwa in Frankfurt/Main – weil man die Kosten der für die Mischkanalisation notwendigen Einführung der Wasserklosets sparen wollte – von dem städtischen Ingenieur Eckhardt eine Kanalisation mit starkem Gefälle entworfen wurde, die direkt durchspült werden sollte, oder etwa der Holländer Hermann Carl Anton Liernur seit 1866 eine 'pneumatische Städtereinigung' entwickelte. Letztlich setzte sich aber die Mischkanalisation durch.

Damit war Hamburg für den deutschen Raum ein großes Vorbild, das auch von staatlicher Seite propagiert wurde; so fuhr z.B. der spätere deutsche Kaiser Wilhelm II. mit einem Kahn durch die Kanalisation.

Diese für uns heute surreal erscheinende Kahnfahrt verweist insgesamt darauf, daß die Kanalisation nicht nur als technische Verbesserung verstanden wurde, sondern nationale Bedeutung hatte; das zeigt noch einmal das Schlußkapitel der Darstellung des Wiederaufbaus von Hamburg durch Julius Faulwasser 1892:

„Möge allen, die jetzt und fernerhin berufen sind, für das Wohl des hamburgischen Freistaates mitzuwirken, das leuchtende Beispiel jener Zeit vor Augen bleiben, die, obschon ihre Thätigkeit durch die Not des Augenblicks für ihre persönlichen Sorgen auf das Gewichtigste gefordert wurde, dennoch Zeit und Mittel fanden, solch weittragende Gerichts-, Verwaltungs, Bau- und alle anderen Angelegenheiten derart zu fördern, daß in fast unglaublich kurzer Zeit das mittelalterlich erbaute Hamburg als neuzeitige Großstadt wieder erstanden ist. Möge jeder in dieser gewaltigen That für alle Zeit erblicken ein Denkmal deutscher Willenskraft, ein Denkmal einmütigen Zusammenwirkens und ein Denkmal echt deutscher Bürgertugend!" (Faulwasser 1892, S. 140; Hervorhebung im Original)

Über den Wert als Denkmal nationaler technischer Zivilisation und Leistungskraft hinaus, möchte ich nun im konkreten Falle die ökonomische und kulturelle Bedeutung herausstellen:

78 Kahnfahrt des deutschen Kronprinzen

- in Nordhorn

In Nordhorn gab es erst seit 1899 einige private Kanalisationsleitungen; so berichtet Rötterink von den Anliegern der heutigen Bahnhofstraße, die ihre Abwässer durch eine selbstfinanzierte Leitung in die Vechte leiteten, von einem Entwässerungskanal der Fa. Niehues und Dütting und von einer Kanalisation in der Strenggegend (Rötterink 1986, S. 170/71). Die Gemeinde Frensdorf hatte einige Rohre gelegt (StA NOH C VIII i 11) und Nordhorn übersandte dem Landrat in Bentheim am 29.10.1913 einen Kanalisationsplan, den sie jedoch schon am 30.12.1913 zurückverlangt, da er mit den Frensdorfer Kanalisationsplänen abgestimmt werden sollte (StA NOH C VIII i 11).

Die gesamte systematisch und öffentlich betriebene Kanalisierung wurde in Nordhorn jedoch erst seit 1926 geplant. Dabei sollte das Mischverfahren verwirklicht werden, es hatte sich inzwischen national und international durchgesetzt und berücksichtigte vor allem die Wasserklosetts und eine Aufbereitung in sogenannten Emscher-Brunnen. Die Mischkanalisation nahm sowohl das Regenwasser als auch die durch Wasser transportierten Fäkalien, das Abwasser der Haushalte und der Industrien auf. Die Emscher-Brunnen, auch Imhoff-Tanks genannt, bestanden aus größeren Absetzbecken, durch die die Abwässer geleitet wurden.

Nach Vorentwürfen von 1926 legt die Fa. Francke aus Bremen im Juli 1927 den dann auch ab 1928 ausgeführten Plan für die Kanalisation nach dem oben beschriebenen Verfahren vor; er war aber noch lange Anlaß zu Kritik:

In einem von der 'Preußischen Landesanstalt für Wasser-, Boden- und Lufthygiene' am 12.3.1929 angefertigten Gutachten zu der geplanten Kanalisation in Nordhorn wird der Grund für die Anlegung eines Leitungsnetzes hervorgehoben:

„Infolge der Ausdehnungstendenz der Industrie, hauptsächlich der Textilindustrie, wird ein schnelles Anwachsen der Bevölkerungsziffer erwartet." (StA NOH C VIII h 125a)

In dem Gutachten wird die technische Ausführung allgemein für richtig erachtet, technische Bedenken werden allerdings darin wegen des teilweise sehr geringen Gefälles der einzelnen Kanäle erhoben, da vor allem die Industrieabwässer einen ständigen Rückstau erzeugten. Außerdem haben die Gutachter folgende wirtschaftlichen Einwände:

„Ferner bedingt die Aufnahme dieser gewerblichen Abwässer in das Kanalnetz eine erhebliche Vergrößerung der vorgesehenen Kläranlage, deren Mehrkosten vielleicht in keinem Verhältnis zu der für dieses Industrieabwasser erforderlichen Reinigung stehen. Es wäre somit u.E. in diesem Falle zweckmässiger gewesen, diese Fabrikabwässer nach vorheriger Reinigung auf den Fabrikgrundstücken in besonderen Leitungen auf dem kürzesten Wege zum nächsten Vorfluter abzuführen." (ebenda)

Bei der Berechnung der anfallenden Abwassermengen wird dann noch deutlicher, wie die Belastungen des Leitungsnetzes und der Kläranlage verteilt sind: die drei größten Fabriken geben 828 Kubikmeter Abwasser pro Stunde ab, die häuslichen Abwässer und die der restlichen Industrie maximal 956 Kubikmeter pro Stunde (ebenda S. 8). Wir können nun ergänzen, daß die Kosten – wie bei dem Bau der Kanalisation – auch beim Verbrauch nicht nach der tatsächlich abgegebenen Wassermenge, sondern hier nach der Länge der Häuserfront berechnet werden ('Ortsgesetz über die Erhebung...' StA NOH C VIII h 125a). In dem Gutachten wird dann abschließend zusammengefaßt:

„Ob die mechanische Klärung des Abwassers ausreicht, um Misständen in der Vechte bei allen Wasserständen sicher vorzubeugen, vermögen wir ohne nähere Untersuchung nicht mit Bestimmtheit zu sagen. Soweit sich jedoch die Verhältnisse von hier aus überblicken lassen, ist eine ausreichende Reinigungswirkung mit grosser Wahrscheinlichkeit zu vermuten. Dies besonders mit Rücksicht darauf, dass die Vechte unterhalb von Nordhorn auf lange Strecken durch unbebautes Gelände fliesst und somit das mit dem Abwasser beladene Flußwasser anscheinend keine unmittelbare Verwendung findet. Sollten sich dennoch wider Erwarten bei den periodischen Untersuchungen des Vorfluters ... Misstände durch das Abwasser ergeben, so müsste alsdann die mechanische Klärung durch eine biologische Nachreinigung ergänzt werden. Für den Fall einer Epidemie ist bereits in dem vorliegenden Entwurf eine Chlorung des Abwassers vorgesehen, deren Apparatur in dem Pumpenhaus Aufstellung finden soll." ('Gutachten' StA NOH C VIII h 125a)

Die Francke-Werke aus Bremen versuchen in einem Antwortschreiben die Bedenken der Preußischen Landesanstalt auszuräumen, sie betonen, daß

"... eine getrennte, direkte Abführung (der Abwässer, E.F.) *... in die Vechte innerhalb des engbebauten Stadtgebietes ... mit Rücksicht auf Verunreinigung und Färbung derselben untunlich* (sei, E.F.)*. Zudem würde der Bau besonderer Fabrikabwasserkanäle Kosten verursachen, die über diejenigen hinausgehen, die durch die Mitaufnahme in die städt. Kläranlage entstehen."* ('Erwiderung' StA NOH C VIII h 125a)

Neben dieser Auseinandersetzung um die Kanalisation in Nordhorn meldete sich nun eine Gruppe zu Wort, die auch in dem Gutachten der Preußischen Landesanstalt völlig übergangen wurde; die Bauern Spickmann, Reefmann, Jüngerink und te Hagen beschweren sich beim Bezirksausschuß in Osnabrück:

"Seit Menschendenken sind wir, als Anlieger der Vechte darauf angewiesen, unser Vieh nach der Vechte zur Tränke zu führen. Durch Abführung der Abwässer der Stadt sowohl, wie auch durch die Chemikalien enthaltende Farbwässer der Fabriken wird das Wasser zu unserer Nutzung unbrauchbar werden. In Ermangelung anderer Viehtränken beantragen wir deshalb der Stadt Nordhorn einschließlich der Fabriken das Recht zur Abführung der Abwässer in die Vechte abzusprechen." ('Beschwerde' StA NOH C VIII h 125a)

Auch der Fürst zu Bentheim legt gegen die Kanalisation der Stadt Nordhorn Widerspruch ein:

"Es ist uns bekannt, dass die Aufnahme der gewerblichen und Fabrikabwässer in die städtische Kanalisation die Haupttriebfeder zu dem Antrag des Magistrats gewesen ist. Durch die Verleihung würden somit die Nordhorner Gewerbe- und Fabrikbetriebe ihre Abwässer rechtmässig der Vechte zuführen können. Dies darf jedoch nach den bisher gemachten Erfahrungen keinesfalls geschehen. Von Jahr zu Jahr sind die Schmutz- und Farbstoffe in der Vechte stärker in Erscheinung getreten. Wir glauben, das auffällige Fischsterben in der Vechte unterhalb Nordhorns, das seit einer Reihe von Jahren in immer steigendem Maße beobachtet wird, auf die schädlichen Einflüsse der Fabrikabwässer zurückführen zu müssen. Das einst fisch- und wildreiche Wasser ist nahezu völlig verödet, eine Benutzung des Wassers zu irgendwelchen Zwecken, sei es für den Haushalt, zum Baden, häufig auch als Tränke ist unmöglich geworden. Dabei ist zu vermuten, dass Giftstoffe oder zum mindestens Stoffe fisch- und pflanzenschädlicher Art in den Abwässern enthalten sind. Sowohl die Ränder des Vechtebetts als auch die Wiesen und Weiden nach Abfluss von Hochwässern zeigen deutlich die enorme Verschmutzung." ('Widerspruch' C VIII h 125a)

Trotz aller Einwände wird die Kanalisation wie geplant gebaut. Am 10. August 1927 erteilt der Magistrat den Francke-Werken den Auftrag (StA NOH C VIII i 13); erste Bauabschnitte werden im Frühjahr 1928 fertiggestellt.

Zuerst wurden in fünf Bauabschnitten die Randgebiete Nordhorns kanalisiert, 1930 dann die Hauptstraße, 1931 dann der Schuhmachershagen (ausführliche Daten und Kosten siehe Rötterink 1986). Zur Finanzierung der Arbeiten nimmt der Magistrat in London einen Kredit in Höhe von Brutto 15 146 £ bei der M. Samuel & Co Ltd. Bank zu 7,55 % auf (was 310 500 Reichsmark entspricht), mit dessen Rückzahlung er dann jedoch Schwierigkeiten hat (StA NOH C VIII h 126). Am 20.10.1931 wurde der Stadt für 30 Jahre das Einleitungsrecht in die Vechte verliehen.

Da die Reinigung der Abwässer in den Emscher Brunnen aber rein mechanisch nach dem Sickerprinzip vorging, gelangte der Großteil der chemischen Substanzen der Textilfabriken weiterhin in die Vechte, was durch die Färbung auch der Bevölkerung auffiel (siehe die bei Rötterink 1986, S. 177 f. abgedruckten Quellen). Aber erst gegen Ende der 50er Jahre wurden erste Versuche mit der Frankfurter Firma Lurgi vorgenommen, die Abwässer auch biologisch zu reinigen. Die drei Textilfirmen Nino, Povel und Rawe, die zu dieser Zeit schon dreimal so viel Abwässer abgaben wie alle Nordhorner Haushalte, projektierten eine Kläranlage, die auch die Stadt Nordhorn nutzen konnte; sie wurde 1964/65 fertiggestellt und 1981 erweitert (siehe Rötterink 1986).

79 Kanalisation

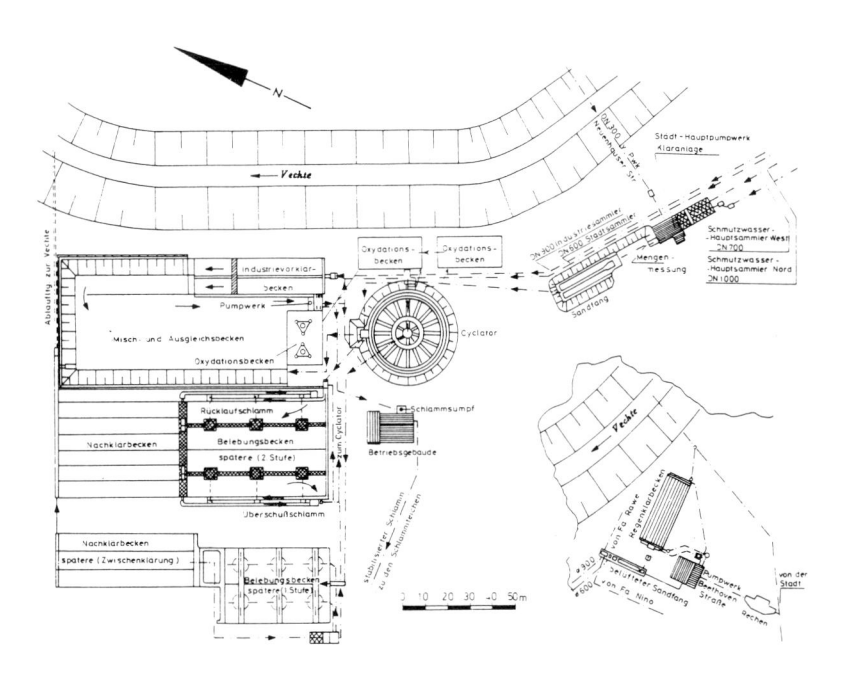

Neben der technischen Bewältigung des Abtransportes der Fäkalien spielten also industrielle Interessen bei der Einführung eines übergreifenden Kanalisationssystems eine große Rolle, die nicht notwendig die Interessen der Bewohner waren; einige wehrten sich wegen der permanenten Gebühren gegen den Anschluß, andere konnten den Anschluß hinauszögern.
Dies gelang teilweise noch bis in die 60er Jahre. Das Haus Hauptstraße 41 z.B. wurde erst 1946 angeschlossen (Bauakte Hauptstraße 41).
Vom Haus Hauptstraße 1 durfte noch nach 1962 Regenwasser direkt in die Vechte geleitet werden, nachdem bis 1961 auch die Fäkalien in die Vechte geflossen waren (Bauakte Hauptstr. 1).
Eine direkte Einleitung erschien ja auch insofern als sinnvoll, als die Abwässer durch die Kanalisation nur umgeleitet wurden (eine biologische Klärung gibt es erst seit 1965).

125

Reinheit der Straßen

In der Frühzeit Nordhorns dürften die Reinlichkeitsstandards der Situation der Stadt (Vechtearme) und der in ihr stattfindenden Tätigkeiten (in den Häusern wurden Vieh gehalten und Waren produziert) angepaßt gewesen sein; solange es Mist- und Müllhaufen auf der Hauptstraße und überhaupt keine Pflasterung der Straßen gab bzw. sie mit Feldsteinen gepflastert waren, dürfte die Reinlichkeit ihre Grenze in der Ununterscheidbarkeit von Dreck und Erde, von Müll und Dung gefunden haben.
Am Anfang des 19. Jahrhunderts gab es nun in Nordhorn erste Bestrebungen, eine neue Reinlichkeitsvorstellung durchzusetzen, in der es m.E. das Ziel war, der Hauptstraße den dörflichen Charakter zu nehmen und sie zu einer städtischen Straße auszubilden.
„Es ist verfügt worden, daß strenge darauf gehalten und geachtet werden soll, daß die Straßen immer rein gehalten, daß vor den Häusern oder in der Nähe der Straßen keine Misthaufen gelagert werden oder kein sonstiger Unflath vorhanden sey; ferner daß die Passage vorzüglich zur Abend- oder Nachtzeit auf keinerley Weise durch Wagen, Holz oder Steine oder auf sonstige Art gehemmt oder unsicher gemacht werden..." (Bekanntmachung der Bürgermeisters Vincke vom 19.11.1824; zit. nach Klopmeyer 1956, S. 330)
Nun hat sich die Reinlichkeitsvorstellung des Bürgermeisters nicht sofort durchgesetzt und stimmte wohl auch nicht unbedingt mit der der Bürger überein (so wurden am 11.4.1826 gleichzeitig 9 Bürger und am 22.3.1828 ein weiterer Anwohner wegen Gerümpel und Mist vor dem Hause bestraft), allein es gab schon im 19. Jahrhundert eine regelmäßige Stadtreinigung durch die Bewohner.
Gegen Ende des Jahrhunderts wurden auch öffentliche Toiletten aufgestellt. Abtritte befanden sich ansonsten – soweit das heute noch aus den Plänen ersichtlich ist – im Stall (zu der innerhäusigen Entwicklung siehe unten).
So sind 1903 – schon lange vor dem Bau der Kanalisation – zwei gemauerte städtische Aborte nachweisbar (Hausakte Hauptstr. 38). 1911 liegt ein Kostenvoranschlag vor für zwei Aborte aus verzinktem Stahlblech, die wohl auf dem Mühlengrundstück standen und dann verpachtet wurden. 1919 wird vor dem Lingener Tor auf der Neuenhauser Straße am Spritzenhaus ein Toilettenhäuschen aus Stein errichtet.
Heute gibt es keine öffentlichen Toiletten in der Stadt (nur im abseits liegenden Stadtpark oder Rathaus), die Passanten sind auf Restaurationen und Kaufhäuser angewiesen; dies hebt noch einmal die schon angesprochene Identität von Stadtraum und Konsumationsraum hervor.
Während noch im 19. Jahrhundert die Stadtreinigung vor allem von den – wie zu vermuten Anlaß ist – Bewohnerinnen (siehe z.B. Protokoll der Sitzung des Kirchenvorstandes vom 15.4.1910; Protokollbuch der kath. Kirchengemeinde) selbst vorgenommen wurde, ist für 1931 nachgewiesen (StA NOH C VIII i 8), daß die Müllabfuhr durch einen Unternehmer im Auftrag der Stadt und mit einem städtischen Wagen vorgenommen wurde.
Der Müll mußte an die Straße gestellt werden, und er wurde dann zu Abladeplätzen an der Friedrich-Ebert-Straße bzw. Am Streng gefahren. Die

materielle Straßenreinigung

großen Nordhorner Textilfirmen waren dabei nicht einbezogen. Dem Abfuhrunternehmer wurden monatlich 299,50 RM gezahlt, was sich aber später reduzierte. Vermutlich ab 1933 wird die Straßenreinigung auch von der Müllabfuhr und ihren männlichen Arbeitern vorgenommen.

geistige Straßenreinigung

Die Beseitigung der Unordnung bezog sich aber nicht nur auf physikalischen Dreck und Gerümpel, sondern auch aufs Soziale und Geistige.
Anfang des 19. Jahrhunderts intendierten der Magistrat der Stadt und die königliche Regierung, die Armen aus dem Stadtbild zu beseitigen. Schon im 18. Jahrhundert fanden sogenannte 'Vagabundenjagden' in der Region statt, bei denen – vor allem bei Beginn des Winters – vagante Personen mit Gewalt über die Landesgrenzen getrieben wurden, um Forderungen nach Armenunterstützung grundsätzlich zu beseitigen. In Nordhorn sind Vagabundenjagden vom November 1789, November 1791, Dezember 1792, November 1796 sowie vom Mai und Oktober 1802 überliefert (StA Osn. Rep. 125 Nr. 862).
Bei der 'defensiven Modernisierung' (Wehler 1987) nach dem Wiener Kongreß nahm man sich auch der Armen in den Städten an.
In Nordhorn versuchte man zuerst (1826) die Bettelei auf den Straßen zu ordnen, sie sollte nur gestattet sein für Personen, die vorab einen Erlaub-

80 Blick auf die Stadt

nisschein beantragt hatten, und zudem nur noch einmal wöchentlich – am Samstag um 10 Uhr – stattfinden dürfen, wozu die legitimierten Bettler sich beim Rathaus einzufinden hätten und dann in der Gruppe losziehen sollten (StA NOH C VIII g 12). Als das nichts half, verbot man das Betteln – und interessanterweise auch das Geben – auf den Straßen und drohte bei Verstoß mit einer Strafe von 24 Stunden Gefängnis bei Wasser und Brot (als wäre es nicht das, worum gebettelt wurde) (StA NOH C VIII g 12). Wahrscheinlich – Näheres ist nicht überliefert – reichte auch diese Bürokratisierung der Armut nicht aus und man ging zur Methode der Einhausung über (s.u.).

Die geistige Reinheit erstreckte sich zu Beginn des 20. Jahrhunderts auf die 'wilde' Information; so ergeht im Dez. 1911 an die Stadt Nordhorn vom königlichen Landratsamt folgende Aufforderung:
„Das Ankleben und Anheften von Plakaten, Bekanntmachungen und Aufrufen an Hauswänden, Türen, Bäumen usw. hat in Nordhorn derart überhand genommen, dass im Verkehrs- und strassenpolizeilichen Interesse eine Aenderung geboten ist... Ich ersuche deshalb den Magistrat, an mehreren geeigneten Plätzen und ohne dass eine Verunstaltung des Ortsbildes eintritt, Tafeln oder Säulen aufstellen zu lassen welche ausschliesslich zum Ankleben von Plakaten pp bestimmt sind... Ich werde alsdann bekannt machen, dass das öffentliche Ankleben pp von Plakaten und dgl. ausser an diesen Tafeln verboten ist und künftig bestraft wird." (StA NOH C VIII h 1)
Die Stadt stellte dann auch zwei Litfaßsäulen auf.
Ebenfalls zum (unbewußten) Programm der Stadtreinigung gehört die Beleuchtung der Straßen (s.o. S. 84ff.), das Anbringen einer Uhr und natürlich der Bau des Kriegerdenkmals (Abb. 80); der Adler schaut nicht auf den Feind in der Ferne, sondern mit scharfem Blick auf die Hauptstraße.

Fassaden

Entfaltung des Problems

Die Bezeichnung 'Fassade' für die Außenseiten eines Hauses ist heute weitgehend negativ besetzt; diese Abwertung meint, daß Fassaden etwas vorspiegeln, was das Haus in Wahrheit nicht sei und impliziert eine moralische Verurteilung der Diskrepanz zwischen Scheinen und Sein.
Diese – historisch gesehen – vor allem im 18. und 19. Jahrhundert mit dem Erstarken des Bürgertums, d.h., mit dem Auftreten der Person in der durch sie konstituierten Öffentlichkeit (dazu Habermas 1962, Sennett 1983) entstandene Auffassung, die z.B. auch zu philosophischen (Lavater, Hegel) und biologischen (Darwin) Untersuchungen über die Physiognomie führte, erwirkte im Alltag etwa die normative Forderung nach Bindung der körperlichen Erscheinung eines Menschen an seine Persönlichkeit und in der Architektur den Zusammenhang von Äußerem und Innerem eines Hauses (Bekleidungstheorie). Diese Anfang des 20. Jahrhunderts von Adolf Loos mit dem Schlagwort 'Ornament ist Verbrechen' pointierte Einstellung hat sich bis heute erhalten und ist erst von den postmodernen Architekten ironisiert oder völlig aufgegeben worden. Die Schärfe der Angriffe der Modernen gegen diese neue Architektur resultiert aus diesem moralischen Imperativ.

Unabhängig von dieser vorgängigen moralischen Bewertung sehe ich drei prinzipielle Funktionen von Fassaden:
1. Fassaden bieten den Bewohnern von innen durch Größe, Art und Lage von Mauern, Türen, Fenstern, Veranden, Loggien, Erker usw. sowohl einen bestimmten Anteil an der Umgebung als auch eine bestimmte Sicht auf die Welt.
2. Als Außenwände stehen sie einmal im funktionalen Zusammenhang der Erschließung, darüber hinaus können sie aber auch einen ästhetischen Text bieten, der das Innere (Möglichkeiten wären etwa Funktion, gesellschaftliche Bedeutung, Technik, Konstruktion usw.) präsentiert, aber auch andere Bedeutungssysteme formulieren kann. Hier etwa wäre die Möglichkeit der Fassaden als Träger von künstlerisch oder kulturell bedeutungshaften Stilen, von visuellen Zeichen oder Sprachen usw. hervorzuheben.
3. Die Fassaden sind Innenwände der Straßen und Plätze; sie sind damit a) Ordnungsfaktoren des Stadtraums und b) bieten visuelle Reize für Passanten.

Nordhorn im Mittelalter

In *Nordhorn* dürften die Häuser lange Zeit mit dem Giebel zur Straße gebaut worden sein. Sie waren voneinander durch einen schmalen vor übergreifenden Feuersbrünsten schützenden Gang getrennt. Sie waren relativ tief, ihre Belichtung folglich dürftig (ein Foto von der Hagenstraße kann uns ein Bild von ähnlichen Typen vermitteln).

81 Häuser an der Hagenstraße

Die Häuser waren von der Hauptstraße erschlossen, teilweise befand sich hier auch die Einfahrt zur Diele (Abb. 82-84). Das Obergeschoß wurde als Speicher (Abb. 85) genutzt. Die Häuser waren ursprünglich in Fachwerk erbaut, das Gefache wurde allerdings im Laufe der Zeit aus Haltbarkeitsgründen geziegelt (Abb. 86). Die Breite von Häusern und Fassaden war – abhängig von der Parzellengröße – unterschiedlich, wobei auch ein Haus auf zwei kleineren Parzellen (die wohl im Laufe der Zeit geteilt worden waren) errichtet werden konnte (Abb. 87-90). Diese giebelständigen Häusern sind heute in Ansätzen noch auf der Hauptstraße 3 und 3a (Abb. 91) zu sehen.

82 Hauptstraße 11, nach 1910

83 Hauptstraße 42, vor 1904

84 Hauptstraße 48, vor 1960

85 Hauptstraße 13, vor 1910

86 Hauptstraße 5, 1895

Legende:
W – Wohnräume allgemein
W1 – Küche
W2 – Stube
W3 – Schlafstube
W4 – Butze/Alkoven

L – Landwirtschaft
L1 – Diele
L2 – Stall

G – Geschäftsräume allgemein
G1 – Werkstatt
G2 – Kontor

S – Sanitärräume allgemein
S1 – Abort
S2 – Bad
S3 – Waschküche

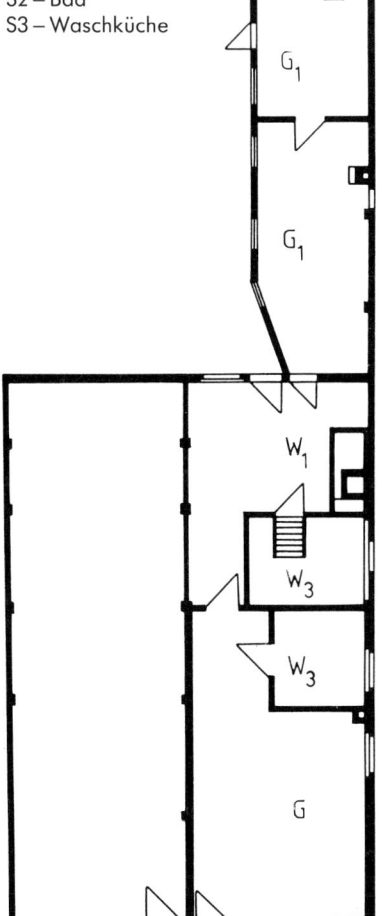

87 Hauptstraße 14/16, 1912

88 Hauptstraße 14/16, 1912

89 Hauptstraße 14/16, 1926

90 Hauptstraße 20/22

91 Hauptstraße 3/3a

134

Nordhorn im 19. und 20. Jahrhundert

Zur 1. Funktion

Die Fassaden waren bis zum 20. Jahrhundert glatt, ohne Erker und Loggien, die auch völlig überflüssig waren, da privates Handeln auf der Straße stattfand und so eine direkte soziale Teilnahme bestand.

Entgegen dieser alltäglichen Einbindung der Bewohner in die Stadt bieten die Erker der 30er Jahre des 20. Jahrhunderts (Abb. 92) einen allein visuellen Kontakt mit der Öffentlichkeit. Ihre Fenster sind nicht nur nach vorn auf das gegenüberliegende Haus gerichtet, sondern auch zur Seite, so daß man aus der Distanz über das Geschehen auf der Straße informiert war.

Nach dem 2. Weltkrieg wird – im Rahmen der baulichen Ausweitung der Geschäftslokale in den Häusern – auch nach außen die Anbindung der Gebäude an die Straße verändert. Durch ein Vordach greifen sie auf die Straße und holen Straßenraum durch Einsprünge in den Erdgeschossen ins Gebäude. Durch Veränderung der Nutzung, die Geschäfte erstrecken sich nun teilweise auch in die Obergeschosse (zu dieser Entwicklung siehe das nächste Kapitel), gibt es keine Bewohner mehr, für die der Kontakt zur Straße bedeutsam wäre. Allein in den 'Dachgeschossen' einiger Neubau-

92 Ansicht der Hauptstraße um 1935

93 Hauptstraße 12

94 Hauptstraße 30

ten befinden sich noch Wohnungen (Abb. 93, 94), die Bewohner haben Kontakt zum Himmel, durch den Rücksprung der Fassade wird ihnen der Bezug zur Erde, also konkret zur Straße und zur Stadt, vorenthalten.

Diesem Trend entgegengesetzt sind die Balkone der ersten Hälfte eines 1979 errichteten monumentalen 'Stadteingangs' (Abb. 31), der eine Verwirklichung von Paul Zuckers Ideal von der 'Stadt am Wasser' (Abb. 6) beabsichtigt zu haben scheint. Sie sind darauf angelegt, die alte Beziehung der Bewohner zur Straße zu erneuern; wie vor dem 19. Jahrhundert soll das private Wohnen nach außen gebracht werden. Sollte dies gelingen, was ich wegen der Lage bezweifle, und würden weitere Teile der Hauptstraße auch dazu übergehen, so könnte die Straße ihren öffentlichen (Stadt)Charakter verlieren und je nach den weiteren Umständen zum Charakter einer privaten Vorortstraße o.ä. tendieren.

Auch bei der Sanierung in den 80er Jahren (besonders in der Firnhaberstraße) wurden wieder Erker gebaut, allerdings gestatten sie – im Gegensatz zu denen der 30er Jahre – nur einen Blick nach vorn; sie haben praktisch keine Funktion mehr für die Bewohner. Sie gliedern den Straßenraum für die Passanten und lassen 'Mittelalter' assoziieren.

Zur 2. Funktion

Gegen Ende des 18. und zu Beginn des 19. Jahrhunderts erhielten viele Gebäude Wohnräume im Obergeschoß (Abb. 84, 86, 128). Zu vermuten ist, daß im Zusammenhang mit der Reinheitsdiskussion (s.o.) die Einfahrt zur Diele von der Hauptstraße her entweder völlig beseitigt oder zur Rückseite verlegt wurde. Vor dem alten Gebäude wurde eine neue Backsteinfassade mit großen Fenstern und teilweise geschweiftem Giebel errichtet. Dadurch wurden die Fassaden faktisch vom Gebäude losgelöst und im Ansatz zum eigenständigen Träger einer ästhetischen (klassizistischen) Ordnung.

Das Bewutsein von der Eigenständigkeit der Fassaden blieb bestehen; sie wurden immer wieder dem ästhetischen Zeitgeschmack angepaßt. Während der Weimarer Republik wurde in Nordhorn eine für diese Stadt ungewöhnliche und durch Mischung weiterentwickelte norddeutsche Backsteintradition übernommen und somit ein stilistischer Regionalismus verwirklicht, der gerade kulturell nicht regional war und bei dem man – nicht ohne ästhetisches Geschick – die Anforderungen der Funktion (Schaufenster im Obergeschoß) integrieren konnte (Abb. 89, 95). Allein das Haus Wolf (Abb. 97) wurde 1928 ohne Verweis auf Vergangenes im damals neu entstandenen, viele ästhetischen Möglichkeiten des Backsteins ausschöpfenden expressionistischen Stil errichtet.

Kurz vor und in der Zeit des Dritten Reiches neigte man eher einem klassizistischen Putzbau zu, der teilweise monumentalen Anspruch hatte, (Abb. 96) sich sonst aber eher sachlich gab (Abb. 98-100); auch kurz nach dem 2. Weltkrieg baute man in diesem Stil (Abb. 101, 102).

Zu Beginn der 60er Jahre wurden die Fassaden radikal verändert. Sie sind nun nicht mehr Träger einer stilistischen Information oder strukturalen Proportion, sondern operieren mit der ästhetischen Aussagekraft von modernen Materialien und der Konstruktion. Sie stehen als Internationaler Stil,

95 Hauptstraße 56, 1926

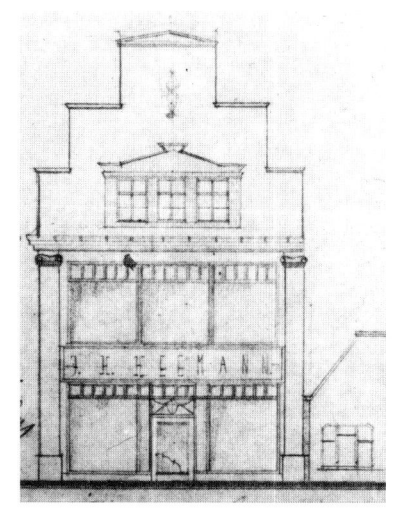

96 Hauptstraße 56, 1932

97 Hauptstraße 37, 1928

98 Hauptstraße 15, 1934

99 Hauptstraße 11/13, 1934

100 Hauptstraße 51, 1936

101 Hauptstraße 5, 1949

102 Hauptstraße 59, 1950

103 Hauptstraße 2-4

104 Hauptstraße 6-8

105 Hauptstraße 57

der gerade den Bezug zu regionaler Tradition verweigert, diametral zu den Fassaden der Weimarer Republik.

Heute wird sowohl versucht, in Nordhorn wieder einen Regionalismus zu implantieren (Abb. 103, 104), bei dem die Fassaden sich auf das Innere des Hauses beziehen, als auch (Abb. 105) einen regional modifizierten Internationalen Stil in Backstein fortzusetzen, bei dem die Fassade eigenständige ästhetische Information enthält (s.u.). Sie wird zur Explizierung einer rationalen Transformation (Abb. 105) oder zur Produktion eines Konflikts zwischen typologischer Ordnung (Giebel) und Struktur (Gruppierung der Fenster) genutzt (Abb. 117).

In der Mitte des 18. Jahrhunderts (1752) wurde mit dem Rathausneubau eine erste Ausnahme von der Giebelständigkeit verwirklicht; das Gebäude lag quer zur Straße, allein der Mittelrisalit wurde durch einen kleinen Giebel bekrönt (Abb. 106).

Die Bedeutung dieser Veränderung liegt hier wohl auf einer ikonographischen Ebene, obwohl bei einem Giebel visuell die Eigenständigkeit des Gebäudes herausgestellt wird, und – gerade wenn es zwischen den Gebäuden noch Gänge gibt – es nicht zu einer Vereinheitlichung des Straßenraumes kommen kann. Im Zusammenhang mit den zwei Geschossen und

Gruß aus Nordhorn
Früheres Rathaus

106 Hauptstraße 38, 1752

der wertvolleren Bauausführung assoziierte das Rathausgebäude und damit die es beherbergende Institution „(Residenz)Stadt", d.h. ein Stadtgefüge von überörtlicher Bedeutung.
Dem Rathaus folgt in dieser Doppeldeutigkeit von Bau und Funktion die Apotheke, die allerdings einen Kompromiß zwischen traditioneller Bebauung und dem Rathaus herstellt.

Zur 3. Funktion

Bis zum Beginn des 20. Jahrhunderts wurde eine weitere Anzahl von Häusern ausgebaut und traufständig umgestaltet, ohne jedoch im Baustil den Anspruch des Rathauses zu stellen. Sie bewirken eine Rahmung der Straße und damit eine Herausbildung eines Gesamtraumes.

Einige Häuser halten sich dabei stilistisch unentschieden, die Post (Abb. 107) von 1895 und das Haus Hauptstraße 23 (Abb. 108) von 1907 versuchen zwischen Giebel und Traufe zu vermitteln, indem sie beide Arten nebeneinander verwenden; das Centralhotel (Abb. 113) und das Haus Hauptstraße 27 (Abb. 109) sind in den Geschossen trauf- und im Dachaufbau giebelständig. Das Haus Hauptstraße 36 (Abb. 110) scheint mir eine geglückte Synthese von der Orientierung am Überlieferten (Giebel) und der Herstellung eines homogenen Stadtraumes durch Herausbildung einer durchgehenden Straßeninnenwand zu sein.

Inzwischen drehte sich diese Tendenz auch wieder um: beim 1978 durchgeführten Neubau des Hauses Hauptstraße 25 wurde aus einem ehemals traufständigen Haus ein giebelständiges.

Bei der Erzeugung eines städtischen Wohnzusammenhangs zählt nicht nur die Stellung des Hauses an der Straße, sondern auch die Breite und die Höhe. Während in Nordhorn in der Regel die alten Parzellengrenzen bei-

107 Hauptstraße 7/9, 1895
108 Hauptstraße 23, 1907

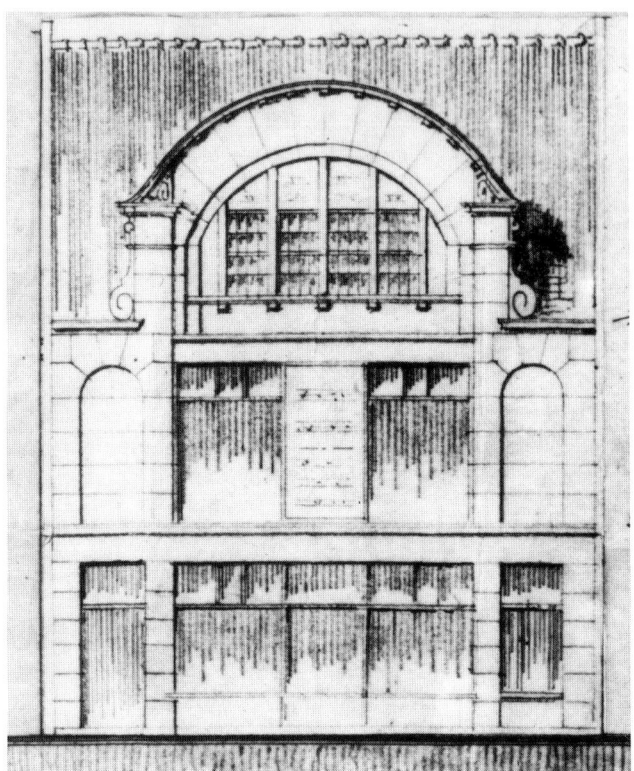

behalten werden und die Bauhöhe zwei Geschosse kaum übersteigt und der Charakter von Nordhorn als ländlicher Kleinstadt entsteht, sprengen einige Ausnahmen dieses Muster. Am eindringlichsten geschieht dies wohl auf der Ostseite der Hauptstraße mit dem Ausbau des Kaufhauses Heemann (Abb. 112), das sich über drei Parzellen erstreckt, mit dem Centralhotel (Abb. 113), das 1912 anstelle des Rathauses errichtet wurde und mit dem 1912 vorgelegten Entwurf des Hauses Hauptstraße 34 (Abb. 111), das teilweise 4-geschossig sogar den Bauplatz des Rathauses mit einbeziehen sollte.

Mit diesen Gebäuden – und teilweise ihren Funktionen – wurde zu Beginn unseres Jahrhunderts der Versuch unternommen, die Hauptstraße Nordhorns zur Hauptstraße einer Großstadt zu entwickeln.

Diese Intention ist auch noch in dem seit den 50er Jahren betriebenen Fassadenumbau des Kaufhauses (Abb. 112) zu erkennen. Hier wurde mit durchgehenden Glasbändern und weißem Putz versucht, an die funktionalistische Gestaltung der Weimarer Republik anzuknüpfen und damit internationale Modernität herzustellen.

Im Gegensatz dazu zerstörte die inzwischen in das Gebäude des Centralhotels eingezogene Kreissparkasse 1963 die klassizistische und (Groß)-Stadt assoziierende Putzfassade und ersetzte sie durch völlig stillose Backsteinriemchen (Abb. 116).

109 Hauptstraße 27, 1929
110 Hauptstraße 36, 1912

111 Hauptstraße 34, 1912

112 Hauptstraße 52-56

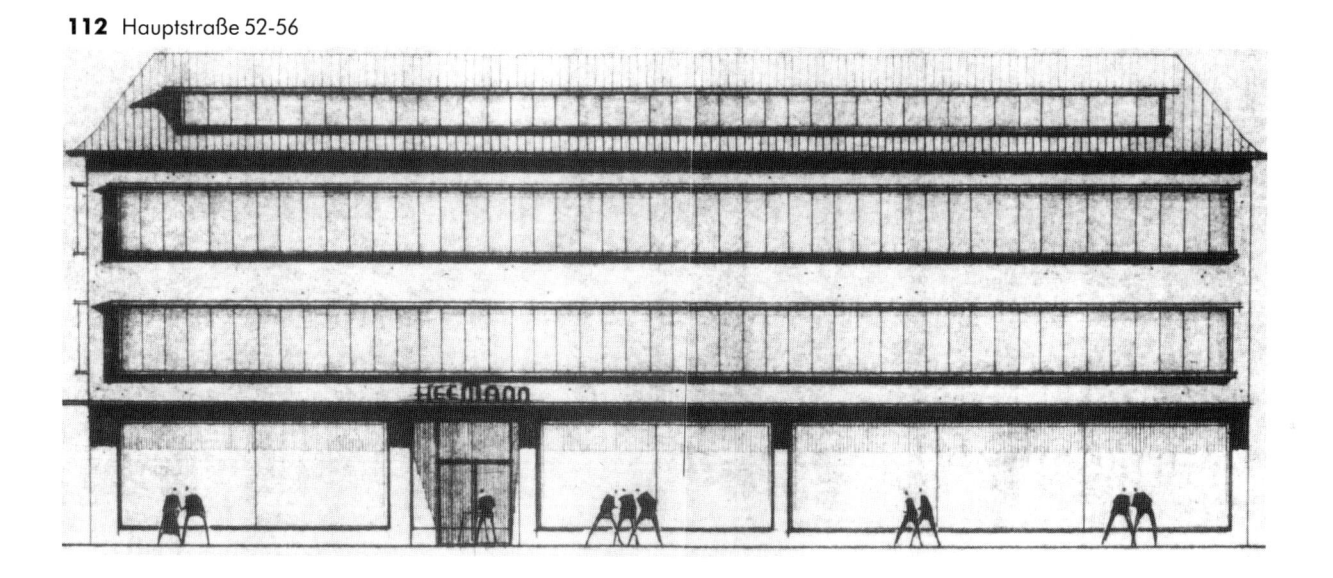

145

113 Hauptstraße 38, 1912

114 Hauptstraße 38, 1912

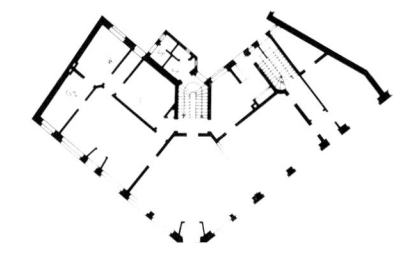

115 Hauptstraße 38

Bei dem 1987 errichteten Neubau (Abb. 117) ist nun auch noch die Bauhöhe reduziert, der Gesamtbau ist in einzelne giebelständige Gebäude zerlegt. Selbst wenn man anerkennt, daß – in der Funktion der Fassade als auf der Außenwand eines Gebäudes befindlicher ästhetischer Text – die Giebel durch ein zweites ästhetisches System infrage gestellt werden, vermitteln sie in der stadträumlichen Funktion ein ackerbürgerliches Image. Damit wird von der Sparkasse – gerade wenn man den Vorgängerbau und seine Veränderung mit einbezieht – ein großer Schritt rückwärts getan; der Witz dabei ist, daß damit eine im 19. und 20. Jahrhundert in Nordhorn ent-

116 Hauptstraße 38, Umbau 50er Jahre

117 Hauptstraße 38, 1986

standene kulturelle Entwicklung negiert wird, der die Sparkasse gerade ihre eigene Entstehung als kommunale Institution verdankt.

Man kann zusammenfassend vielleicht sagen, daß auf Nordhorns Hauptstraße seit dem Bau des Rathauses 1752 um die Durchsetzung eines Image von ländlich orientierter Ackerbürgerstraße oder städtischer Hauptstraße gekämpft wird und daß im heutigen architektonischen Bestand dieser ästhetische Kampf noch enthalten ist. Das macht die ästhetische Qualität, den Denkmalcharakter der Hauptstraße aus.

Arbeits- und Wohnraum

Nordhorn bot noch bis zum 19. Jahrhundert eine Einheit von Arbeiten und Wohnen im städtischen Raum. Mit der Reinigung der Straßen jedoch (s.o.) wurden diese beiden Bereiche menschlicher Tätigkeit aus dem nun öffentlichen Raum entfernt und privatisiert.
Veränderungen des Stadtraums (auf der Insel) wurden zudem von der Industrialisierung (vor der Stadt) bewirkt. Denn durch die Ausweitung der Produktion zogen viele Arbeitskräfte nach Nordhorn; sie betrieben immer weniger Subsistenzproduktion und kauften immer mehr ihre Lebensmittel. Obwohl sie außerhalb der Insel wohnten, bildete sich ein Lebensmittelmarkt im Zentrum heraus; er wurde zuerst auf der Hauptstraße abgehalten, dann jedoch vor die Reformierte Kirche gelegt.
Zugleich bauten die alteingesessenen Anwohner der Hauptstraße die bisher zum großen Teil landwirtschaftlich genutzten Räume im Erdgeschoß zu Geschäftsräumen um.*
Diese städtebaulichen Auswirkungen der Industrialisierung werde ich nun genauer analysieren:

Entfaltung des Problems

*Auf den Markt kann ich im Rahmen dieser Untersuchung nicht weiter eingehen; als Lebensmittelmarkt zur Versorgung der Bewohner hat er jedoch allenfalls eine soziale, keinesfalls eine politische Funktion. Dieser Markt ist nicht Konstituent von Stadt. Auch die Fabrikgebäude schließe ich hier aus, da ihr konkreter Zusammenhang mit Produktionsweise und öffentlichem Image der Firmen eine eigene Studie erfordert.

Betriebe und Geschäfte

Vor dieser Veränderung lassen sich im Prinzip zwei unterschiedliche Grundrisse feststellen, die a) mehr der Landwirtschaft, b) mehr dem Wohnen und handwerklichen Gewerbe zuzuordnen sind.

zu a)
Mir scheint die Übernahme des niederdeutschen Bauernhauses in die Stadt eher die Ausnahme zu sein. Der älteste erhalten gebliebene Grundriß des Hauses an der Hauptstraße 37 (Abb. 118) stimmte im Kern mit dessen Schema überein. Hier wie dort gelangte man von außen zuerst durch ein breites Tor in den landwirtschaftlichen Bereich, der rechts und links an der Wand die Ställe für Vieh enthielt. Am Ende befand sich ohne weitere Abgrenzung eine offene Feuerstelle, dahinter, häufig unterkellert und etwas angehoben, die durch Wände separierte Stube.
So wie sich in den auf dem Land befindlichen Bauernhäusern dann (etwa seit dem 18. Jahrhundert) weitere Funktionen ausdifferenzierten und abgeschlossene Räume ausgebildet wurden, so wird dies auch in Nordhorn geschehen sein. Wie man vermuten kann, wurde der rechte Stallteil im Laufe der Zeit abgetrennt; er dürfte zu einer eigenständigen Wohnung, die vom Nachbarhaus her erschlossen wurde (was vielleicht im Zusammenhang mit der Einrichtung eines Ladenlokals steht), umgebaut worden sein. Ob es bei dieser Gelegenheit auch zum Ausbau einer Stube an der Vorderseite zur Hauptstraße kam oder ob diese Stube schon bestand, muß offen bleiben. Für die durchgehende Existenz der vorderen Stuben sprechen

118 Hauptstraße 27, vor 1919

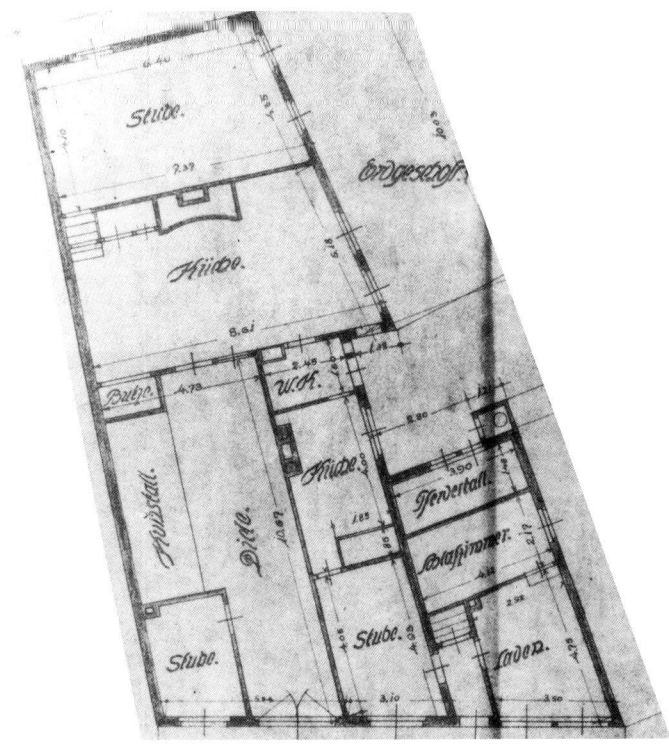

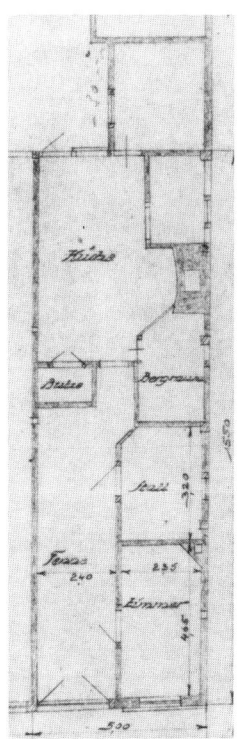

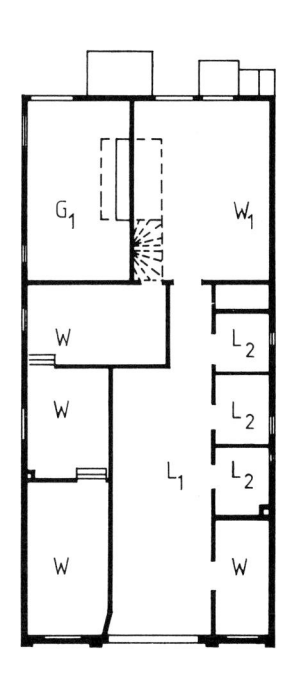

119 Hauptstraße 20, 1905
120 Hauptstraße 30, 1910

149

die anderen landwirtschaftlichen Grundrisse der Häuser Hauptstraße Nr. 20 und Nr. 30 (Abb. 119, 120), in denen jeweils die rechte Seite landwirtschaftlich und die linke zum Wohnen genutzt wurde, sich also eine Stube an der Front zur Hauptstraße befand. Sie scheint mir zudem die einer Stadt adäquatere Form zu sein.

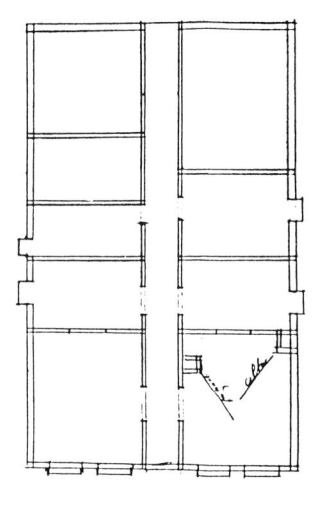

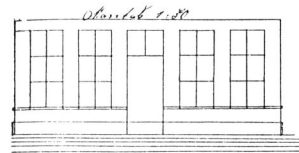

121 Hauptstraße 27, vor 1903

zu b)
Aber auch der zweite Grundrißtyp (Abb. 121) spricht dafür. Hier befinden sich an einem durchgehenden Mittelflur rechts und links einzelne Zimmer, die teils zu Wohn- und teils zu Gewerbezwecken genutzt worden sind. Diese Typen haben eine schmale Eingangstür sowie rechts und links je zwei Fenster.
Bei beiden Typen wurden ursprünglich Betrieb und Geschäft nicht von den Wohnräumen getrennt.

Zu Beginn des 20. Jahrhunderts wurden dann die landwirtschaftlich genutzten Bereiche zu Wohnräumen (Abb. 122, 123) und einzelne Räume an der Front zu Geschäftslokalen, teilweise unter Beibehaltung des großen Dielentors (Abb. 124, 125), umgebaut.
Mit der Zeit wurde ein zweites separates Ladenlokal eingerichtet (Abb. 126, 127). Schon 1911 erhält der Konsumverein ein durchgehendes Geschäftslokal, ihm folgen die anderen.

122 Hauptstraße 13, 1910

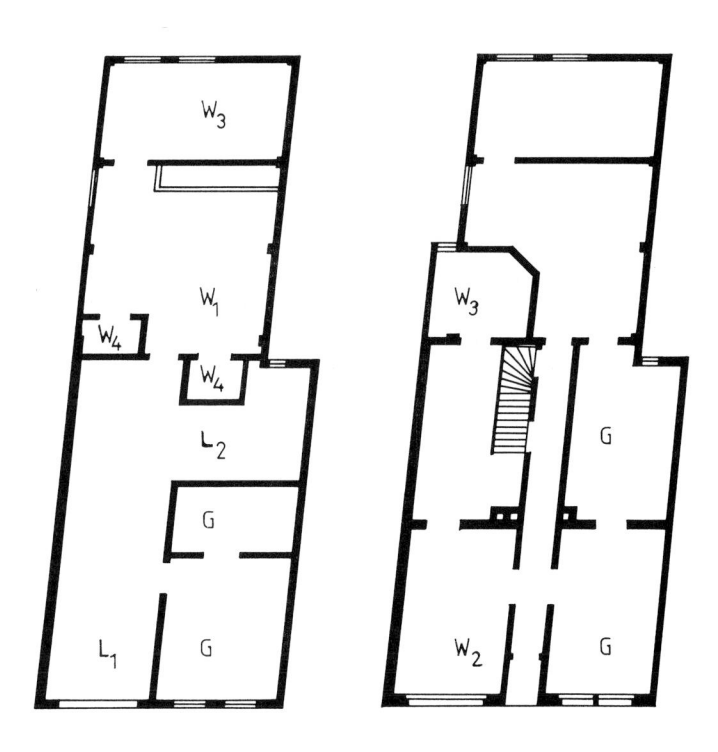

123 Hauptstraße 23, 1907

151

124 Hauptstraße 12, 1904

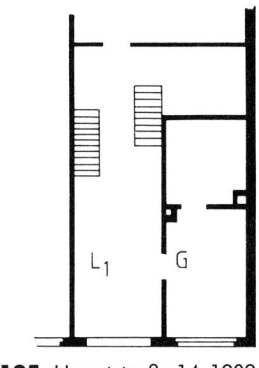

125 Hauptstraße 14, 1909

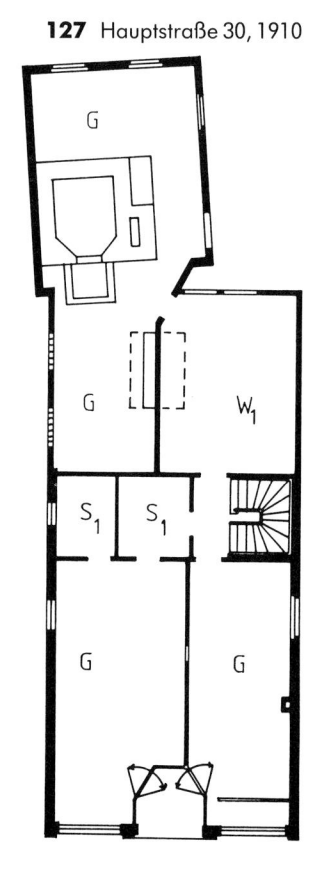

126 Hauptstraße 27, 1906

127 Hauptstraße 30, 1910

Mit dieser funktionalen Veränderung geht der Einbau von Schaufenstern einher (deshalb sei es mir gestattet, sie hier und nicht im vorhergehenden Kapitel abzuhandeln). Sie werden zuerst quasi als vergrößerte Portale gestaltet (Abb. 128), seit der durchgehenden Nutzung (Abb. 129) gibt es die visuelle Öffnung der gesamten Fassade, schon nach dem 1. Weltkrieg (Abb. 130) vor allem aber nach dem 2. Weltkrieg öffnet sie sich auch praktisch (Abb. 131-134). Für die Hauptstraße 24 wird sogar eine durchgehende Passage geplant, die heute durch den Durchbruch einer neuen Straße (Zur Bleiche) wieder aufgenommen wurde.

128 Hauptstraße 33, 1895

129 Hauptstraße 33, 1911

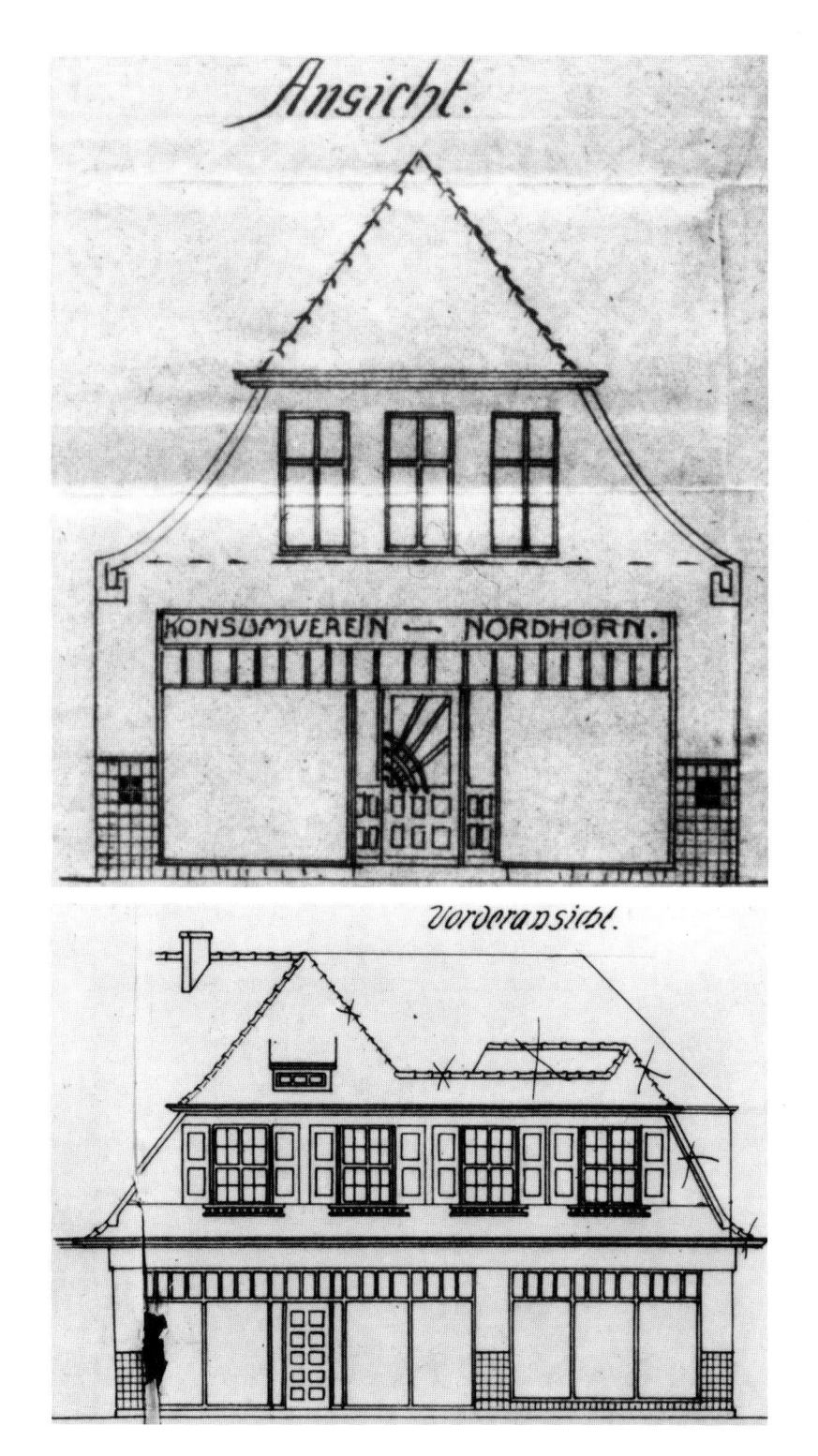

130 Hauptstraße 37, 1921

131 Hauptstraße 5, 1949
132 Hauptstraße 11, 1951

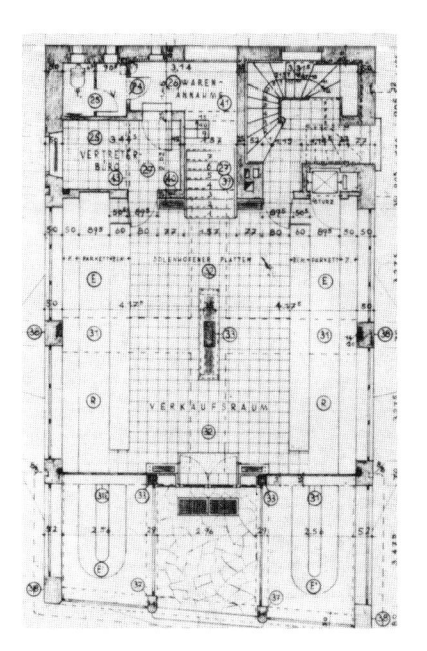

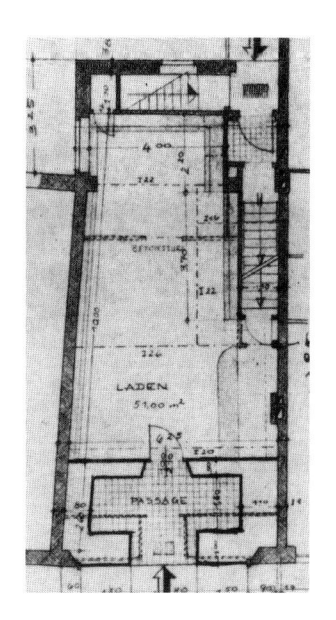

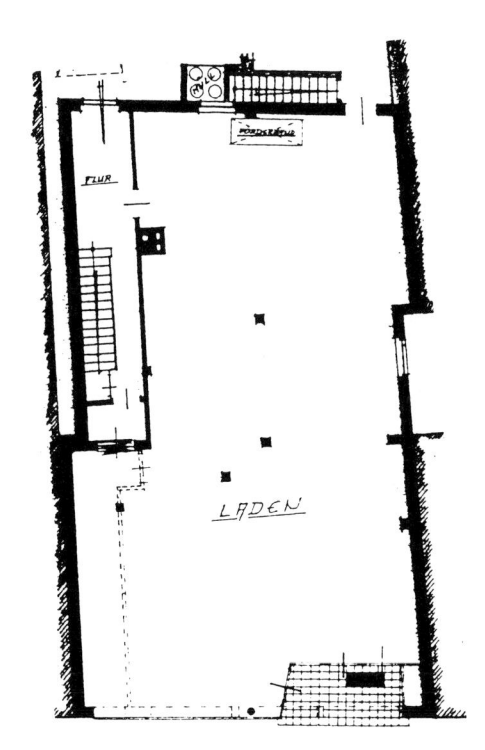

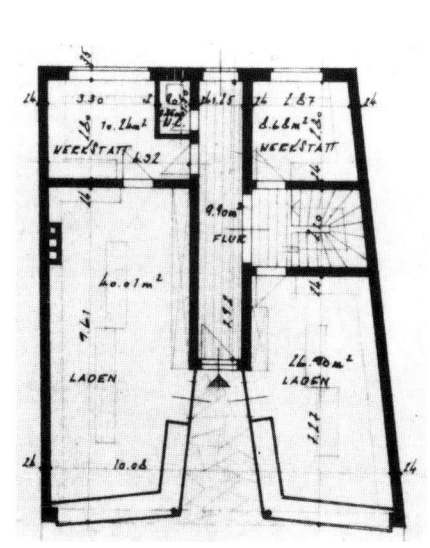

133 Hauptstraße 27, 1966
134 Hauptstraße 42, 1965

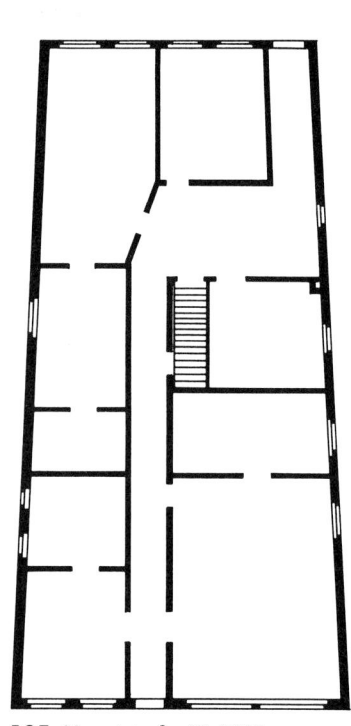

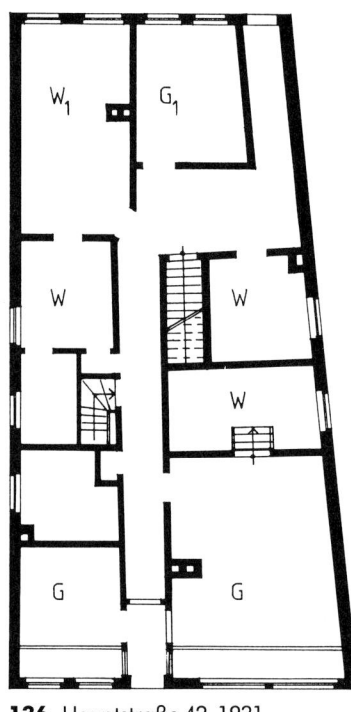

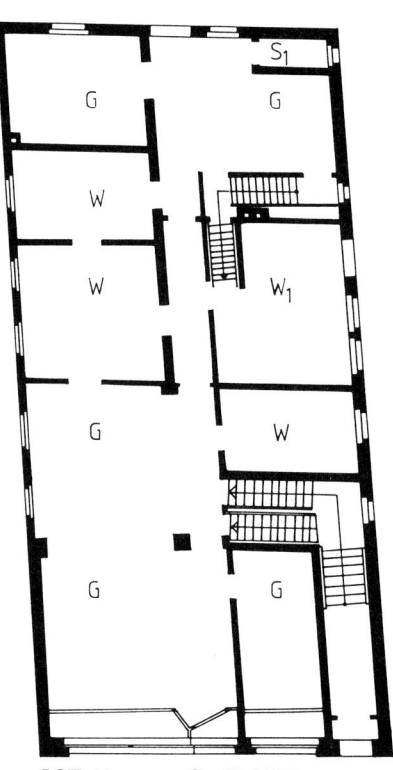

135 Hauptstraße 42, 1904   **136** Hauptstraße 42, 1931   **137** Hauptstraße 43, 1923

Die Eingänge lagen im 19. Jahrhundert an der Hauptstraße, durch sie ging man in die Wohn- sowie in die Betriebsräume. Hatte man anfangs offensichtlich keine Probleme mit der Vermischung dieser beiden Funktionen, so wurde zu Beginn des 20. Jahrhunderts eine Trennung vollzogen. Solange es noch zwei separate Geschäftslokale gab, konnte man durch Einbau einer Tür den privaten Bereich abtrennen (Abb. 136).

Mit dem Ausbau zu einem durchgehenden Lokal trennten sich die beiden Erschließungsfunktionen, der Eingang zu den Geschäftsräumen blieb in der Mitte, während der Eingang zum Wohnbereich erst an die Seite der Vorderfront (Abb. 137) oder – solange es noch schmale 'Sträßchen' zwischen den Häusern gab – an die Seite der Gebäude (Abb. 138) und dann an die Rückfront gelegt wurde. Dies wertete die Hinterstraßen (Schuhmachershagen, Hinterstraße, Hagenstraße) auf und nahm der Hauptstraße den Charakter einer Wohnstraße.

Zu Beginn des Ausbaus der Geschäfte wurde die Vermischung von Wohnen und Arbeiten beibehalten. Ist die im Bauantrag des Hauses Hauptstraße 23 von 1907 eingetragene Bezeichnung 'Stube' (W2) (Abb. 123) wegen der großen Fenster wahrscheinlich nicht ernst zu nehmen, so ist sie doch

138 Hauptstraße 54, 1905   **139** Hauptstraße 29   **140** Hauptstraße 6/8, 1929

bei der Hauptstraße 29 (Abb. 139; siehe auch Abb. 135, 140) ganz deutlich; der unabgegrenzte Hausflur diente als Zugang zum Geschäft und zur Erschließung der Wohnräume.

Dies änderte sich nach dem 1. Weltkrieg; von diesem Zeitpunkt an sind Wohn- und Arbeitsbereiche architektonisch strikt voneinander getrennt.

Bürgerliche Wohnungen

Wenn man sich die Grundrisse zu Beginn des 19. Jahrhunderts ansieht, so wird man – ohne daß ich im einzelnen darauf eingehen möchte – resümieren müssen, daß das Wohnen viel stärker nach außen, etwa durch private oder gemeinsame Benutzung eines Brunnens oder einer Pumpe, mit der Stadt verbunden war. Nach innen war die soziale Gemeinschaft nicht auf die Familie beschränkt, es bestand zudem viel weniger Intimität der einzelnen Wohnmitglieder zueinander, wie man an den vielen 'Gefangenen

Zimmern' und an den Butzen (W4), die von mehreren Personen auch ungleichen Geschlechts (s.o.) gemeinsam genutzt wurden, sehen kann. Der Zugang ging häufig von der Küche aus (Abb. 118, 123) und konnte sozial kontrolliert werden.

Mit der Aufspaltung der Bereiche in die Öffentlichkeit des Stadtraums und die Privatheit der Wohnung wurden gleichzeitig Struktur und Inhalte des Wohnens verändert:

Umstrukturierungen innerhalb des Hauses
- Küchen

Die Küchen in Nordhorn waren urtümlich multifunktional. Sie lagen im Haus an zentraler Stelle (Abb. 137, 141), angebunden sowohl an die Wohn- wie an die Betriebsräume. Sie waren Erschließungsräume für andere Räume und Aufenthaltsraum (Abb. 123); sie dienten der Versorgung der Bewohner. Bei landwirtschaftlichen Unternehmen (Abb. 122) wurde zudem zum Teil die Versorgung von Vieh vorbereitet und Produkte vorverarbeitet. Die Nähe zu den Geschäftsräumen war insofern praktisch begründet, als die Ehefrau häufig den Verkauf und den Haushalt zugleich führte; zudem nahm Personal häufig an den Mahlzeiten teil.

Mit der Trennung des Wohn- vom Geschäftsbereich wurden die Küchen mit den anderen Wohnräumen in die Obergeschosse verlegt (dies ist ein Prozeß, der teilweise erst heute zum Abschluß kommt, Abb. 142).

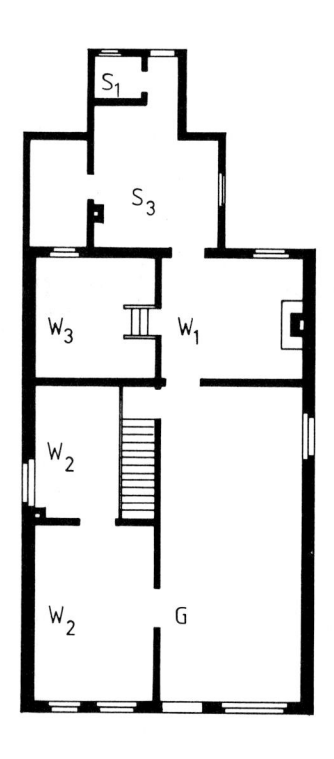

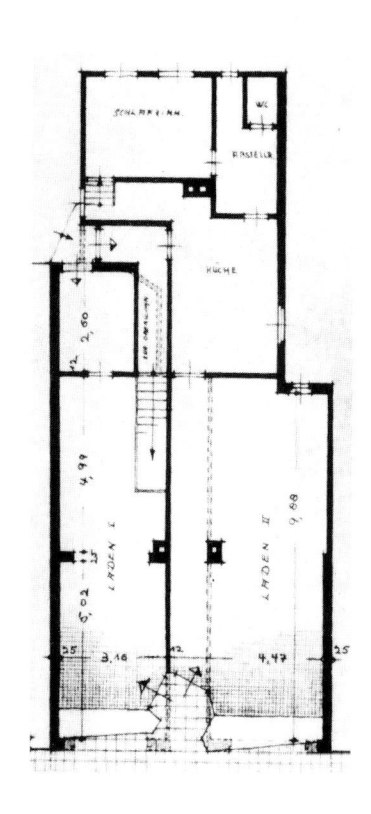

141 Hauptstraße 21, 1902
142 Hauptstraße 23, 1956

158

Die räumliche Verlegung manifestiert den betrieblichen Funktionsverlust der Küche. Die Abkopplung von Dielen- oder Flurfunktion, sowie die Bedeutungszunahme eines Wohnzimmers engen die Funktionen und den Raum der Küche weiter ein.

- Butzen

Butzen (Alkoven) sind als Wandschrank gebaute Betten oder Schlafzimmer. Sie waren bis weit ins 19. Jahrhundert üblich, in der ländlichen Umgebung Nordhorns gab es sie bis in ersten Jahrzehnte des 20. Jahrhunderts (siehe Abb. Hauptstraße 20/22).

Aus einer medizinischen Dissertation von 1934 (Conrad) über die Grafschaft Bentheim werden Größe und Ausstattung der Butzen und die Motive zu ihrer Beseitigung ersichtlich. Die Beschreibung bezieht sich auf ländliche Bereiche der Grafschaft. Für das 19. Jahrhundert wird man von ihr aber auch auf die Insel rückschließen können:

143 Butzen

„Dagegen sind die Maße bei den Schlafkammern absolut, teils im Verhältnis zu ihrer Belegzahl zu klein und zu niedrig. Hier bewegen sich die Zahlen zwischen 1,7 : 2 : 2,1 und 2 : 4 : 4 m. ... Das Eindringen in diese Räume ist schwieriger oft als das in einen Harem. Die Gründe für eine Eintrittsverweigerung werden ersichtlich, wenn es tatsächlich gelingt, einen Blick in diese Schlafkammern und Butzen hineinzuwerfen. Hier bietet sich das Bild einer erschütternden Armut. Stroh dient in roh zusammengehauenen Bettstellen ohne Strohsack, oft nicht einmal mit einer Pferdedecke überdeckt, als Unterlage. Ueberdecken sind ohne Bezug und oft in kaum ausreichender Größe vorhanden. Zuweilen fehlen Bettbezüge ganz. Die Möglichkeit des Wechselns fehlt oft, so daß die Leute tagelang bis zum Trocknen des einzigen Bettbezuges in unbezogenen Betten schla-

fen müssen... Das Stroh wird aus Mangel selten gewechselt, so daß ein übler, stinkender Geruch von ihm ausgeht. ...
Neben diesen Uebelständen ist der größte wohl das Schlafen vieler Personen in einem Raum und einem Bett. Hier spielen die Butzen eine bedeutende Rolle. Zur Beseitigung dieser ungesunden und unsittlichen Schlafbutzen wurden seitens des Kreises und der Landesversicherungsanstalt Prämien von 100 RM. ausgesetzt. Immerhin befinden sich heute noch annähernd 400 Butzen im Kreise. Butzen sind Schlafstellen, die wie Kleiderschränke aussehen. Sie sind in der Wand und mit ihr inwendig gleich. Man kann hineinsteigen, indem man die Türen, vielfach sind es auch Vorhänge, die man verschließt, in sich selbst zurückschiebt. Am Morgen werden die Türen zugeschoben. Alle Dünste der Nacht verbleiben darin und die des Tages ziehen mit dem Rauch des Torfes noch mit hinein. In diesen Butzen ist Generation auf Generation geboren, hat hier ihr Leben und Lieben durchgemacht, Krankheiten überstanden und ist schließlich gestorben, ohne daß jemals ein Sonnenstrahl hineingefallen ist. ...
Sind die Schlafräume schon zu beanstanden, wieviel mehr erst die ungesunden und unsittlichen Schlafverhältnisse. In den kleinen Räumen, in denen man sich kaum rühren kann, wo man häufig von der Tür 'so ins Bett fällt', stehen ein oder zwei Betten. Hier schläft die ganze Familie, alt und jung, beiderlei Geschlechts. Vielfach ist Bettmangel der Grund. So ist es kein Wunder, wenn 3, 4, 5 Personen in einem Bett schlafen..." (Conrad 1934, S. 17f.)
Zu vermuten ist, daß die Butzen in der Stadt im 19. Jahrhundert hygienisch gesehen in nicht ganz so schlechtem Zustand waren, da gerade die bürgerlichen Bewohner der Insel nicht so arm waren, wie die von Conrad beschriebenen Landarbeiter und Kleinbauern.

Die Butzen wurden dann zu Schlafzimmern umgewandelt, die im Laufe des 20. Jahrhunderts ebenfalls ins Obergeschoß verlegt und dort an einen Flur angeschlossen wurden. Eltern und Kinder erhielten zudem getrennte Räume, das Hauspersonal – soweit es das noch gab – schlief in der Regel nicht mehr in der Wohnung.

- Sanitärräume

Auch die Aborte, die sich teilweise außerhalb des Hauses in eigenen Schuppen, teilweise im Stall und teilweise in separaten Kammern innerhalb des Hauses befanden, wanderten ins Obergeschoß. (Dieser, genau genommen, unhygienische Vorgang relativiert die Hygieneargumente bei den Butzen und verweist dort auf sozialethische und moralische Gründe). Auch dies ist ein langfristiger Prozeß, der jedoch durch die Einführung der Wasserspülung und der Kanalisation, ermöglicht wurde.

Mit der neuen Art der Wasserversorgung konnte auch die Waschküche (wenn es eine gegeben hatte) als Waschmaschine in die Wohnung gebracht werden.

144 Hauptstraße 39, 1900

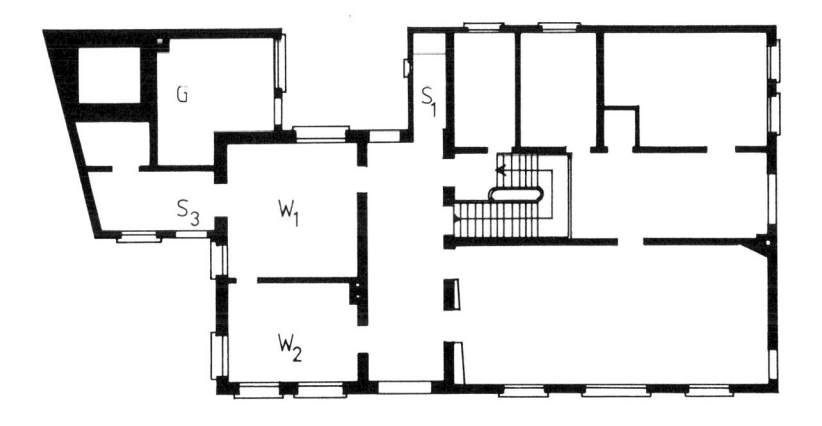

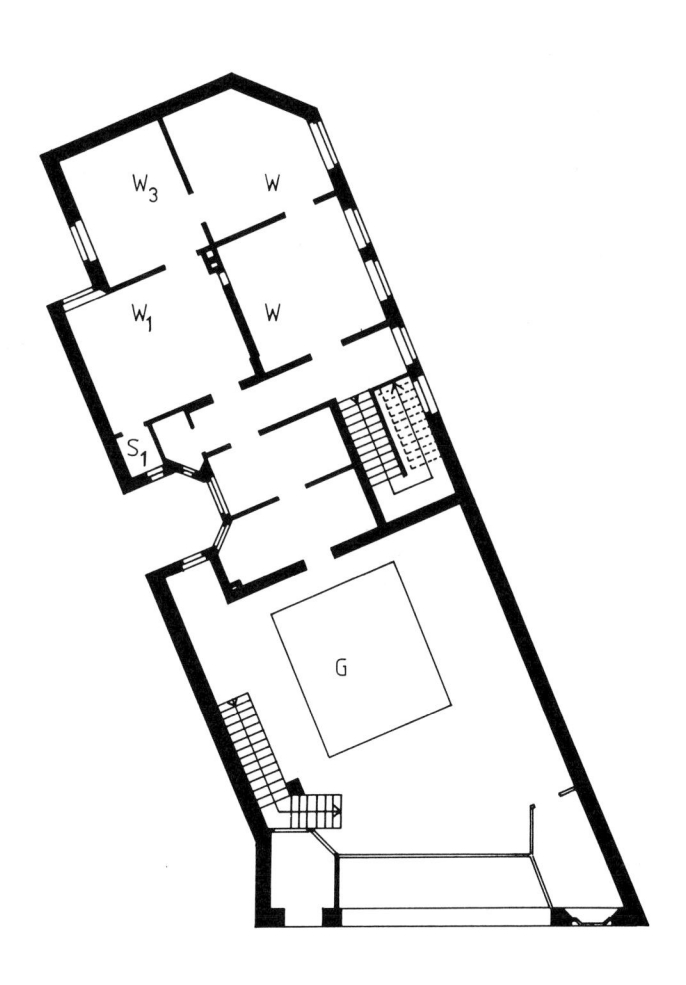

145 Hauptstraße 36, 1912

161

Die WC's weisen schon auf die zweite Veränderungsweise hin; Räume und Funktionen wurden nicht nur umgeordnet und verändert, vielmehr wurden bestimmte Funktionen überhaupt erst ins Haus geholt, andere allerdings auch ausgelagert.

Die Wasserentnahmestationen, die Badegelegenheit, Informationsstellen über Neuigkeiten, Toilette (wenn sie im Hof oder Garten gelegen hatten) und die Waschstelle (wenn sie an der Vechte gelegen hatte) wurden ins Haus gebracht.

Einhausung/Aushausung

146 Reinigungsbad an der Vechte

Vor allem also wurden praktische Tätigkeiten bzw. technische Einrichtungen ins Haus geholt; aus dem Hause und sogar aus der Stadt verwiesen wurden hingegen Dienstkräfte, Alte (s.u.), Kranke usw., also Mitmenschen. Während jedoch die sozialen Veränderungen technische Konsequenzen hatten (Bau von Krankenhäusern, Altenheimen etc.) so haben die technischen Vorgänge soziale Implikationen:

Peter Gleichmann hat 1977 im Zusammenhang mit Norbert Elias 'Zivilisationstheorie' in einem Aufsatz das 'Einhausen des Urinierens und Defäzierens', also das Wandern der Aborts vom Hof in die Wohnungen, untersucht und durch Quellen aus dem 19. und 20. Jahrhundert belegt. Für Gleichmann sind in dieser Wandlung *„die Vergrößerung der Figuration und die Verlängerung von Handlungsketten von Menschen augenscheinlich"* (Gleichmann 1977, S. 273). Dies führe zu Scham und Selbstkontrolle. *„Peinlichkeitsängste und Peinlichkeitsvermeidung werden zudem zum zentralen see-*

Verhaushaltung

lischen und schließlich sozialen Antrieb für den Aufbau der gigantischen Kanalisationssysteme" (Gleichmann 1977, S. 274/75). Die Erhöhung der Bevölkerungsdichte und die Intensivierung des sozialen Austausches führe also zu bestimmten psychischen Veränderungen, die dann wieder handlungsrelevant seien.

Die Analyse der Grundrisse in Nordhorn zeigt jedoch unabhängig von der wissenschaftstheoretischen Position Gleichmanns faktisch, daß der Abort nicht immer erst eingehaust werden mußte, daß vor allem dieser Vorgang in sehr komplexer Weise von Veränderungen der Umstrukturierung, des Einhausens und Aushausens begleitet wurde. In der Gesamtheit sind diese topografischen Veränderungen nicht mehr auf psychologische Affekte oder psychoanalytische Mechanismen zurückzuführen (etwa die Umwandlung der Waschküche in eine Waschmaschine).

Vielmehr bewirken die oben beschriebenen und analysierten Vorgänge eine direkte Umorganisation von materialer Umwelt und sozialem Handlungsgefüge; es entsteht eine abgeschlossene Wohnung, ein privater Haushalt und eine bürgerliche Familie, in der die Erwachsenen einer sowohl topografisch außerhäusigen wie ökonomisch eigenständigen Lohnarbeit nachgehen und die Ehefrau zudem zur Hausfrau wird (siehe dazu z.B. schon die – vom Emanzipationsideal der 30er Jahre geprägte – Dissertation von Freudenthal 1933/1986). Dieser Umwandlungsprozeß ist treffender mit dem sozioökonomischen Begriff der 'Verhaushaltung' zu fassen.

Verbürgerlichung der Arbeiter

Die Industrialisierung in Nordhorn fand im Vergleich zur Entwicklung im Deutschen Reich spät statt; Experimente mit der Unterbringung der Arbeiter und der Gestaltung der Re-Produktionssphäre fanden in Nordhorn – soweit man heute weiß – nicht mehr statt, vielmehr wurden letztlich die nationalen Standards übernommen.

Diese waren Mittel einer Strategie zur Verbürgerlichung der Arbeiter, die von Unternehmern, Staat und Kirche entwickelt worden war. Dabei sah eine Gruppierung den Arbeiter eher als Stadtbürger (z.B. Schubarth 1868), in Integration mit den anderen sozialen Schichten (Hobrecht 1868), eine andere verstand ihn als Staatsbürger, der aus der kommunalen Gemeinschaft, d.h. von politischer Aktivität, ausgegrenzt war (ausführlich dazu Kastorff-Viehmann 1981, Führ/Stemmrich 1985).

Als prototypische Beispiele für das zweite Verständnis seien hier zwei Quellen angeführt:

1870 hatte sich ein Kreis von Unternehmern in Bonn zu einer 'Conferenz über die Arbeiterfrage' zusammengesetzt; das zentrale Referat über Arbeiterwohnungen hielt der Basler Unternehmer Sarasin. Neben einem kurzen historischen Abriß und bautechnischen und funktionalen Details hob er als Programm hervor:

„*Was soll dem Arbeiter in und mit seiner Wohnung für ihn und seine Familie geboten werden? Oder vielmehr was denken wir selbst, die Menschen im Allgemeinen, uns darunter?*

Ich meine, wir verlangen dreierlei. Es soll einmal für ihn erstrebt werden das Haus im altgermanischen Sinn, einen Sitz ihm eigen gehörend, angeschlossen gegen außen, von dem er sagen kann: my house is my castle...

Und in diesem seinem Haus soll der Arbeiter finden und haben seine für sich und die Seinen abgegrenzte Wohnung, nicht blos Aufenthalt, er soll da Wohnen mit Weib und Kind beim heilig gehaltenen Feuerheerd in einer nicht blos rechtlichen, sondern auch sittlichen und faktischen Verbindung, so daß das Prinzip und der Geist der Familie, dieser Grundlage der menschlichen Gesellschaft, unverkürzt dabei zur Geltung kommen können.

Diese Wohnung soll aber drittens dem Arbeiter zugleich sein eine Heimath. Der Ort, wo er sich heimisch (heimelig) fühlt, wo er gerne weilt, an den sich sein Inneres und äußeres Leben knüpft, wird ihm allein lieb und theuer werden können. Aus dem Heimathsgefühl entwickelt sich der Begriff des Vaterlandes, entwickelt sich die Vaterlandsliebe, die den Mann zum Bürger macht, der für Haus und Heerd sein Leben einzusetzen bereit ist..." (Bonner Conferenz 1870, S. 15/16)

In dem m.E. den Zusammenhang von bürgerlicher Lebensweise und Reinheit sehr gut zusammenfassenden und auf die Motive und Intentionen verweisenden Büchlein 'Das häusliche Glück' (1882), das vom Möchengladbacher Verband 'Arbeiterwohl' herausgegeben und wohl im wesentlichen von einem Unternehmer und einem Kaplan verfaßt wurde (siehe Nachwort zur Neuauflage München 1975), werden als Vorbedingungen des häuslichen Glücks benannt:

„*— Sei vor Allem gottesfürchtig und fromm!*
— Hege stets die rechte Liebe zu deinem Manne!
— Ertrage die Fehler deines Mannes mit Geduld!
— Sei immer aufrichtig und offen gegen ihn!
— Lasse niemals Argwohn in dir aufkommen!
— Werde immer friedfertiger und sanftmüthiger!
— Verrichte deine Arbeit mit Fleiß und stets unverdrossen!
— Befleißige dich in Allem der Sparsamkeit!
— Liebe über alles Reinlichkeit und Ordnung!
— Halte dich still für dich, möglichst fern von geschwätzigen Freundinnen!" (Arbeiterwohl 1882, Kapitelüberschriften)

Diese Maximen für die Hausfrau werden noch erläutert und konkretisiert in Einrichtungsplänen, Kochrezepten usw. Ich möchte hier allein etwas ausführlicher auf die Implikationen der Reinlichkeit und Ordnung eingehen:

„*Reinlichkeit im Hause.*

Wenn nur eine Wohnung auch noch so klein und einfach, selbst nur dürftig ausgestattet ist, — wird sie stets rein und sauber gehalten, dann ist sie behaglich und angenehm; wohingegen ein schmutziges Zimmer, wenn's auch reich ausgestattet und fein möbliert ist, unbehaglich und widerlich aussieht. Wünschest du, liebe Leserin, daß dein Gatte recht häuslich werde, daß er sich bei dir zu Hause recht heimisch fühle und nicht zu oft draußen und im Wirtshause seine Erholungsstunden zubringe, dann mußt du mit allem Eifer drauf bedacht sein, deine Wohnung und alles, was drin ist, stets rein und sauber zu halten, mußt überall strenge Ordnung walten lassen..." (Arbeiterwohl 1882, S. 28)

„Ordnung im Hause
Zeit ist Geld, sagt der Kaufmann und jeder fleißige Arbeiter wird bestätigen, daß es wahr ist. Die Zeit ist ein kostbares Gut, jede Vergeudung derselben ist ein großer Verlust – auch für die Hausfrau. Will sie aber recht viel von dem kostbaren Gut der Zeit gewinnen, dann muß sie sich streng an Ordnung gewöhnen. Ordnung halten in allen Zimmern und nach einer bestimmten Ordnung ihre Arbeiten einrichten. Ohne Ordnung wird sie aber auch niemals ein angenehmes und gemütliches Familienleben zu schaffen im Stande sein. Läßt sie nur einen Teil des Hauswesens in Unordnung gerathen, dann ist es mit der guten Laune des Mannes und auch mit ihrer eigenen Zufriedenheit ganz aus. ... In einem guten Hauswesen muß jedes, auch das kleinste Ding seinen bestimmten Platz haben, die Stecknadel so gut wie die Kochtöpfe, Fingerhut und Zahnbürstchen so gut wie die Schuhe und der Oelkrug. ..." (Arbeiterwohl 1882, S. 43/44)

In Nordhorn wurden seit Ende des 19. Jahrhunderts von den Unternehmern, vermittelt über eine Genossenschaft, für die Arbeiter Wohnungen gebaut.

Allerdings wohnten viele Arbeiterfamilien anfangs in sehr beengten Verhältnissen, da sie sich die Wohnungen wegen ihres Einkommens nicht leisten konnten und deshalb Quartiergänger aufnahmen.

Dies führte einerseits zu sozial sehr gemischten Gruppen und zu objektiv schlechten hygienischen Verhältnissen. Rohr berichtet über eine Wohnungsinspektion, bei der verfaultes Stroh (als Bettzeug) und das Fehlen von Waschgerät und Handtüchern moniert wurde. (Rohr 1981, S. 65)

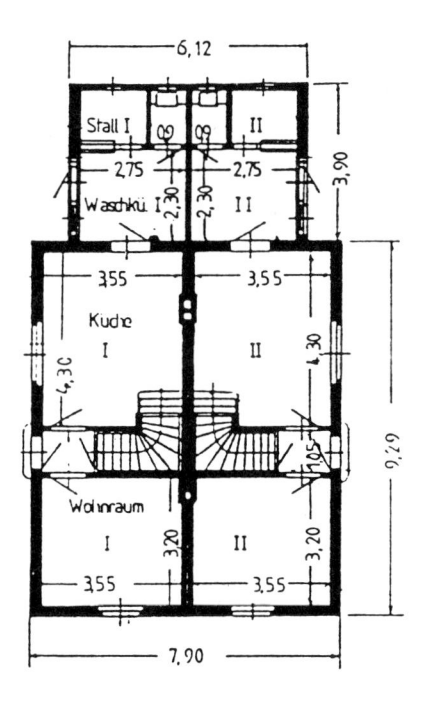

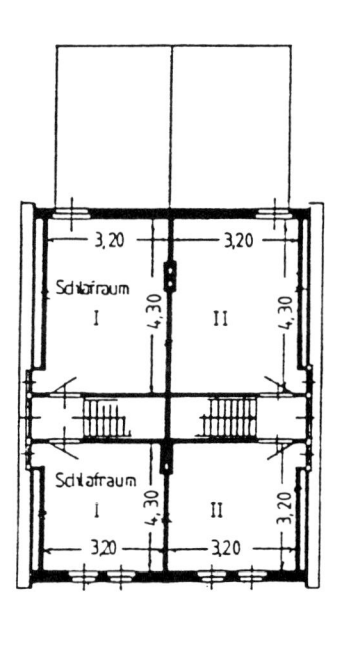

147 Typischer Grundriß eines Arbeiter-Doppelhauses

Diese Wohnungen erhielten im 'Volks'mund den Namen 'Wanzenburg' (ebenda S. 64), wobei ich allerdings vermuten würde, daß der sogenannte 'Volks'mund tatsächlich der sozialdiskriminierende Jargon der Altbürger war.

Der Grundriß dieser Häuser ähnelte noch sehr der traditionalen Funktionsaufteilung (s.o.); so etwa ist die Küche ein Multifunktionsraum, der zwischen Wohnen und landwirtschaftlichem Betrieb liegt und einen Durchgang zur Toilette bietet.

Ein Bad gab es nicht, wie Bewohner mitteilten, wurde *„Samstags ... eine große Zinkwanne in die Waschküche gestellt, in der sich die ganze Familie badete"* (Materialien VHS 2 o.J., S. 26).

Inwieweit auch die Quartiergänger die Wanne benutzten, ist nicht überliefert, man muß jedoch festhalten, daß es eine Flußbadeanstalt gab, die der Povelschen Fabrik gegenüberlag und wegen der Zunahme der Bevölkerung 1913 ausgebaut wurde. Sie diente nicht nur dem Badespaß, sondern primär der Körperhygiene; diese wurde also anfangs wohl nicht so eindeutig, wie es das Zitat impliziert, in familialer Privatheit ausgeführt.

Dies wird auch in einem Schreiben des Magistrats an das Landeswohlfahrtsamt in Hannover vom 7.7.1927 deutlich, in dem um Unterstützung für den Bau eines Hallenbades geworben wurde:

„ ...Wir bitten nun, die uns für die Durchführung der Erholungsfürsorge zugedachte Beihilfe für den Bau einer Badeanstalt überweisen zu wollen. Die dringende Notwendigkeit der Errichtung einer Badeanstalt in der aufwärts strebenden Industriestadt Nordhorn braucht wohl an dieser Stelle nicht besonders betont zu werden... Es ist als eine bedauerliche Tatsache zu bezeichnen, dass das Wirtschaftsgebiet Gross-Nordhorn mit seinen 17 000 Einwohnern nicht einmal eine einigermassen den Mindesanforderungen entsprechende Flussbadeanstalt besitzt. Die von uns getroffenen Feststellungen haben ergeben, dass es für etwa 95 % der Bevölkerung Gross-Nordhorns nicht möglich ist, ein Bad zu nehmen, da fast in keinem Hause eine Badeeinrichtung vorhanden ist..." (StA NOH C VIII g 16)

Das Vorhaben eines städtischen Hallenbades konnte erst 1953 verwirklicht werden. Mit dem Bau von Wohnsiedlungen in der Weimarer Republik (s.o.) und in neuerer Zeit wurde jedoch der traditionale Grundriß aufgegeben und der oben beschriebene bürgerliche Grundriß, also z.B. ein privates Bad pro Familie usw., allgemein eingeführt sowie der zur Verfügung stehende Garten verkleinert, Subsistenzproduktion und die dafür erforderlichen Räume (Stall etc.) stark eingeschränkt.

Die Arbeiter gelangten im Re-Produktionsbereich nicht zuletzt durch die Organisation ihrer Wohnungen zur bürgerlichen Lebensweise. Dies geschah sowohl in sozialer Hinsicht – durch Konfiguration als private auf direkte Blutsverwandschaft begründete Familie, dem Ideal bürgerlicher Auffassung von sozialer Gesellung – als auch in funktionaler Hinsicht – durch Führung eines privaten Haushaltes. Sie wurden insofern als 'Vollbürger' integriert.

A-sozialisierung des Unbürgerlichen

Exmittiert hingegen sind nicht dieser Normung entsprechende Bewohner, wie etwa Arme, Obdachlose, Arbeitslose, körperlich und psychisch Kranke und Alte.
Beispielhaft möchte ich auf die Exmittierung der Armen eingehen:

Was Armut ist, darüber läßt sich streiten; man kann es als Mangel von Ernährung, Unterkunft, Gesundheit, Eigentum oder praktischer, kultureller oder geistiger Entfaltungsmöglichkeit verstehen. Armut besteht in mangelnder Teilhabe am gesellschaftlich erarbeiteten Vermögen; Armut steht deshalb nicht außerhalb der gesellschaftlichen Konfiguration, sondern in ihr. Sie ist durch soziale Ungleichheit begründet. So ist auf dem Lande die Armut der Kötter, Kätner und Brinksitzer, der Heuerlinge, Einlieger und Tagelöhner wie in der Stadt die Armut des Gesindes, der Dienstboten, Handlanger und Tagelöhner strukturell in ihrer Landlosigkeit und in mehrfacher Abhängigkeit und Ausbeutung begründet.
Bis zum 15. Jahrhundert wurden die Armen (nach heutigen Schätzungen 20-35%, nach offiziellen Angaben ca. 5-10% der Bewohner; siehe Fischer 1985, S. 271 ff) entweder beim Betteln durch direkte Almosen der vermögenden Mitbürger oder indirekt durch Stiftungen, Nachlässe, Schenkungen etc. an Kirchen und Klöster unterstützt. Seit dem 13. Jahrhundert traten Spitäler hinzu. Man verzichtete dabei auf Überprüfung der Bedürftigkeit der Armen und ihres Anspruchs auf Almosen;
"das Prinzip spontaner und direkter Barmherzigkeit sollte Vorrang vor aller Kontrolle haben, damit nicht, wie es des öfteren heißt, die Würdestellung des Bedürftigen in der christlichen Gemeinschaft verletzt ... würde." (Fischer 1985, S. 275)
Mit der Reformation veränderte sich die Einstellung zur Bettelei, eine planmäßige städtische Armenfürsorge setzte reichseinheitlich ein ('Ordnung und Reformation guter Policey', Kap. 34, § 1, von 1530; siehe Fischer 1985). Dabei unterschied man zwischen stadtsässigen Armen und vagabundierenden Bettlern; diese vertrieb man, für jene wurde gesorgt.

In Nordhorn erhielt die Diakonie am 25. April 1768 das Privileg, allein in Stadt und Kirchspiel zum 'Besten der Armen' Braupfannen zu verleihen (Kirchenprotokoll vom 5. Mai 1768, Archiv der Reformierten Kirche; nach Specht 1941, S. 400). Allerdings war dieses Verfahren nicht ohne Probleme, denn im März 1770 beschwerte sich die Bauerschaft darüber, daß sie allein die städtischen Armen finanziere, da die Stadtbürger ihr Bier sowieso beim Wirt brauen ließen (StA Osn.: Rep. 125, Hann. Reg. in Benth. Nr. 232). Zugleich versuchte man, die übrigen Armen durch sogenannte 'Vagabundenjagden' zu vertreiben.
Für Nordhorn sind Vagabundenjagden zum größten Teil im Herbst überliefert (Nov. 1789, Nov. 1791, Dez. 1792, Nov. 1796 und im Mai und Oktober 1802). Eine Verfügung der Gräfl. Bentheimischen Regierung vom 29. Jan. 1806 beschreibt das Verfahren:

„An den Herrn Richter Buch zu Bentheim, Weber zu Nordhorn, Wedekind zu Neuenhaus, Schilgen zu Neuenhaus, Cramerus zu Uelsen.
Da aus mehreren seit kurzer Zeit in der Grafschaft Bentheim verübten Diebstählen sich auf die Anwesenheit vieler Vagabunden schließen läßt (man beachte die Logik, E.F.); *und daher für gut befunden worden ist, eine sogenannte Vagabunden-Jagd in der ganzen Grafschaft Bentheim am 10. nächstkünftigen Monats Februar halten und am 18. desselben Monats wiederholen zu lassen, so wird dem Herrn Richter N. hierdurch aufgegeben, in allen Gerichtsdistrikten abends um 9 Uhr die Wirtshäuser visitieren zu lassen. Und die ohne Erlaubnis darin aufgenommenen auch die mit keinen Pässen versehenen Personen unter guter Bewachung zu arretieren und des falls am anderen Morgen Untersuchungen anzustellen, auch die als verdächtig erscheinenden nach Bentheim zum Gefängnis abzuliefern. Am anderen Morgen ganz frühe sind mit zusammengebotener Mannschaft die Kirchspiele zu durchgehen, auch die großen Heerstraßen und andere häufig begangen werdende Wege zu besetzen, da wahrscheinlicher Weise in der Nachbarschaft die Verjagung des losen Gesindels um dieselbe Zeit vorgenommen werden wird, der Einschleichung desselben in die Grafschaft zuvor zu kommen..."* (StA Osn: Rep 125, Nr 862)
Die 'Vagabunden' und das 'lose Gesindel' bestanden zum größten Teil aus obdach- und arbeitslosen Tagelöhnern, wandernden Handwerkern, Händlern, ehemaligen Soldaten, Invaliden, die Arbeit suchten und bisweilen auch bei den Bauern und Gewerbetreibenden der Region fanden. Deren Not versuchten die Städte durch Vertreibung Herr zu werden.
Die Unterscheidung von stadtsässigen Armen und Vagabunden wurde zum großen Teil mit den staatsrechtlichen Veränderungen im 19. Jahrhundert, also mit der Transformation zur Einwohnerstadt hinfällig; das Problem Armut mußte in der Stadt gelöst werden.

Der erste Versuch basierte noch auf dem Leitbild von Stadt als Korporation der Bürger:
„Bekanntmachung
*Es ist nicht nur der Behörde, sondern auch selbst manchen Einwohnern die Betteley in der Stadt längst unangenehm gewesen und deshalb darauf Bedacht genommen, dieser abzuhelfen und eine Einrichtung zu treffen, wodurch der gewünschte Zweck, ohne die Armen zu benachtheiligen, zu erreichen steht...
1. Es wird eine Armen-Anstalt, oder Verwaltung eingeführt...
2. Damit die Casse zur Bestreitung der erforderlichen Ausgaben im Stande ist ... soll der Beytrag eines jeden zwar vorläufig freywillig seyn, derselbe aber doch durch Subscription halbjährig bestimmt werden...*
(es folgen formale Vorschriften über die finanzielle Unterstützung der Armen und über die Verwaltung)
*8. Da die getroffene Einrichtung dazu dient, die Bettelei an den Häusern ein Ende zu machen, so haben auch bloß diejenigen, welche bisher in der Stadt herumgebettelt haben, auf eine Unterstützung Anspruch...
9. So sehr nun die Behörde und die angeordnete Commission darauf sehen wird, die getroffene Einrichtung für die Einwohner angenehm und für die Bedürftigen vortheilhaft zu machen, eben so nothwendig ist es dagegen, daß die Betteley an den Häusern mit 1e April völlig aufhört. Es wird daher einemjeden, sowohl den Einheimischen als Auswärtigen gänzlich untersagt, an den Häusern*

der Stadt irgend eine milde Gabe oder Unterstützung, von welcher Art sie auch seyn mag, zu fragen, und zwar für das erste Mahl bey einer 24 stündigen Gefängnisstrafe auf Wasser und Brodt...
Nordhorn 12.3.1824" (StA NOH C VIII g 12)
Da die Einwohner aber offensichtlich – und auch eigennützig – modern dachten, wurde diese traditionale Art der Armenhilfe verweigert, die Verfügung mußte revidiert werden. (Veröffentlichung vom 27. 3. 1824; in StA NOH C VIII g 12)
Der nächste Schritt bestand in einer Bürokratisierung der 'Caritas', die Armen mußten einen Erlaubnisschein zum Betteln beantragen, der drei Monate gültig war; sie hatten sich gemeinsam einmal in der Woche vor dem Rathaus einzufinden, um dann in der Gruppe zu betteln. Alle weitere Bettelei war untersagt. (Veröffentlichung vom 10.12.1826; in StA NOH C VIII g 12)
Es ist nicht überliefert, wie weit diese Vorschrift eingehalten wurde, aber aus den folgenden Jahren wurde mehrfach auf das Verbot des Bettelns hingewiesen. In einem Publicandum vom Juli 1827 wird zudem das Geben von Almosen unter Strafe gestellt. (StA NOH C VIII g 12) In allen Veröffentlichungen wird vom Magistrat die Not nicht geleugnet, allerdings verweist er die Armen immer an die Diakonie oder eben die Armenkasse der Stadt.
Im Oktober 1853 wurde dann vom Magistrat der Stadt Nordhorn der Bau eines Armenhauses beschlossen, da sich infolge des Hannoverischen Domizilgesetzes von 1827 aber auch der Arbeitslosigkeit und der daraus folgenden Not in Nordhorn eine große Anzahl Obdachsuchender gemeldet hatten, für die die Stadt offensichtlich die Anmietung von Wohnungen finanzierte. Diese finanziellen Anforderungen (es werden 100 Gulden erwähnt) sollten langfristig reduziert werden; im November und Dezember 1853 wurden deshalb Petitionen an das Königl. Ministerium der geistlichen und Unterrichts-Angelegenheiten und – nachdem auf den Dienstweg verwiesen wurde – an das Königliche Amt in Neuenhaus, ebenso an den Königlichen Oberkirchenrath der Grafschaft Bentheim versandt, um eine finanzielle Unterstützung des 16 Wohnungen enthaltenden und auf 2000 Reichstaler Kosten geschätzten Armenhauses zu erlangen.
Die Stadt hatte bereits Ende November des gleichen Jahres von der Reformierten Gemeinde ein Grundstück auf dem Hangkamp für das Armenhaus, das 16 Wohnungen mit jeweils ca. 15 m² Wohnfläche enthalten sollte, erworben und zudem eine Kollekte veranstaltet.
Da offensichtlich jedoch der beantragte Zuschuß nicht gewährt worden war, wurde im März 1854 beschlossen, eine Anleihe aufzunehmen und das Armenhaus in Tagelohn und Spanndiensten auf der Boschmate (Bußmate; heutiger Standort der gleichnamigen Textilfabrik der Fa. Rawe) zu errichten.
Damit war offensichtlich die Ablösung der kirchlich organisierten Caritas zur kommunalen Fürsorge vollzogen, denn am 1. Nov. 1857 kaufte die Stadt von der Reformierten Gemeinde zwei Wohnungen in dem alten Armenhaus an der Vechte (StA NOH C VIII g 14) und baute – zumindest eine davon – zur Stadtdienerwohnung um und versah sie mit einer Fassade aus Resten der zur gleichen Zeit abgerissenen Stadttore. (Daten zur zweiten Wohnung sind erst wieder 1911 durch einen Umbau überliefert, ob sie als Armenwohnung genutzt wurde, konnte nicht festgestellt werden.)

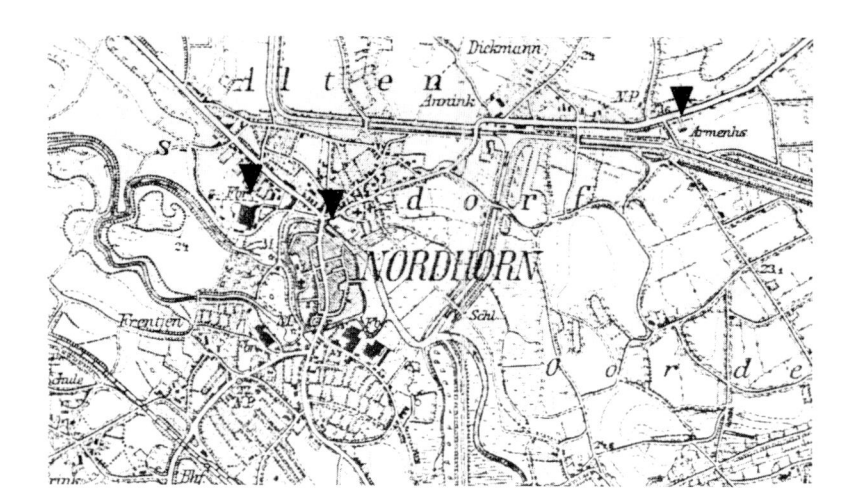

148 Lageplan der drei Armenwohnhäuser

In den 70er Jahren des 19. Jahrhundert wurde dann mit den benachbarten Gemeinden ein Gesamtarmenverband gegründet; in diesem Zusammenhang kam es 1889 zu einer Verlegung des Armenhauses nach Döppenaar (und das Grundstück an Rave verkaufte), wobei man das alte Baumaterial wieder verwendete. (StA NOH C VIII g 15)

Das neue Gebäude enthielt ebenfalls insgesamt wieder 16 Wohnungen, jede laut Angaben 3,50 m mal 3,85 m groß; zusätzlich werden zwei Aborte und ein Brunnen gebaut (StA NOH C VIII g 15).

Nach einer vom Umbau 1923 überlieferten Skizze handelte es sich bei der Armenwohnung jeweils um ein einzelnes Zimmer.

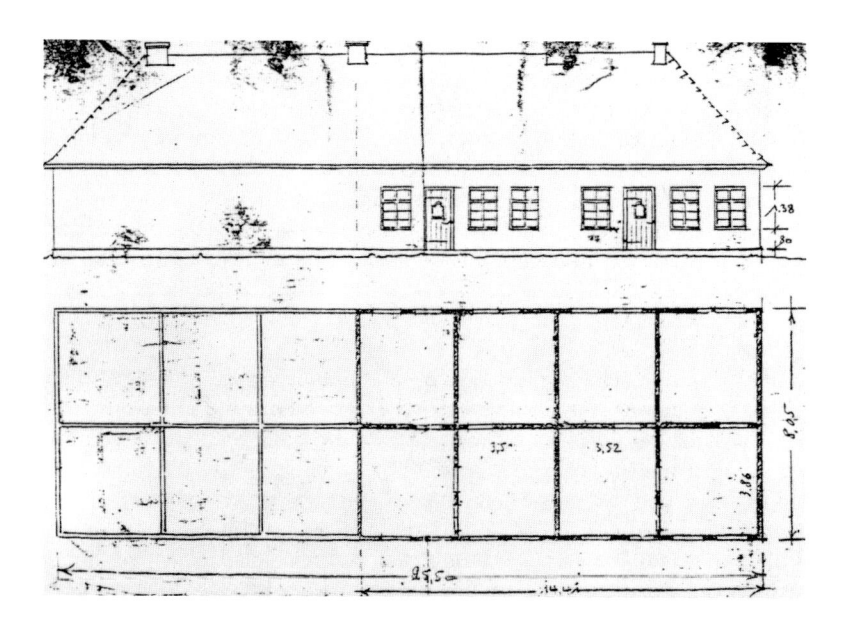

149 Drittes Armenwohnhaus

Zu dieser Entwicklung kann man zusammenfassend sagen, daß
1) aus der Sicht der Armen die Entfernung aus der Stadt, die Lage des Armenhauses in einem Zwickel zwischen Hauptverkehrsstraße und Kanal sowie auch die Ballung der Betroffenen stigmatisierend wirkte und daß
2) aus der Sicht des Magistrats folgende Problemlösungsstrategien
    a) kommunale Institutionalisierung,
    b) Architektonisierung und
    c) soziale Distanzierung durch topologische Entfernung
    gegeben waren.

Dies relativierte sich etwas nach dem 1. Weltkrieg: das Armenhaus wurde nicht mehr als Wohnung für Arme genutzt, sondern zur einen Hälfte als Leichenhalle und zur anderen zu 2 Wohnungen für städtische Arbeiter umgebaut (StA NOH C V f 17).

Die Obdachlosen wurden in Baracken untergebracht, die in Klausheide (genaue Daten unbekannt), an der Tannenstraße (6 Familien mit 24 Personen) und am Kanal an der Wiesenstraße (3 Familien und 1 Untermieter mit 11 Personen) standen. Zusätzlich wurde eine Reihe von Eisenbahnwagen als Notunterkunft genutzt (11 Familien mit 38 Personen) (jeweils 1935; StA NOH C VIII e 303).

Die Armen werden – wie die Alten, die körperlich und geistig Kranken, Obdach- und Arbeitslose (die ich hier nur erwähnen kann) – in einer langfristigen Entwicklung aus dem sozialen Gefüge der Stadt entfernt, ihre a-normale persönliche Konstitution durch räumliche Ordnung in eine a-soziale umgewandelt; sie sind aus bürgerlicher Stadt und bürgerlichem Alltag ausgegrenzt.

Ebenfalls zu dieser Gruppe ist der Großteil der kaum statistisch erfaßten ledigen Arbeiter und Arbeiterinnen zu zählen, die in den Fabriken, der Landwirtschaft und der Landesmelioration arbeiteten. Sie fanden teils Unterkunft als Quartiergänger und wohnten teils in sehr schlechten Wohnungen und in Baracken. Es bestand jedoch national eine Tendenz, diese Personen aus den Wohnungen zu entfernen, d.h. Familienverbände auf in direkter Blutsverwandschaft gründende Gruppen zu reduzieren; für die ledigen Arbeiter baute man Menagen und Lager.

In Nordhorn wird 1928 im Auftrag des Magistrats ein Arbeitslager für 240 Personen eingerichtet, wobei jede Person zur Einrichtung ein Eisenbett (19,75 M) und die Hälfte eines kleinen Holzkastens (Gesamtpreis 3,50 M) erhielt. (StA NOH C VIII e 301) Während des Dritten Reichs wurde das große Reichsarbeitslager 'Rembrandt van Rhyn' mit einigen Baracken auf der Kuhweide errichtet.

In der Kriegszeit (1943) gab es dann weitere Unterkunftsbaracken (wobei ich im Zusammenhang dieser Untersuchung auf die Lebens- und Arbeitsbedingungen der dort konzentrierten ausländischen Arbeiter und Arbeiterinnen nicht weiter eingehe):

für 1000 ausländ. Arbeiter (Fa. Niehues & Dütting) am Gildehauser Weg
für 320 Ostarbeiterinnen (Fa. Niehues & Dütting) am Wehrweg
für 900 ausländ. Arbeiter (DAF) am Gildehauser Weg
für 320 ausländ. Arbeiterinnen (DAF) am Gildehauser Weg

für 176 Ostarbeiterinnen (Povel & Co) an der Kokenmühlenstraße (StA NOH C VIII e 304).
Im Dritten Reich wurde der ohne Gegenleistung bestehende prinzipielle Anspruch auf Almosen abgelöst von der Notwendigkeit der vorhergehenden Arbeitsleistung (dies gilt in Ansätzen natürlich auch schon vorher – siehe etwa das Konzept des 'Rauhen Hauses' in Hamburg), die (deutschen) Armen werden zwar topologisch und sozial in Lagern isoliert, allerdings wurde auch ihr sozialer Status durch die Ideologie des Arbeitsdienstes entstigmatisiert (Völkischer Beobachter v. 23.9.36 zum Reichsarbeitsdienstlager Rembrandt van Rhyn in Nordhorn: *„... für ihr Vaterland selbstlos am deutschen Boden arbeitenden jungen Männer..."*) und ideologisch zu einer Art Jugendbewegung uminterpretiert. Für die Arbeitslager der kriegsgefangenen und verschleppten Ausländer galt gerade letzteres natürlich nicht.

Institute

Entfaltung des Problems

Wie Wohnen (im engeren Sinne) nicht schon Leben ist, so ist nicht jeder Wohnort schon eine Stadt, vielmehr besteht diese aus Wohngebäuden, Gebäuden der Produktion, Distribution und Re-Produktion, wozu in konstitutiver Weise öffentliche Gebäude, wie Rathaus, Schulen, Pfarrhaus, Gericht usw. gehören. Diese Institute ordnen das öffentliche Leben durch ihre Funktion, aber auch durch ihre Lage und Erscheinung in der Stadt.

Wie bekannt, waren vor dem 19. Jahrhundert die kommunalen Tätigkeiten in Nordhorn weitgehend in den Alltag integriert; Exekutive (städt. Ämter) waren die Bürger selbst, allein ein Stadtdiener stand ihnen zur Hilfe. Die politische Vertretung (Rat der Stadt) und die kommunale Geschäftsführung (Stadträte) waren nicht getrennt.

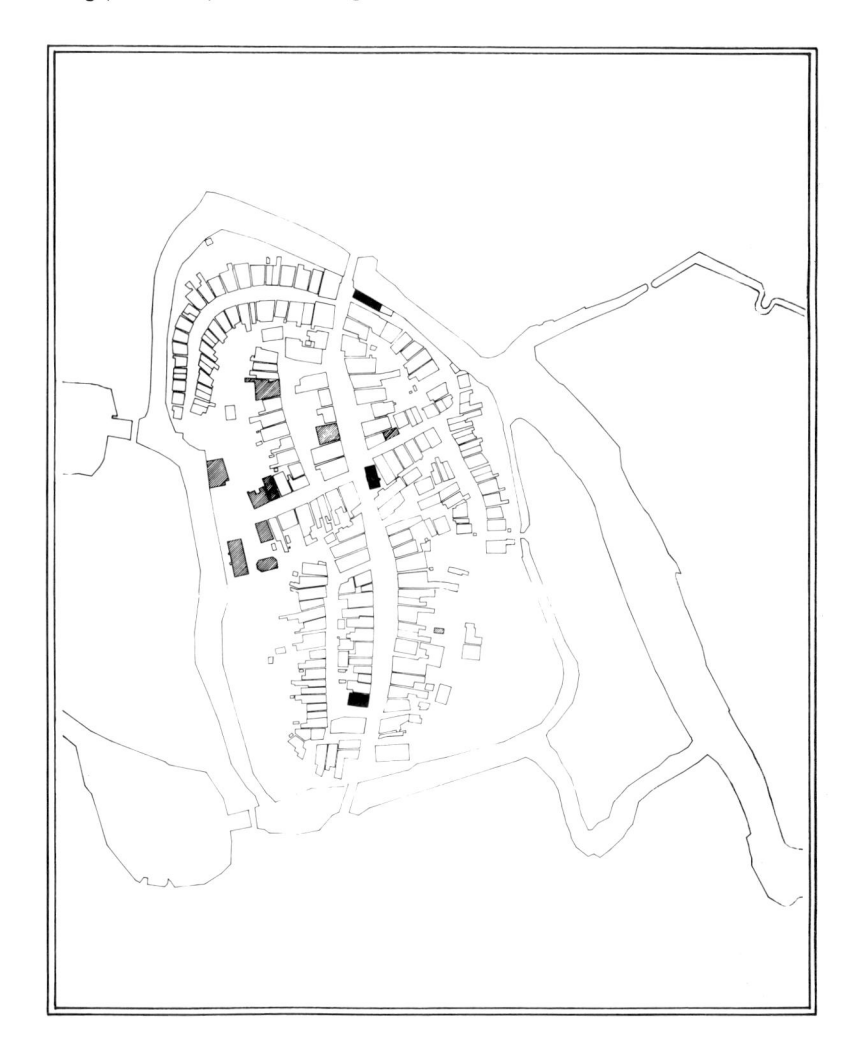

150 Markierung der öffentlichen Institutionen um 1900

Die heute als von allgemeinem oder öffentlichem Interesse anerkannten Aufgaben wurden teils von den Kirchen (Armenversorgung, Ausbildung), zum größten Teil aber von den Bürgern (Vechteräumen, Energieversorgung, Verkehr, Alten- und Krankenpflege usw.) oder von privaten Unternehmungen (Post) durchgeführt.
Diese Integration in den Lebensalltag und die Vermischung der Funktionen bedeutete architektonisch, daß die entsprechenden Gebäude sich im Stadtgefüge befanden oder separate Baulichkeiten gar nicht erforderlich waren.
Mit der Modernisierung im 19. Jahrhundert, die ich oben kurz skizziert habe, veränderte sich diese Struktur. Es fand eine Trennung von kommunalen Handlungsträgern und Bürgern statt, die einzelnen Bereiche kommunalen Handelns differenzierten sich und bildeten ein eigenständiges Handlungsfeld außerhalb des Alltags der Bewohner, Institute und Baulichkeiten wurden erforderlich.
Sie wurden nicht in der Stadt, sondern an ihrem Rand oder weit außerhalb errichtet (in gewisser Weise hat Nordhorn darin eine Ähnlichkeit mit der Bebauung des Rings in Wien ab 1857, in den bei Abriß der Stadtmauern die meisten der öffentlichen Institute gelegt wurden).
Dies hatte sicherlich auch in Nordhorn mit dem zur Verfügung stehenden Bauplatz bzw. mit dessen Preis zu tun, ist aber wohl auch auf der Basis einer kulturpolitischen Haltung, ob sie bewußt oder unreflektiert war, geschehen. Denn nur ein Teil der Institute (Rathaus, Armenhaus, Schulen) verließ die Stadt, ein anderer Teil (Kath. Kirche) blieb oder kam neu (Sparkasse) dazu, obwohl auch diese Institute sich von dem entgangenen Verkaufswert des innerstädtischen Bodens oder von den Baukosten betroffen fühlen mußten.
Ohne nun im einzelnen auf alle Ortsveränderungen eingehen zu können, möchte ich das Ausweichen an den Rand der Stadt (Rathaus), die Abschiebung in die Ferne (Armenhaus) und das Verharren (Kath. Kirche) beispielhaft näher untersuchen, da diese Veränderungen den Charakter der Stadt bestimmen.
Als Beispiel für die Veränderung des städischen Alltags und das Selbstverständnis der Bewohner, wie es sich in den Instituten ausdrückt, möchte ich näher auf Rathaus und kath. Kirche eingehen.

Rathaus

Als erstes Rathaus ist das 1912 abgebrannte und 1752 erbaute zweistöckige Gebäude in der Mitte der Hauptstraße bekannt. Von seiner unteren Etage ist ein Grundriß überliefert (Specht 1938), in dem drei Räume (Gefängnis, Kleine Schule, Große Schule) eingezeichnet sind (siehe Abb. 106, 151).
Durch seine Höhe, das Vorkragen des Mittelrisalits, Giebel und Glockenturm, durch aufwendige Verstärkung der Wandecken und Rahmung von Fenstern und Türen durch Sandstein wurde die hervorgehobene Bedeu-

151 Ansicht Rathaus, 1752

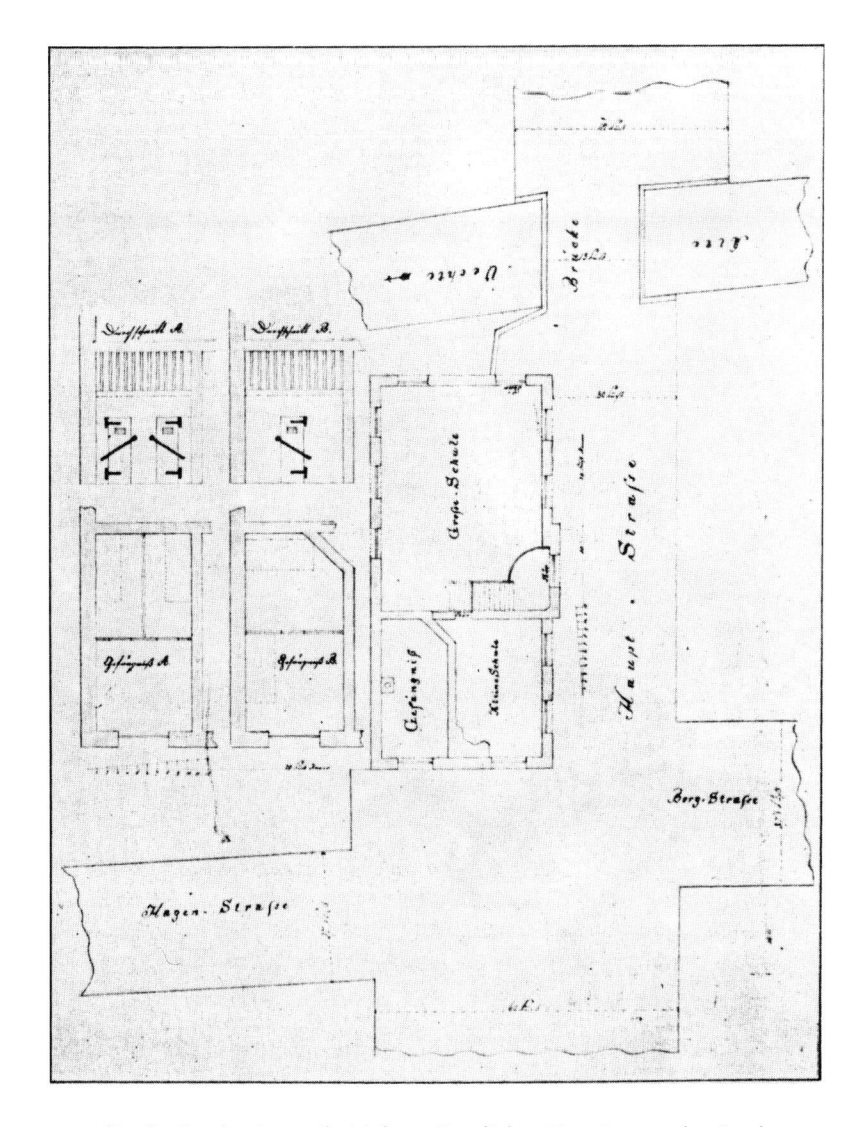

152 Lageplan

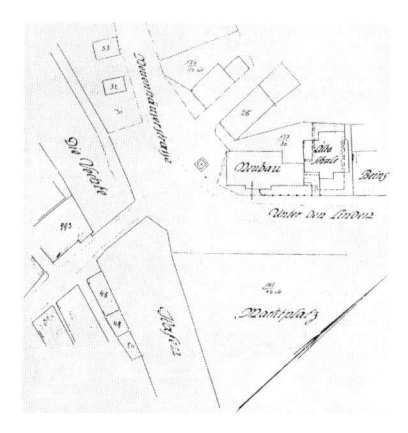

tung für die Stadt mitgeteilt. Neben räumlicher Zentrierung der Stadt war später die am Glockenturm angebrachte Uhr Mittelpunkt der zeitlichen Orientierung in der Stadt.

Nach dem Brand von 1912 wurde das Rathaus nicht an alter Stelle wieder aufgebaut, sondern vor das Lingener Tor nach Altendorf im Norden der Stadt gelegt (Abb. 152); die alte Stelle in der Mitte der Hauptstraße wurde jetzt von einem Neubau des ursprünglich hinter dem Rathaus befindlichen und auch durch den Brand beschädigten 'Centralhotels' eingenommen.

Nach einem Wettbewerb, bei dem zuerst gleichrangig 4 Entwürfe prämiert wurden, wurde letztlich dann dem Architekten Rust aus Nordhorn (Frensdorf) der Auftrag erteilt, aus den beiden von ihm eingereichten Projekten 'Malerischer Winkel' und 'Stadthus' einen einzigen Entwurf zu fertigen, nach dem dann auch gebaut wurde (StA NOH CVIII g 4).

175

153 Fassade des Rathauses zur Lingener Straße

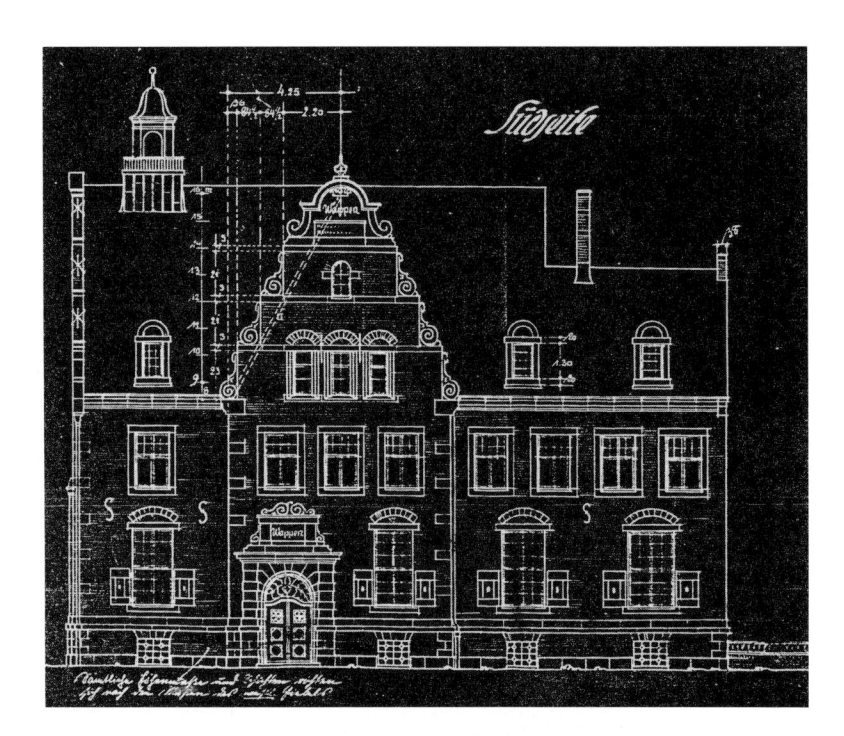

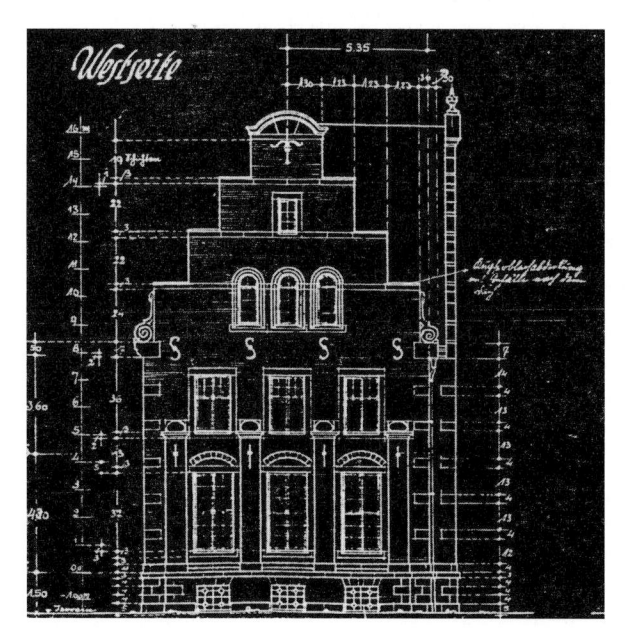

154 Fassade des Rathauses zur Hauptstraße

Die Lokalisierung des neuen Rathauses in Nachbarschaft zur Reformierten Kirche und zum Marktplatz sowie die Stellung parallel zur Lingener Straße, also ohne Bezug zur Hauptstraße, muß man als Versuch werten, einen neuen öffentlichen Platz herzustellen; nur so ist auch zu verstehen, daß

155 Erdgeschoßgrundriß

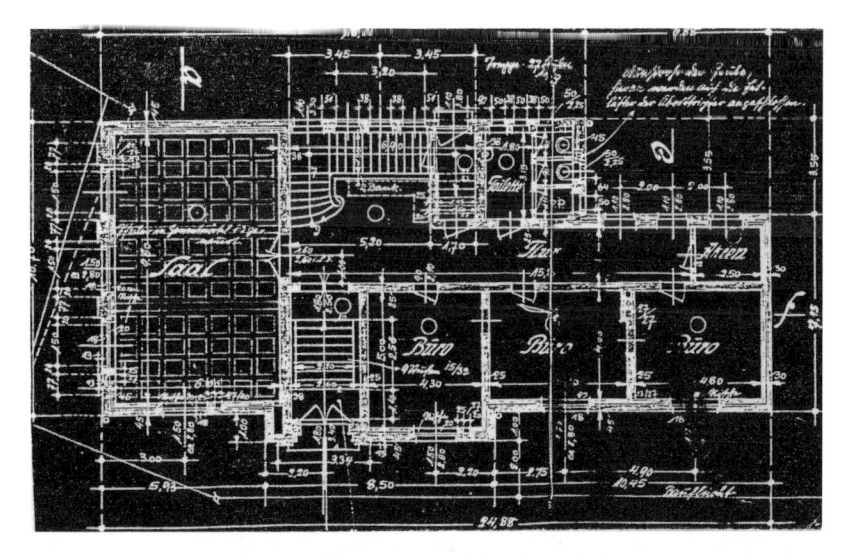

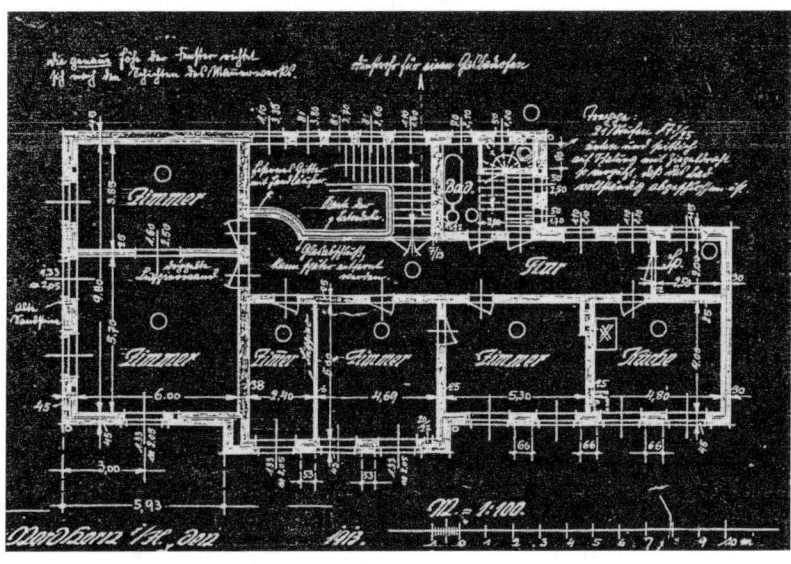

156 Obergeschoßgrundriß

der Haupteingang des Rathauses nicht zur Stadt, sondern zum Marktplatz gerichtet ist.

Die Verlegung gerade nach Altendorf, einer selbständigen Gemeinde, die aber als Ort der ursprünglichen Besiedlung angesehen wurde, enthielt – wie man allerdings nur vermuten kann – vielleicht die Absicht, den öffentlichen Bereich zum Ursprung der Besiedlung zurückzuführen. Durch die beiden Giebel, zum Marktplatz und zur Stadt, werden über Sichtachsen aber alter und neuer öffentlicher Bereich integriert.

Die Verlegung des Rathauses entwertet also einerseits den Öffentlichkeitscharakter des Inselbereichs, versucht aber andererseits ein neues öffentliches Zentrum herzustellen.

Wie schon die beiden ursprünglichen Planbezeichnungen (s.o.) vermitteln, verwirklicht die Fassade einen Heimatstil; sie nimmt zwar gewisse formale Elemente des alten Rathauses auf (Kombination der Baumaterialien Sandstein und Backstein, Eckzahnung), kompiliert aber ansonsten nicht für Nordhorn überlieferte aus unterschiedlichen Epochen und Regionen entnommene Elemente.

Das 'Piano nobile', also die durch formale Gestaltung – wie etwa größere Fenster, aufwendiger Fenstersturz, vorgelagerte Pilaster – hervorgehobene Etage, ist das Erdgeschoß.

Das Rathaus enthielt nun keine Schulräume mehr, war nicht mehr so sehr 'Gemeindehaus', sondern es hatte spezielle Bereiche ausdifferenziert: im Erdgeschoß einen Saal für die Magistratssitzungen und 3 Büroräume, im Obergeschoß eine Wohnung für den Bürgermeister. Diese hatte keinen separaten Eingang, sondern war nur durch die Büroetage zu erschließen.

Ohne jetzt konkreter auf die beiden Grundrisse einzugehen, so vermitteln sie jedoch einerseits eine Bürokratisierung des kommunalen Handelns,

157 Rathausgebäude

158 Demonstration vor dem Rathaus

behalten andererseits aber noch die Vermischung von öffentlicher Funktion und privater Person (des Bürgermeisters) bei, wobei durch die Gestaltung der Fassade (s.o.) die Funktion vorrangig vor der Person dargestellt wird.

Erst als das Rathaus 1925 erweitert wurde, erhielt die Bürgermeisterwohnung einen eigenen Eingang, wurden also Familie und Beruf ansatzweise getrennt; durch die Verlagerung der Wohnung wurde zudem die private Person des Bürgermeisters architektonisch nicht mehr so gewichtig präsentiert.

Das nach dem 2. Weltkrieg gebaute 3. Rathausgebäude knüpft ästhetisch an den Vorgängerbau an, ist aber im Stil klassizistischer gehalten.

Es ist von der Straße zurückgesetzt und bildet einen als Vorgarten gestalteten Platz aus. Die um einen Mittelrisalit achsensymmetrisch angelegte Fassade hebt den Eingang durch eine Freitreppe etwas vom Vorgartenniveau ab und betont ihn durch eine Vorhalle, auf der sich ein Balkon befindet; diese Gestaltung läßt hier die Arbeitszimmer des Bürgermeisters vermuten.

Der Versammlungsraum der Legislative befindet sich auf der gleichen nach außen durch Größe und Rahmung der Fenster als 'Piano nobile' markierten Etage. Allerdings ist dieser Saal nur von der Seite her erkennbar. Von vorne wird die legislative, demokratische Funktion nicht deutlich.

Das Rathaus enthält nun keine Bürgermeisterwohnung mehr, vermischt aber weiterhin die politischen Funktionen von Legislative und Exekutive.

Katholische Kirche

Die aus dem 15. Jahrhundert stammende heute von der reformierten Gemeinde genutzte erste und lange Zeit einzige Kirche (dazu siehe Reinke 1979) steht außerhalb des Inselbereichs; ihr Ort stützt die These von der Unbegrenztheit der mittelalterlichen Stadt Nordhorn. Die jüdische Synagoge stand innerhalb der Insel auf der heutigen Synagogenstraße, sie ist im Nationalsozialismus zerstört worden. Sie war ein kleines, vermutlich im 19. Jahrhundert errichtetes Backsteingebäude, dessen Einfachheit und Unauffälligkeit im Stadtbild programmatisch scheint.

Der katholischen Kirche hingegen gehören die einzigen heute noch im Stadtkern stehenden Gebäude von öffentlichem Interesse; es sind Pfarrhaus, Gemeindehaus, Schule und die die gesamte Insel vom Bauvolumen her beherrschende Kirche.

Die Gebäude stehen zueinander gruppiert im Westen der Insel im Bereich der ehemaligen Burg, aus der sie auch hervorgingen. Sie bilden heute ein Gegengewicht zum Kaufhaus, das sich auf der Insel diametral am anderen Ende befindet; diese beiden Institutionen verleihen den beiden Inselhälften ihren jeweiligen Charakter.

159 Reformierte Kirche

160 Residenzhaus

Baugeschichte

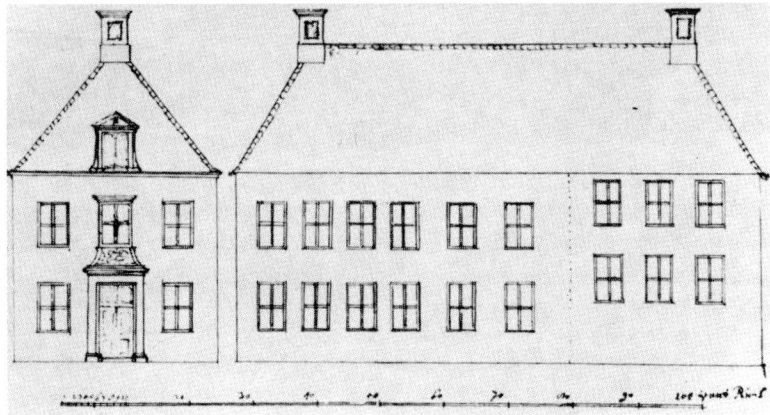

Die katholische Gemeinde geht auf eine Gründung im 9. Jahrhundert n. Chr. im heutigen Stadtteil Altendorf zurück; nach ersten Kirchenbauten wurde dann in der Mitte des 15. Jahrhunderts die heute noch von der Reformierten Gemeinde genutzte Kirche errichtet (dazu Reinke 1979).
Parallel dazu wurde 1394, nur 15 Jahre nach der Privilegierung der Stadt, in der benachbarten Bauernschaft Frensdorf ein Kloster gegründet.
Als der Landesherr, das gräflich-bentheimische Haus, 1544 im Verlauf der Reformation zum lutherischen Glauben überwechselte, folgte die Altendorfer Gemeinde (Bütfering 1979, S. 82/83), und das ehemals florierende Kloster in Frenswegen verlor an Mitgliedern. 1578 zogen die Chorherren

161 Kapelle

162 Ausweitung der Kirche

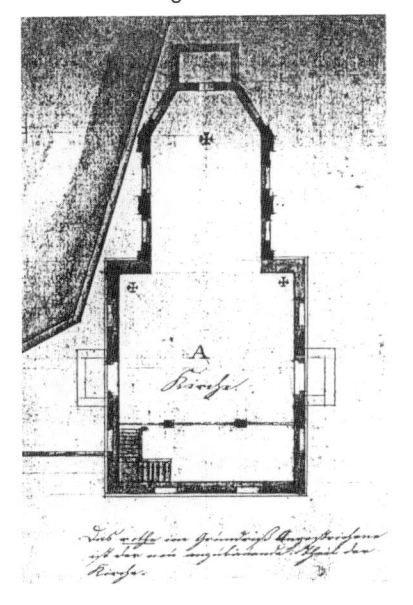

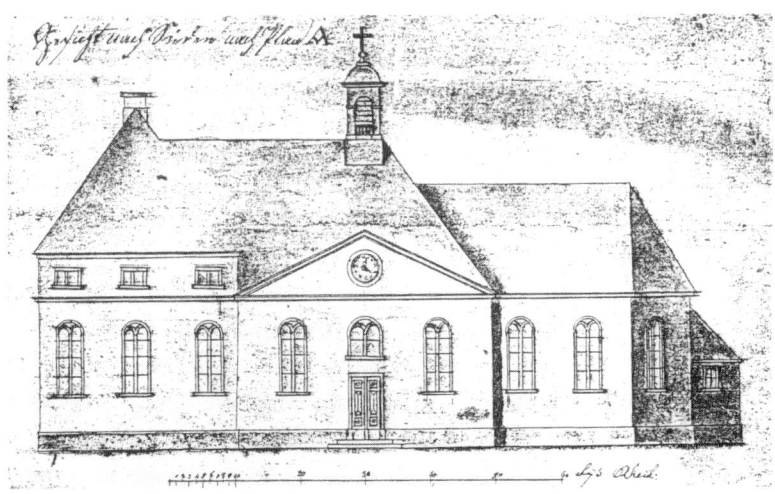

163 Zusammenbau von Kirche und Residenzhaus

181

164 Residenzhaus nach Umbau

165 Turm 1853

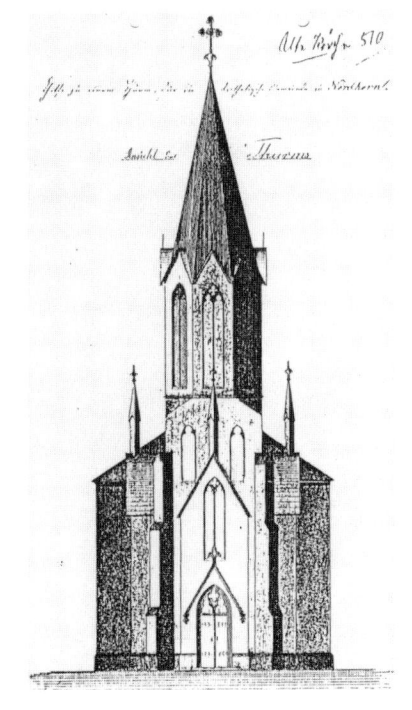

auf das Gelände der Burg nach Nordhorn, wo sie zuerst eine Kapelle an das Residenzhaus anbauten, dann (1712) eine kleines achteckiges Kirchengebäude errichteten und somit erst zu diesem Zeitpunkt die Kirche in die Stadt brachten.

1824 kauften die katholischen Bürger die Burg, um die Kirche zu vergrößern. Dazu gab es mehrere Alternativen; es sind Pläne erhalten, nach denen die Kirche des 18. Jahrhunderts zum Teil ausgebaut, aber auch nach denen sie an das Residenzhaus angeschlossen werden sollte (Abb. 162, 163).

166 Notkirche

Während diese Alternativen, die weder genau datiert noch signiert sind, im klassizistischen Stil gehalten sind, ist dann 1826 tatsächlich nur das Residenzhaus zu einer Kirche im neogotischen Stile umgebaut worden (Abb. 164).
1853 sollte ein Turm im neogotischen Stil angebaut werden, zu dem es aber nicht kam (Abb. 165).
Als dann durch die Ausweitung der Produktion und die Erhöhung der Arbeiterzahl Ende des 19. Jahrhunderts vor allem katholische Arbeiter (aus dem Ruhrgebiet) nach Nordhorn kamen, wurde der Kirchenraum zu klein. Da zudem finanzkräftige Unternehmer ebenfalls katholisch und im Kirchenvorstand aktiv waren, sah man einen Neubau vor.
1907 wurde zuerst nach Plänen des Architekten Mündelein eine Notkirche gebaut, die man dann später als Gemeindehaus nutzen wollte (Abb. 166).
Auch die Notkirche wurde in neogotischem Stile gehalten.

Schon 1910 wurden dann von vier Architekten (Mündelein, Plessmann, Feldwisch und Keith) Pläne eingeholt. Bei den eingegangenen Entwürfen wurde das Spektrum des Historismus voll ausgeschöpft: es wurden mehrere neogotische Entwürfe vorgelegt, Mündelein fertigte einen romanischen, einen im Stile der Renaissance und einen barocken Entwurf. Kirchenvorstand und Gemeindevertretung wählten jedoch in einer gemeinsamen Sitzung am 25.5.1910 den Entwurf des Hamburgers Keith aus.
Er schreibt in seinem Erläuterungsbericht dazu:
„Nach Besichtigung der örtlichen Platzgestaltung erkannte ich, daß die gegebene Lage für eine basilikale Anlage, welche sich mehr in die Länge dehnt, wenig geeignet sei, da der Platz vor der Kirche hierdurch verringert und die Kirche auch zu nahe an die hintere Augrenze kommen müßte. Ein allseitig freier Umgang um die Kirche von mindestens 5,00 m ist bei katholischen Kirchen aber für

Prozessionszwecke ein erwünschtes Erfordernis. Auch bei der Anlage eines griechischen Kreuzes wären die Durchgänge an der Wasserseite und gegenüber zu gering geworden. Für Unterbringung der verlangten 1000 - 1100 Sitz- und Knieplätze einschließlich der Kinderplätze ist aber eine größere bebaute Grundfläche erforderlich... Nur durch diese Art der Aufstellung der Bänke läßt es sich aber ermöglichen, daß sämtliche Plätze freien Blick auf Altar und Kanzel haben...

Die Beleuchtung des Kuppelraumes geschieht durch die 6 mal angebrachten drei Rundbogenfenster mit Rosette darüber. Außerdem fällt durch den im Scheitel der Kuppel angebrachten Verstärkungsring zentrales Oberlicht. Die Kuppel ist konstruiert aus 8 konstruktiven Rippen, deren Schub nach außen durch 8 Strebepfeiler aufgenommen wird und 8 dazwischenliegende Kappenflächen aus Eisenbeton... Eine sich in drei Bogen öffnende Vorhalle bietet den Kirchenbesuchern zunächst Gelegenheit, bei schlechtem Wetter Schirme und Kleider in Ordnung zu bringen...

Bei dieser Zentralkirche hätte ein direktes Anbauen des Turmes die Wirkung der Kuppel im Äußeren gestört. Da nun aber die bestehende Notkirche ziemlich neu und fest erbaut ist und somit auch bestehen bleiben soll, so können beide Kirchen durch den Turm miteinander verbunden werden...

Da der Turm freizustehen kommt, so war keine unnütze breite Dimension erforderlich, um ihn mächtig erscheinen zu lassen. Durch die freie Lage und das entsprechende Höhenmaß wird er ziemlich mächtig in Erscheinung treten. Durch diesen Abschluß des Kirchenvorplatzes durch die Verbindungsarkaden und den Turm wird dieser Platz für sich intimer geschaffen und es werden die unschönen Rückfronten der der alten Gebaulichkeiten vom Vorplatze her verdeckt. Vor allen Dingen wurde auch auf eine imposante Wirkung der Gruppe

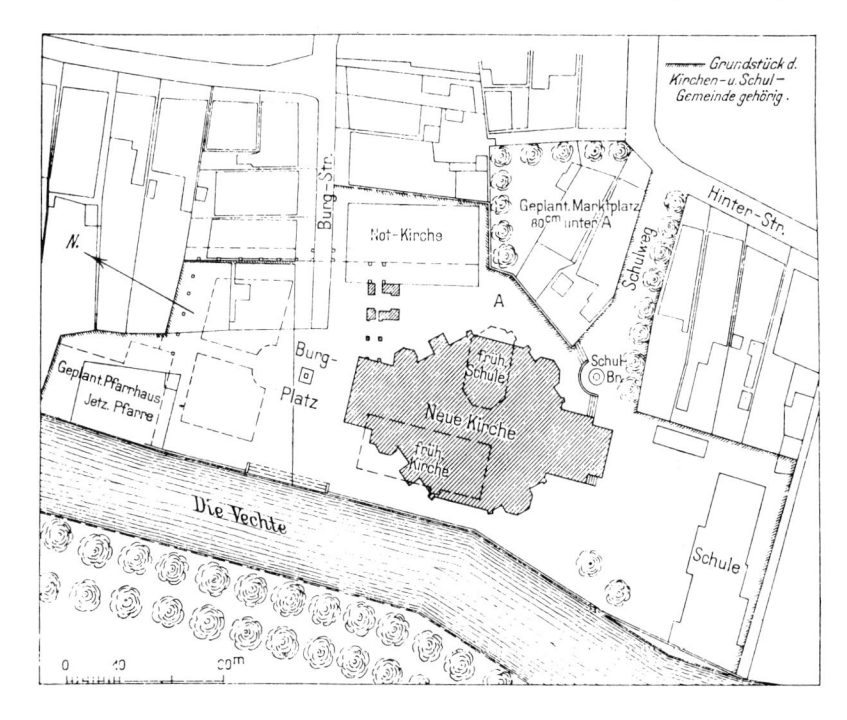

167 Lageplan

von der Eichenallee jenseits der Vechte her Wert gelegt, da nur von dieser Seite her der ganze Kirchenbau zu überblicken ist. Dem diese Allee Wandelnden werden sich überhaupt von allen Punkten aus künstlerisch interessante Bilder bieten...

168 Grundriß

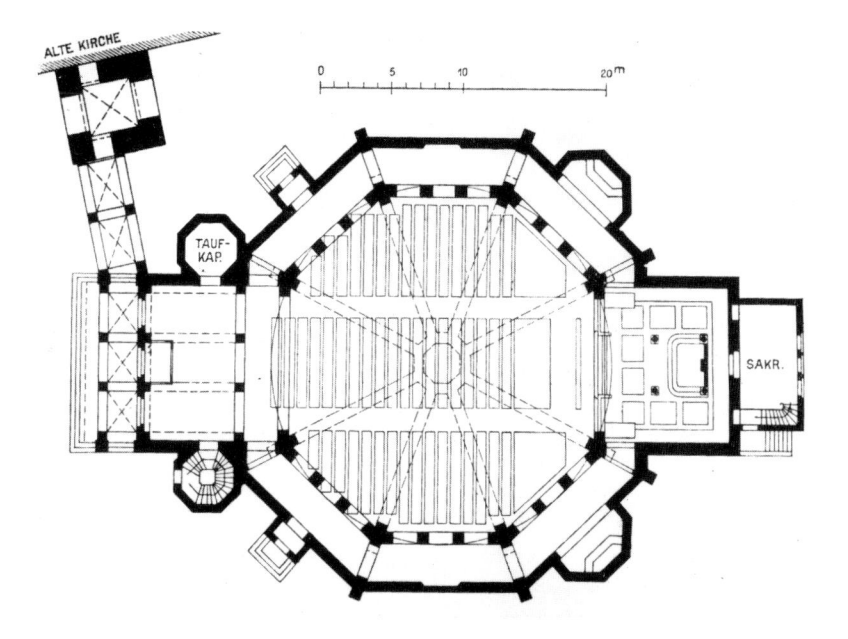

169 Schnitt

170 Schnitt

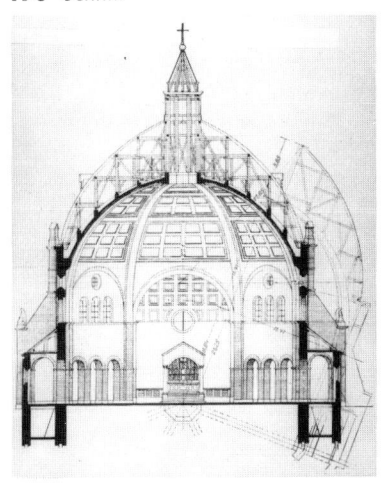

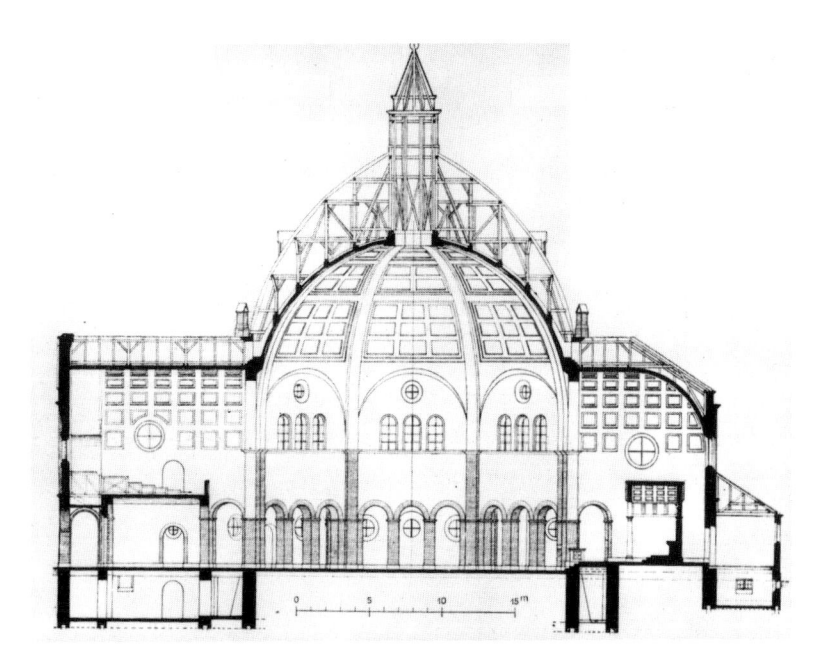

171 Ansicht frontal

Als Material für die Außenflächen meines Projektes könnte Haustein oder Backstein gewählt werden. Ich möchte jedoch das schöne altbewährte Material empfehlen, in dem die schönsten Dome des nördlichen Deutschland im Mittelalter erbaut wurden, nämlich zinnoberroten Handstrichbackstein. Ich verweise auf die schönen Dome in Jericho, Rostock, Ratzeburg und Lübeck als Beispiel... Zum Eindecken der Dachflächen wären graublaue, nichtglasierte holländische Pfannen zu wählen. Für die Bekleidung der Kuppellaterne und des Turmhelmes wählt man am besten Kupfer..." (Kath. Kirchengemeinde NOH: Repos 510, Bd. III).

Die Kosten wurden mit 197 000 Mark angegeben; sie wurden beim Bau mit einer Anleihe von 140 000 Mark und mit Schenkungen (Povel 25 000 M., Niehues 20 000 M., Tütting 20 000 M., Kistemaker 5 000 M. u.a.) finanziert (Kath. Kirchengemeinde NOH: Repos 510, Bd. III).

Gegen den Plan von Keith stellte sich allerdings das bischöfliche Generalvikariat in Osnabrück, es holte beim Domkapitular Schnütgen in Köln ein

172 Ansicht von der Vechte

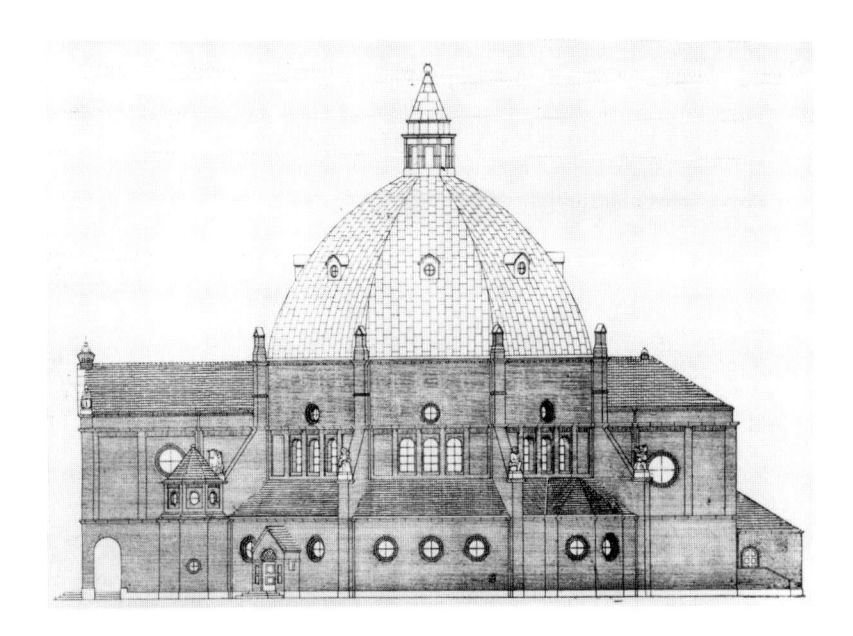

Gutachten ein, in dem der Entwurf von Feldwisch (der uns leider nicht erhalten ist) bevorzugt wurde.

Die Kirchengemeinde gabt jedoch nicht nach und schrieb an Pfarreien mit ähnlichem Gebäude mit der Bitte um eine Stellungnahme (St. Hedwig, Berlin; Kirchen in Ettal, Wiblingen, Baden-Baden, Münster) und erhielt sowohl Unterstützung wie Kritik.

Im Dezember 1910 schrieb der Bischof von Osnabrück erneut an die Nordhorner Gemeinde und machte praktische und rituelle Gründe geltend. Vor allem jedoch wünschte er ein historistisches Gebäude:

„... Daher geben wir dem Kirchenvorstande nochmals zur ernsten Erwägung anheim, ob er nicht etwa durch denselben Baumeister auch noch den Plan zu einer romanischen oder gothischen oder brauchbaren Renaissance-Kirche sich wollen vorlegen lassen. Alle diese Baustyle bieten ja eine Fülle von herrlichen Architektur-Formen, die den Raum- und Lageverhältnissen des Bauplatzes so könnten angepasst werden, dass der Bau eine Zierde der aufblühenden Stadt werden würde..." (Kath. Kirchengemeinde NOH: Repos 510, Bd. III)

Dennoch setzte sich die Nordhorner Gemeinde durch; am 9. Mai 1911 wurde dem Gemeindevorstand die Genehmigung der Verwirklichung nach den Plänen von Keith erteilt, am 7. September 1911 begannen die Arbeiten zum Neubau. Am 11. September 1913 wurde die neue Kirche dann durch den Bischof Hubertus Voss eingeweiht.

Der Bau der neuen Kirche in Nordhorn hat a) eine kirchen- und b) eine stadtpolitische Bedeutungsebene.

Kirchenpolitische Bedeutung

Die oben beschriebene Auseinandersetzung der Kirchengemeinde mit dem Bischof in Osnabrück wurde nur vordergründig auf einer stilistischen Ebene geführt; ihr zugrunde lag eine theologische, nationale und weltanschauliche Position, die in der Diskussion um die Neogotik entwickelt wurde.
Sie wurde im 19. Jahrhundert als christlicher und nationaler Baustil konzipiert. Dies geht in Deutschland zurück auf die von J. G. Herder 1773 herausgegebene Schrift 'Von deutscher Art und Kunst' (Herder 1968), in der er Aufsätze von Goethe und Frisi über den gotischen Baustil veröffentlichte. In den romantischen Traktaten und Bildern zur Jahrhundertwende (zum 19. Jahrhundert) nahm man die positive Einstellung zur Gotik auf (siehe vor allem C. D. Friedrich).
Auf protestantischer Seite begann sich die Neogotik als Baustil durchzusetzen. Karl Friedrich Schinkel befürwortete 1814 in einer Denkschrift an den preußischen König die Gotik und entwarf selbst 1815 einen Freiheitsdom im gotischen Stil. Beim Neubau der Nicolaikirche in Hamburg (1844/45 - 1863) wurde, obwohl Semper den entsprechenden Wettbewerb gewonnen hatte, der neogotische Entwurf des Briten G. G. Scott verwirklicht. Auf dem 'Eisenacher Kongreß' der 'Deutschen evangelischen Kirchenkonferenz' 1861 wurde dann ein 'Regulativ für den evangelischen Kirchenbau' beschlossen; die These 3 lautete:
„Die Würde des christlichen Kirchenbaus fordert Anschluss an einen der geschichtlich entwickelten christlichen Baustyle und empfiehlt in der Grundform des länglichen Vierecks neben der altchristlichen Basilika und der sogenannten romanischen (vorgothischen) Bauart vorzugsweise den sogenannten germanischen (gothischen) Styl." (zit. nach Langmaak 1971, S. 272)
Während in der protestantischen Kirche verstärkt auf die Bedeutung der Gotik als nationaler Kunst hingewiesen wurde, betonte man von katholischer Seite eher den Zusammenhang dieses Stils mit dem Bürgertum. Vor allem die Bestrebungen um die Vollendung des Kölner Doms – seit den 20er Jahren des 19. Jahrhunderts gab es Entwürfe (von S. Boisserée) dazu – liefen darauf hinaus. August Reichensperger, der zuerst Sekretär des Zentral-Dombauvereins in Köln war und dann später das 'Zentrum' gründete, wies schon in dieser Tätigkeit darauf hin. Er schrieb 1845 eine umfangreiche Abhandlung über den Zusammenhang von christlicher Baukunst, Gotik und deutscher Nation, mit dem Ziel
„... auch wieder das so schmählich verzettelte Erbe der angestammten, glorreichen, ächtnationalen und zugleich ächtchristlichen Kunst einzusetzen..." (Reichensperger 1845, S. 9)

Seit den 80er Jahren jedoch gab es in der protestantischen Kirche Bestrebungen, an Stelle einer 'Sakramentskirche', einem Gebäude, das linear auf den Altar gerichtet ist (wie es eine basilikale Gotik ist), eine 'Predigtkirche' zu bauen, bei der das Wort der Predigt und die Gemeinschaft der Gläubigen angestrebt wurde. Diese Einstellung zum Gottesdienst wurde 1891 im 'Wiesbadener Programm' veröffentlicht:
„1. Die Kirche soll im allgemeinen das Gepräge eines Versammlungshauses der feiernden Gemeinde, nicht dasjenige eines Gotteshauses im katholischen Sinne in sich tragen.

2. Der Einheit der Gemeinde und dem Grundsatz des allgemeinen Priestertums soll durch die Einheitlichkeit des Raumes Ausdruck gegeben werden...
3. Die Feier des Abendmahls soll sich nicht in einem abgesonderten Raume, sondern inmitten der Gemeinde vollziehen. Der mit einem Umgange zu versehende Altar muß daher, wenigstens symbolisch, eine entsprechende Stellung erhalten. Alle Sehlinien sollen auf denselben hinleiten.
4. Die Kanzel, als derjenige Ort, an dem Christus als geistige Speise dargeboten wird, ist mindestens als dem Altar gleichwertig zu behandeln..." (DBZ 25, 1891, S. 258)

Innerhalb der katholischen Kirche entwickelte sich eine ähnliche Diskussion. Friedrich Schneider forderte in der 'Zeitschrift für christliche Kunst' Nr. 5, 1888, bei der Messe die Bezogenheit der Gemeinde auf den Prediger und als bauliche Voraussetzung dafür eine einschiffige Kirche. Gegen ihn erhob sich aber sofort August Reichensperger; für ihn sei es

„von jeher weniger darauf angekommen ... den Altar mit dem leiblichen Auge als mit dem Herzen zu finden." (zit. nach DBZ, Nr. 87, vom 31. 10. 1888, S. 526)

Damit steht – wenn man einmal stark pointieren darf – dem Prinzip der Aufklärung (Protestantismus) die (katholische) Mystik gegenüber.

Die Katholiken sind im wesentlichen bei der Befürwortung der zur Mystik tendierenden 'germanischen' Baustile geblieben. Dies zeigt sowohl die damals vielbeachtete Verfügung des Kölner Kardinals Antonius Fischer, in der er ankündigte, daß er nur noch Kirchenbauten im romanischen oder gotischen Stile genehmigen werde (Bauwelt 1912, 3. Jg. Nr 8, S. 17) wie eben der Einspruch des Osnabrücker Bischofs gegen den Nordhorner Kirchenbau.

Nun muß man allerdings der historischen Gerechtigkeit zuliebe zugestehen, daß es – unabhängig von kirchenbaulichen Einstellungen – schon seit den frühchristlichen Kirchen in Ravenna und Umgebung auch in Deutschland Zentralbauten gab, die trotz Veränderung der aktuellen theoretischen Einstellung weiter genutzt wurden. Gerade sie – wie etwa die Hedwigskirche in Berlin, die dem römischen Pantheon nachgebildet worden war – wurden dann auch von den Nordhorner Gläubigen als schwer zu widerlegendes Argument genutzt.

Trotzdem muß man natürlich festhalten, daß die Nordhorner Kirche vom Grundriß her mit den damaligen Vorstellungen im Protestantismus liebäugelte; der Ablauf der Messe blieb visuell nachvollziehbar, die Rationalität der Liturgie einsichtig. Zugleich wurde durch die Form des Zentralbaus der Charakter einer Gemeindekirche betont. Andererseits jedoch wird durch die auf den Altar ausgerichtete Stellung der Kirchenbänke (siehe besonders auch Abb. 175) der tatsächliche Bezug der Gemeindemitglieder auf sich als Gemeinschaft der Gläubigen gerade wieder verhindert. Geradezu gegen die 'Protestantische Ethik' gerichtet ist auch die Monumentalität von Innen- und Außenraum.

Ohne daß Äußerungen von Keith oder der Gemeinde dazu überliefert sind, kompiliert die Baugestalt der Kirche vor allem Elemente der spätrömischen und frühchristlichen Baukunst (San Vitale, Ravenna; Pantheon,

173 Florenz, Dom

Rom; Minerva Medica, Rom; San Giorgio in Velabro, Rom; Dom Santa Maria del Fiore, Florenz), die im damaligen Standardwerk über den Kirchenbau (Dehio/Bezold 1887) veröffentlicht sind

Die frühchristlichen Kirchen aus Ravenna und Rom wurden – wie man vermuten möchte – wegen St. Augustinus, dem frühchristlichen Patron der Kirche, gewählt. Die Übernahmen passen sich dabei in den allgemeinen ästhetischen Rahmen des Historismus ein.

174 S. Giorgio in Velabro, Rom

175 Innenraum von der Empore her

176 Innenraum vom Umgang

177 Altar

178 Außenansicht

179 Außenansicht

Natürlich ist die katholische Kirche auch als religiöser Gegenpol zur reformierten Kirche gedacht; bedeutsamer scheint mir jedoch der städtebauliche Einfluß dieser monumentalen Gebäudegruppe zu sein. Turm und Kuppel überragen jeweils die anderen Gebäude der Stadt um ein Vielfaches; das zur Planungszeit noch stehende zweigeschossige Rathaus wird quasi zur Hütte deklassiert.
Dieser ästhetische zeigt auch inhaltlichen Einfluß auf: den Bau der Kirche haben im Kirchenvorstand u.a. die zwei größten Textilunternehmer (Ludwig Povel und Bernhard Niehues) betrieben und finanziell unterstützt; sie bauten die Kirche quasi für ihre Arbeiter und deren Familie. Das mag aus tiefer Religiösität und christlicher Fürsorge intendiert sein. Es verhinderte jedoch ebenfalls, daß sich die Pfarer mit den Arbeitern – wie es im Ruhrgebiet mit Krupp geschehen war – gegen die Unternehmer solidarisierten. Es architektonisierte die Kulturleistungen dieser Unternehmer, machte sie so sichtbar und permanent erlebbar. Es löste die 'Caritas' vom Unternehmen und personifizierte sie über die Kirche an den Unternehmer. Durch die bauliche Dominanz des Gebäudes drückt sich kultureller Anspruch aus.

Stadtpolitische Bedeutung

Überblick

Die historische Untersuchung der Stadt Nordhorn im 19. und 20. Jahrhundert nimmt ihre baulich-räumlichen Elemente und Strukturen zur Basis; sie verbleibt jedoch nicht bei den Objekten und Formen allein und betreibt eine reine Stilgeschichte, sondern versteht die ästhetische und funktionale Ordnung der Stadt als materiales Handlungsfeld, das bestimmtes lebensweltliches, gesellschaftliches und politisches Handeln instrumental ausstattet.

Nordhorn als Mittelstadt eignet sich für diese Untersuchung bestens, da sie auf der Objektebene komplex genug ist, um 1. als Beispiel für eine allgemeine Stadtentwicklung in Deutschland genommen werden zu können und um 2. konkrete und eigenständige historische Vorgänge zu enthalten, so daß die Stadt als Handlungsgefüge erfaßbar ist und Einsicht in tatsächliche Intentionen, Auswirkungen, Abhängigkeiten gewonnen werden können und eine Interpretation weitgehend nicht deduktiv aus abstraktem Wissen abgeleitet werden muß.

Methodisch differenziere ich zwar in die praktisch und in die ästhetisch wirksamen Funktionen der einzelnen Ebenen, nehme sie praktisch aber als zwei unterschiedlich arbeitende Vermittlungsweisen der baulichen Veränderungen in der Stadt; 'Ästhetik' und 'Funktion' sind für mich in der Untersuchung nicht diametral entgegengesetzte Verständisse von Architektur überhaupt, sondern visuelle und praktische Vermittlungsinstanzen architektonischer Information, die auf unterschiedliche Kompetenzen der Bewohner bezogen sind. Sie umgrenzen, strukturieren und statten ein multidimensionales Handlungsfeld aus, auf dem die Bewohner ihren Lebensalltag durchführen.

Folgende Bereiche untersuche ich näher:

Stadtgestalt
(S. 30-56)

Die Stadtgestalt verwirklicht eine Ordnung, die die Stadt extern in eine Beziehung zum Umraum stellt und intern strukturiert. Sie entwickelt sich bei Nordhorn eigenständig und folgt – bis zum 20. Jahrhundert – keinen idealtypischen Klischees; dies gilt sowohl in baulicher, wie in funktionaler Hinsicht:

Nordhorn war eine Ackerbürgerstadt, hatte also eine Ansiedlungsform, die zwischen Stadt und Dorf vermittelt. Die Bewohner waren Landwirte, hielten z.B. ihr Vieh in der Stadt, betrieben jedoch zum großen Teil gleichermaßen ein Handwerk oder Handel.

Baulich war die Stadt auf mehreren Inseln eines kleinen Flußes verteilt und nach außen offen (sie hatte keine Stadtmauer oder umgrenzende Häuserreihe). Die Gebäude innerhalb der Stadt waren an zwei sich kreuzenden Straßen aufgereiht. Schon im 16. Jahrhundert wurde durch die Stadterweiterung im Nordosten (Ochsenstraße) ein erster Versuch gemacht, die Stadt baulich zu umrahmen, im 18. Jahrhundert wurde sie durch den Bau des Rathauses zentriert und mit den zwei steinernen Stadttoren weiter aus dem

Umland ausgegrenzt. Die Rahmung Nordhorns wurde jedoch nicht weitergeführt, so daß eine heterogene Struktur bestehen blieb. Die Fluchtlinienpläne (1901 und folgende) stützten die vorgegebene Struktur, im Südosten der Stadt sahen sie weitere Dezentrierung und Ausrahmung des Innenbereichs vor. Die durch die Industrialisierung bedingte weitere Besiedlung wirkte sich zuerst im Konnex mit den Fabrikgebäuden (Povel) als Ausdehnung des vorgegebenen Stadtgebiets aus, wurde jedoch dann zu eigenständigen Siedlungskernen völlig losgelöst von der Stadt ausgebaut, so daß es zu einer Trennung in Altstadt und Besiedlung kam.
Die Sanierung der jüngsten Zeit umrahmt den heutigen Stadtkern und grenzt ihn massiv nach außen ab, sie reduziert die Heterogenität und erzeugt eine umgrenzte, objekthafte 'Alt'stadt.

Äußere Gestalt und formale Struktur einer Stadt ordnen die praktische und kognitive Beziehung der Bewohner zum Umland und ihr Verständnis der Art der Kommune; sie sind also (geringer) Teil ihrer Handlungsfelder.

Stadtraum
(S. 57-95)

Schon bei der Durchführung der Fluchtlinienpläne zeigt sich in Nordhorn eine Umdeutung der Struktur, obwohl die Stadt in Luftbild oder Plan unverändert scheint: die Straßen – vorerst Arbeitsplatz und Ort sozialen Austausches und familialer Kommunikation – wurden zum Ort von städtischer Öffentlichkeit; Arbeit und Familie wurden privatisiert.
Durch den gestalterischen Umbau der Straße (Bau von Bürgersteigen, Abholzen der Bäume, Asphaltierung usw.) wird ein öffentlicher Raum hergestellt, der von allen Residuen und Hinweisen auf eine ländliche Lebens- und Arbeitsweise befreit ist.
Mit dem Umbau zur Fußgängerzone wird der Charakter des städtischen Raumes und der Öffentlichkeit verändert; die Stadt kann nicht mehr Ort politischer Aktivitäten sein; sie wird zum Ort distanzierter sozialer Kontakte und ist Bühne zur Inszenierung der Warenwelten.

Installationen
(S. 96-106)

Diese Zubereitung der Stadt in strukturaler Hinsicht wird unterstützt durch die Veränderung der Elemente; Funktionen werden ins Haus und unter die Erde verlagert und durch die Kommunalisierung und Verhaushaltung der Aufgaben verändert. Damit werden Körper, Seele und Sozialität der Menschen für die moderne Stadt vorbereitet.
Die Stadt wird nicht mehr von den einzelnen Bewohnern geordnet, sondern von einer demokratisch legitimierten Ordnungsinstanz, die Kommune; ihr Programm ist die Entsorgung der Bürger durch Zentralisierung von Aufgaben, ihr tatsächliches Handeln ist durch Orientierung an Interessen der industriellen Produktionssphäre und von einem kulturellen Konzept der Modernisierung geleitet. Dies hat zur Folge, daß sie vereinzelte Ereignisse (etwa Wasserversorgung an Brunnen) systematisiert und plant, damit aber auch eine monoperspektivische Ordnung verfestigt.

Reinheit
(S. 107-128)

Das viele Bereiche umfassende Konzept zum Aufräumen der Stadt und ihrer Bewohner ist 'Reinheit'; ihre Inhalte beziehen nicht nur die körperliche Gesundheit der Menschen ein – schon diese basiert auf einem subjektiven Konzept der biologischen und physikalischen Welt – sondern auch ihre psychische, soziale, kulturelle und politische Konstitution. Das zeigt sich in Nordhorn bei den hygienischen Maßnahmen (Flußregulierung, Kanalisation, Frischwasserleitungen), aber auch bei der Straßenbeleuchtung, der Einführung der Elektrizität, der Regulierung der Bettelei, des Armenwesens, der privaten Ankündigungen und Werbung.

Fassaden
(S. 129-147)

Fassaden haben m.E. drei prinzipielle Funktionen: 1. von der Wohnung her bieten sie den Bewohnern einen bestimmten visuellen Anteil an der Stadt und eine bestimmte Sicht auf die Welt, von der Straße her, dem Passanten einen bestimmten Einblick in das Geschehen im Haus; 2. sie vermitteln auch praktisch zwischen Stadtraum und Gebäude, sie definieren beide, bilden also z.B. heraus, ob ein Gebäude ein abgeschlossenes Element ist, es also inhaltlich klar getrennte Bereiche von Wohnung und Stadtraum gibt oder ob und wieweit die Straße ins Haus reicht. In Nordhorn waren die Gebäude zuerst klar abgegrenzte Einheiten, die durch die Nutzung (Arbeiten etc., s.o.) an die Straße angebunden wurde. Im Verlauf der Entwicklung drang der öffentliche Stadtraum immer weiter in das Haus ein (durch Vordächer, Ausbau der Geschäftslokale, Einbau von Passagen), das familiale Leben wurde immer weiter zurückgedrängt. 3. Fassaden sind Innenwände der Straßen und geben so der Stadt ein bestimmtes Image. In Nordhorn verloren die Fassaden zu Beginn des 20. Jahrhunderts ihren ländlich/bäuerlichen Ausdruck und vermittelten eine (groß)städtische Wohnweise. In jüngerer Zeit werden diese Fassaden wieder durch giebelständig/ländliche ersetzt. Der Ausdruck einer modernen Großstadt weicht nun dem Image einer ländlichen Kleinstadt.

Arbeits- und Wohnraum
(S. 148-172)

Die Veränderung des Stadtraumes zeigt in Nordhorn Einfluß auf die Wohn- und Arbeitsbereiche. Durch die Veröffentlichung der Straße entsteht überhaupt erst Privatheit, durch das Eindringen des Stadtraums in das Haus wird sie immer stärker getrennt (Trennung von Geschäfts- bzw. Arbeitsräumen und Wohnräumen, Erschließung von der Rückseite der Häuser, Familialisierung der Versorgung und der Haushaltung) und weiter verdrängt (Wanderung der Wohnbereiche vom Erdgeschoß bis letztlich ins Dachgeschoß). Es entsteht eine bürgerliche Familie und ein abgeschlossener Haushalt; diese bürgerliche Wohnweise wird auch für hinzuziehende Arbeiter verwirklicht. Gleichzeitig werden nicht familialisierbare Menschen (Obdachlose, Arme, Alte etc.) aus der Stadt gedrängt.

Institute
(S. 173-192)

Das Leben in einer Stadt findet nicht allein in Stätten der Produktion oder der familialen Re-Produktion statt. Auch permanente Institute wie etwa Rathaus oder Kirche sind Mittel, den Alltag der Stadt zu ordnen.
Im Rathaus verwirklicht sich die Kommune; ihre Erscheinung demonstriert

den Bewohnern ein jeweilig bestimmtes Verständnis von Demokratie.
Das erste Rathaus Nordhorns (1752) war an der Kreuzung der beiden Hauptstraßen errichtet, es bildete den Mittelpunkt der Stadt und zentrierte sie. Es war Ort aller kommunaler Tätigkeiten, soweit sie überdachten und ummauerten Raumes bedurften (Schule, Gefängnis, Ratssaal). Das zweite Rathaus vor der Stadt war hingegen Ratssaal, Verwaltungsgebäude und Wohnstätte des Bürgermeisters, identifizierte also Person, Legislative und Exekutive miteinander. Das dritte Rathaus entpersönlicht die kommunalen Tätigkeiten.
Das 1913 eingeweihte katholische Kirchengebäude dominiert baulich den Stadtkern, es intendiert vom Grundriß her eine Gläubigengemeinde und verweist durch seine Gestaltung auf eine frühchristliche Religiösität; es ist insgesamt gegen ein bürgerliches Konzept von nationaler Kunst und gegen bischöfliche Vorstellungen von (mystischer) Christlichkeit gerichtet. Dabei ist es zugleich ein unternehmerisches Mittel mentaler Befriedung.

Die wissenschaftliche Erforschung der Stadt Nordhorn ist nicht abgeschlossen. Aufgrund der konkreten historischen Entwicklung im 19. und 20. Jahrhundert, wegen der erhaltenen und zugänglichen Quellen und im Zusammenhang mit der heutigen wissenschaftlichen Diskussion über Stadtbaugeschichte wurden bestimmte Ebenen ausführlicher, grundsätzlicher und in größerem Rahmen, andere jedoch kursorischer und beispielhafter abgehandelt.
Zudem wären noch Analysen zur Grünplanung in Stadt und Umfeld, zur Entwicklung der räumlichen und baulichen Organisation der Landwirtschaft, sowie zum Einfluß von öffentlichem Fern- und Nahverkehr, Telegraph, Telephon, Radio und Fernsehen auf die Stadtentwicklung vorzunehmen; ferner müßten die Auswirkungen von Markt, Krankenhaus, Altersheim, Schulen, Theater und Kinos auf den Alltag in der Stadt untersucht werden.
Meines Erachtens ist jedoch eine Alltagsgeschichte auch prinzipiell nicht abschließbar, da sie sich gerade aufs — mannigfaltige und heterogene — Konkrete richtet, um in ihm gesellschaftliche Bedeutungen und Gesetzmäßigkeiten aufzuspüren.

Nachbemerkungen

In den Nachbemerkungen werde ich das Problemfeld der Untersuchung der Stadt Nordhorn inhaltlich und theoretisch ausweiten und zudem nach durchgeführter Analyse noch einmal auf die in der Einleitung dargestellten methodischen Probleme eingehen.

Nordhorn

Nordhorn war also bis ins 19. Jahrhundert eine Ackerbürgerstadt; in ihr wurden Handel und Gewerbe getrieben und gleichzeitig Vieh gehalten. In der Stadt gab es Werkstätten, Ställe und Speicher, auf der Straße wurde gearbeitet.
Durch Nordhorn flossen mehrere Vechtearme. Rathaus, Nachtwächterwohnung und Armenhaus lagen im Stadtkern; in der ersten Hälfte des 19. Jahrhunderts wurden hier auch die Fabriken gegründet.
Mit der Zuschüttung der Vechtearme, mit dem Bau einer Kanalisation, dem Ausbau der Straßen, deren Reinigung und Beleuchtung, sowie der völligen funktionalen und ästhetischen Veränderung der einzelnen Gebäude innerhalb des Kerngebiets, ferner mit der Beseitigung der Ställe und Misthaufen, der Verlagerung von Fabriken, von Rathaus, Polizei und Armenhaus in Gebiete außerhalb des Stadtkerns, mit dem dort verwirklichten Neubau von Krankenhäusern und Schulen etc. wird Nordhorn seit mehr als einem Jahrhundert zu einer modernen bürgerlichen Stadt umgeräumt.

Natur

Das Natürliche wurde zuerst aus der Stadt entfernt, dann 'Natur' hergestellt:
Alle besonders gegen Ende des 19. Jahrhunderts eher fürs Dorf typischen biologisch-animalischen Elemente, Ergebnisse und Ereignisse (Naturboden, Straßen- und Hofgärten, Straßenbäume, Viehhaltung, Misthaufen und Fäkalien, Regenpfützen, Überschwemmungen usw.) wurden beseitigt, die Stadt somit gereinigt und danach eine von alltäglichen menschlichen Zwecken freie 'Natur' eingerichtet.
Dies zeigt sich besonders deutlich an der Vechte: Ihr Verlauf wurde mehrfach durch natürliche Umstände oder menschliche Eingriffe verändert.
Seit Beginn der Besiedlung wurde sie von den Bewohnern genutzt, sie war als praktisches Lebensmittel funktionalisiert.
In den vergangenen hundert Jahren hat die Vechte für die Nordhorner eine völlig andere Funktion erhalten. Durch den Bau von Wasser- und Abwasserleitungen und einer Badeanstalt, durch den Ausbau des Straßennetzes und den Anschluß an das Eisenbahnnetz, sowie durch Aufgabe des Fischens haben sie sie von den meisten alltäglichen Nutzungen befreit.

Obwohl vom Wasserwirtschaftsamt geplant und angelegt, erscheint die Vechte heute als Inbegriff eines natürlichen Flüßchens in seinem ursprünglichen Bett, als Feuchtbiotop mit Enten und Ruderalvegetation. Erst heute ist ihre 'Natur' hergestellt, sie scheint von menschlicher Rationalität, Zweckmäßigkeit und praktischen Eingriffen unabhängig.

Nordhorn wird im Gefolge von Industrialisierung und staatspolitischem Umdenken durch räumliche Strategien zu einer spezifischen, bürgerlichen Stadt gestaltet. **Stadt**
Aus dem Kerngebiet werden topographisch a) sozial die Unterschichten (Arbeiterfamilien, Arme), b) ökonomisch die Landwirtschaft, c) politisch Kommunal- und Kulturinstitute (Rathaus, Post, Schulen) entfernt. In die Stadt werden u.a. Geschäfte und Cafes sowie Beleuchtung und Kanalisation gebracht.
Private und öffentliche 'Haushalte' verändern sich. Privatheit und Öffentlichkeit differenzieren sich aus.
Die Kommune wird zu einer rationalen – so ist die Intention – und bürokratischen Institution in Distanz zum Lebensalltag der Bewohner Nordhorns. Sie repräsentiert die Bewohner und übernimmt die vormals von ihnen kollektiv ausgeführten Geschäfte.
Zugleich werden Handlungsfelder so umstrukturiert, daß ein privater Familienhaushalt entsteht, d.h. einige Tätigkeiten werden verhaushaltet (z.B. Re-Produktionsarbeit, Wohnen, Entnahme von Wasser, Energie etc.) und andere enthaushaltet (z.B. Produktions- und Distributionsarbeit, Versorgung von Kranken und Alten). Der Haushalt wird zum Familienhaushalt und damit nicht nur zu einer Wirtschafts-, sondern auch zu einer Sozial- und Gefühlseinheit. Durch das Handeln innerhalb dieser Einheit ergibt sich eine spezifische Erfahrungs- und Wissensgemeinschaft; dies ist der Inhalt der aus der Stadtöffentlichkeit ausgegrenzten Privatheit.
Gleichermaßen verändern sich die persönlichen Kompetenzen der einzelnen Bewohner; sie werden in bestimmten Bereichen versorgt und geben dafür ihre individuelle Vorsorge auf; wo sie vordem unmittelbar tätig sein mußten, können sie nun auf allgemein vorgegebene Instrumente und öffentliche Institutionen zurückgreifen.
Eine weitere Folge dieser Umstrukturierungen ist die Veränderung von Emotionen und kulturellen Haltungen.

Diese Erkenntnisse über Inhalte und Tendenzen des Modernisierungsprozesses der Stadt treffen auch auf das Umfeld zu. Individuen, Familien und Kommune haben sich auch dort grundlegend umgebildet.
Die Gemachtheit von Natur wird hier wie in der Stadt offensichtlich, das Ausmaß der landschaftlichen Neugestaltung ist jedoch im Umfeld Nordhorns viel größer. Die Landschaft entstand fast völlig neu bei der Melioration der Sumpf- und Moorgebiete. Da die daran anschließende landwirtschaftliche Nutzung ständig den ökonomischen, politischen und agrarkulturellen Erfordernissen angepaßt wurde, wurden Topografie, Fauna und Flora immer wieder umgestaltet.
Weiterhin wird die Landschaft durch den Bau von Eisenbahn und Kanälen

sowie durch unterschiedliche Ansiedlungsformen verändert. Zu untersuchen wären etwa noch räumliche Ordnung und Bauweise der Höfe (siehe z.B. die Ende des 19. Jahrunderts neu gebauten Bauernhäuser sowie das von Krupp zur Versorgung seiner Ruhrgebietsarbeiter betriebene Gut Klausheide) und auch der nach dem 2. Weltkrieg entstandenen Siedlungshäuser, die derart gestreut sind, daß sie letztlich die topographische Trennung und damit die begriffliche Definition von Stadt und Land infrage stellen.

In der vorliegenden Analyse sind die Erkenntnisse über den Modernisierungsprozeß Nordhorns in generellere historische Entwicklungen der vergangenen Jahrzehnte eingeordnet worden; es wurde zudem versucht, auf die gegenwärtige Diskussion in den betroffenen Wissenschaften einzugehen. Bestimmte historische Vorgänge in Nordhorn werden so hervorgehoben und erhielten besondere Bedeutung.
Darüber hinaus wurde es jedoch vermieden, eine moralische Bewertung der Vorgänge vorzunehmen.
Dies soll ausdrücklich den Bewohnern der Stadt Nordhorn überantwortet werden. Dabei muß allerdings klar sein, daß die Akzeptanz des historisch Vorgegebenen schon eine spezifische Werthaltung bedeutet, bei der im Grunde das Ethische vom Faktischen abgeleitet wird. Ich habe zudem in der Analyse darauf verwiesen, daß es zum Teil auf Widersprüche verweisende Fakten und auch sich entgegenlaufende Prozesse gibt, die noch nicht zum Abschluß gekommen sind. Hier muß eine Entscheidung getroffen werden, die ihre ethischen Grundlagen außerhalb des historischen Prozesses findet. Es steht in Frage, ob und inwieweit die Bewohner die Resultate der ästhetischen, sozialen und politischen Modernisierung der Stadt, also die Ergebnisse von Verhaushaltung und Enthaushaltung, von Verstädterung und Entstädterung, von Mediatisierung des kommunalen und von Instrumentalisierung des alltäglichen Handelns akzeptieren und welche der spätestens seit der Jahrhundertwende bestehenden Tendenzen der Urbanisierung und Desurbanisierung sie fortsetzen wollen.

Baugeschichte und Städtebau

Im Zentrum der obigen historischen Analyse von Nordhorn steht das Phänomen 'Hygiene'.
1. Zum einen war dies faktisch ein bedeutender historischer Vorgang, der sich bereits im 18. Jahrhundert zeigte. In ihm wurden Handlungsweisen und -instrumente verändert und somit die Beziehungen der Menschen zur eigenen inneren und äußeren Natur, zu den einzelnen Mitmenschen, sowie zu sozialen und politischen Einheiten neu geregelt. Diese Veränderungen wurden von Vielen beeinflußt und für ihre durchaus unterschiedlichen Interessen genutzt.
2. Dieser historische Vorgang ist aber auch wissenschaftsimmanent von Interesse. Er zeigt den prinzipiellen Zusammenhang von Technik (Städtebau, Architektur und Infrastruktur) mit Alltagskultur und Herrschaft. Das

Hervortreten dieses Zusammenhangs muß generelle Konsequenzen haben für Analyse- wie für Entwurfsmethodik, also für Architekturgeschichte und Städtebau.

Architekturgeschichte

Innerhalb einer Architekturgeschichte als analytischer Wissenschaft ist es also erforderlich, a) die historischen Veränderungen in ihrer Komplexität zu fassen und nicht bei Einzelaspekten – medizinischen, technischen oder politischen – stehenzubleiben und b) sich mit dem konkreten Alltag und seinen materialen Instrumenten zu befassen und sich nicht allein auf allgemeine Intentionen und Konzepte zu beschränken.
Dies wird besonders am Phänomenbereich 'Hygiene' deutlich. Er ist innerhalb des Städtebaus bis vor kurzer Zeit ausschließlich als technisches Problem betrachtet worden. Sicherlich auch durch das Bewußtwerden ökologischer Veränderungen veranlaßt, wird dieser Phänomenbereich in letzter Zeit als kulturelle Organisation des Alltags und als politische Ordnungsvorstellung reflektiert (vor allem Frevert 1984, Rodriguez-Lores 1985, Berndt 1987, Rodenstein 1988). Es wird die Herausbildung einer Gesundheitsideologie nachvollzogen, innerhalb der durch Institutionen, Normen, Begriffe und Kategorien eine bestimmte Ordnung hergestellt wird. Diese Ordnung diene der Macht von Staat, Bürgertum und Industrie und führe zur Repression der Arbeiter.
So konzentriert sich z.B. Rodriguez-Lores (1985) in seiner Analyse auf die begrifflichen Herrschaftsansprüche in den theoretischen Äußerungen von Fachleuten und auf die Herstellung von Ordnung in Köpfen. Die anderen Untersuchungen nehmen zwar stärker Bezug auf tatsächliche soziale, kulturelle und politische Veränderungen, dabei bleibt jedoch der Aufweis von allgemeinen Intentionen, Plänen, staatsrechtlichen Strukturen, Gesetzen und Verordnungen (Frevert 1984, Rodenstein 1988), sowie einer kulturellen Haltung (Berndt 1987) vorrangig.
Es wird kaum geprüft, ob und wie sich Konzepte und Intentionen tatsächlich verwirklicht haben, wie Institutionen genutzt, ob Regeln befolgt wurden. So müßte z.B. untersucht werden, ob und wie genau Repression konkret vorhanden ist und welche Bereiche des Alltags wie erfaßt werden, will man nicht bei einem abstrakten und formalen Begriff von Repression stehenbleiben. Denn Repression ist nicht allein ein geistiger Vorgang, besteht also nicht nur in Denktabus und Denkklischees. Vielmehr wird Verhalten reglementiert a) durch das, was man nicht machen darf und soll, b) durch das, was man mit Lust, gutem Gewissen und mit dem Gefühl, sich auf der autochthonen Basis menschlichen Seins zu befinden, machen will und c) durch das, was man aufgrund materialer Instrumente machen, bzw. nicht machen kann.
Zudem entsteht Wirklichkeit weitgehend 'von unten', denn sie ist das materiale, soziale und politische Ergebnis auch von – innerhalb einer lebensweltlichen Rationalität – völlig kontingenten Geschehnissen (Naturkatastrophen wie etwa das 'Erdbeben von Lissabon'), sowie von ungeplantem, unreflektiertem, spontanem Handeln Einzelner und möglicherweise unkoordinierter Gruppen; d.h. sie kann ebenfalls in sozialer Hinsicht von unten kommen.

Verallgemeinert gesagt, implizieren diese und ähnliche Vorgehensweisen ein bestimmtes Verständnis von Realität: Konzepte, Intentionen, regulierende Gesetze und Verordnungen gelten als Primärrealität. Das Konkrete dient weitgehend nur als Beleg oder Bebilderung, wenn es nicht völlig fehlt.

Man darf jedoch die Pläne nicht bereits für die tatsächlichen Handlungen halten, quasi das Kochrezept für die Mahlzeit. Dadurch wird die kognitive Welt zur Primärrealität.

Somit wird auch die Frage nach den Transzendentalien geschichtlichen Geschehens – als Frage nach zugrundeliegendem Allgemeinem – verzeitlicht und subjektiviert. Die in vereinzeltem Geschehen liegende allgemeinere objektive Ordnung wird verwechselt mit vorgängigen subjektiven Plänen und Intentionen.

Städtebau und Architektur

Man sollte meinen, daß in Städtebau und Architektur als angewandten Wissenschaften nicht wie bei den analysierenden Wissenschaften eine derart distanzierte Haltung zur konkreten Realität eingenommen werden kann. Denn sie greifen im Gegensatz zur theoretischen Wissenschaft direkt in die Primärrealität ein. Sie nehmen eine bauliche, d.h. konkrete und materiale Organisation des Lebensalltags vor, womit sie gleichermaßen auch die miteinander verbundenen Vermögen der Menschen (Wahrnehmen, Empfinden und Fühlen, soziales und instrumentales Handeln sowie Denken und Wissen) spezifizieren.

Dennoch kommt es häufig zu einem derart idealistisch verkürztem Verständnis.

1. Der sich als Geisteswissenschaftler verstehende 'Architekturtheoretiker' interessiert sich für die Architektur nur als Konzept, er befaßt sich nicht mit dem konkreten und tatsächlichen Gebrauch des Gebauten. Dies gilt z.B. besonders für die zur Zeit in der Baugeschichte sehr in Mode gekommenen postmodernen Unternehmungen, unbedingt bei jedem Gebäude eine Philosophie oder zumindest bei dem Architekten – so sprachlos er auch sein mag – Verweise auf etablierte Philosophen zu entdecken, wobei es fast immer Nietzsche sein muß. Dies gilt auch für das Bauen selbst, wenn in postmoderner Weise Architekturen und Städte als Orte zur Thematisierung enzyklopädischen Wissens (von vergangenen Ereignissen, von formalen und stilistischen Sprachen, von literarischen Verweisen etc.) angelegt werden.

2. Architektur und Städtebau als angewandte Wissenschaften können jedoch auch dann die Primärrealität verfehlen, wenn sie sie ausdrücklich anstreben.

Dies kann zum einen in der Abhängigkeit von den analysierenden Wissenschaften begründet sein. Architektur und Städtebau sind bei der Aufstellung von Handlungskonzepten an die Kategorien, Begriffe und Erkenntnisse gebunden, die die theoretischen Wissenschaften bereitstellen. Auch im Verfolg ihres Tuns und bei der Überprüfung ihrer Ergebnisse sind sie an den Zustand der analysierenden Wissenschaften gebunden. Eine solche Überprüfung ist nötig, um zu sehen, ob mit den Gebäuden tatsächlich verwirklicht wurde, was angestrebt war. Dies kann nur in einer nachfolgenden empirischen Analyse geschehen, also mit den Mitteln der theoretischen Wissenschaften.

Verzichtet man aber auf eine solche Überprüfung und löst sich somit von den theoretischen Wissenschaften, so verselbständigt sich das Entwurfskonzept. Diese Konzepte können völlig losgelöst sein von der tatsächlichen Aneignung der entsprechenden Gebäude.

Zum anderen ist es auch problematisch, wenn in der Planung nur bestimmte Aspekte der Primärrealität berücksichtigt und andere strikt ausgeklammert werden.

Dies ist z.B. beim rein ästhetischen oder funktionalen Verständnis von Architektur der Fall. Die einen übersehen, daß das Ästhetische auch praktische Funktionen im Lebensalltag hat (Orientierung, emotionale Bindung, kulturelle Identifikation, Reaktualisierung von subjektiver Erinnerung und allgemeinem Wissen, Anlaß zu Reflektion und Erkenntnis usw.). Die anderen, die ausschließlich nach funktionalen Gesichtspunkten bauen, verkennen sowohl die handlungsleitenden Funktionen des Ästhetischen als auch das Sinnlichwerden von Funktionen.

Tatsächliche Aneignung reduziert sich nicht eindimensional nach diesen Architekturtheorien, d.h. in Relation zur Primärrealität bleiben rein funktionale wie rein ästhetische Konzepte idealistisch. Die Vernachlässigung des Ästhetischen oder des Funktionalen in der Planung hat aber auch Auswirkungen in der Primärrealität, wie man allenthalben erfährt.

Beim Traum von einer 'electronic town' wird dies ins Extrem getrieben. Mit dem Begriff 'electronic town' werden hier die Inszenarien bezeichnet, in denen die Stadt durch die neuen Medien (PC's, Datenbanken, BTX, Teletext, Telefax, Datel, Videotext und Fernsehkonferenzen u.s.w) auf ein 'reines' Kommunikationsfeld reduziert wird. Körperliche Bewegungen der Menschen zur Überwindung räumlicher Distanzen sowie materiale (architektonische) Instrumente sollen dann überflüssig sein und die für die Kommunikation bisher erforderlichen Räume würden durch ein Netzwerk von Terminals ersetzt.

Die Planung der 'electronic town' bezieht sich jedoch auf Kommunikation als intellektualem Austausch und verzichtet völlig darauf, einen Zusammenhang von elektronischer Kommunikation und sonstigem Alltag zu bedenken bzw. entsprechend Infrastruktur, Instrumente und Raum dafür bereitzustellen.

Es wird übersehen, daß dies nur eine bestimmte Art von Kommunikation ist. Sie ist prinzipiell auch schon historisch vorgegeben (schriftsprachliche Kommunikation, z.B. Briefe), war aber immer nur Ergänzung von anderen Kommunikationsweisen (z.B. paralinguistische, nonverbale). Gänzlich abgesehen wird vom unmittelbaren Umgang mit den Mitmenschen und der Dingwelt.

Dies war aber eigentlich das Problemfeld von Architektur und Städtebau.

Anhang

Bibliographie

o. A.;
Bonner Conferenz über die Arbeiterfrage. Über Arbeiterwohnungen; Berlin 1870

o. A.;
Zur Gestaltung katholischer Pfarrkirchen; in: Deutsche Bauzeitung, 1888, 22. Jg. Nr. 87, S. 525, 26

o.A.;
Dritte evangelische Kirche für Wiesbaden. Architekt Johannes Otzen in Berlin; in: Deutsche Bauzeitung, 1891, 25. Jg., Nr. 43, S. 257, 58

o.A.;
Das Recht auf die Straße; in: Arbeiter-Zeitung. Sozialdemokratisches Organ für das Rheinisch-Westfälische Industrie-Gebiet; 23. 2. 1910, 19. Jg., Nr. 45

o.A.;
Der Tag der Viertelmillion; in: Vorwärts. Berliner Volksblatt. Zentralorgan der sozialdemokratischen Partei Deutschlands; 11. April 1910, 27. Jg., Nr. 83a

o.A.;
Nachrichten; in: Bauwelt, 1912, 3. Jg., Nr. 8, S. 17

o.A.;
35 Jahre Neu-Berlin; in: Nordhorner Nachrichten, 31. 7. 1936, 26. Jg., Nr. 177

o.A.;
Um die Hebung der Baukultur in Nordhorn; in: Nordhorner Nachrichten, 25. 9. 1936, 26. Jg., Nr. 225

o.A.;
Die Wasserversorgung der Stadt Nordhorn 1907 - 1970; Bentheim 1971

Akademie für Raumforschung und Landesplanung (Hg.);
Grundriß der Stadtplanung; Hannover 1983

Gerd Albers;
Entwicklungslinien im Städtebau. Ideen, Thesen, Aussagen 1875 - 1945: Texte und Interpretationen; Düsseldorf 1975 (Bauwelt Fundamente 46)

Gerd Albers, Alexander Papageorgiou-Venetas;
Stadtplanung. Entwicklungslinien 1945 - 1980; Tübingen 1984

Gerd Albers;
Zur Entwicklung des Planungsrechtes am Beispiel der Hamburger Bauordnung 1842 - 1900; in: Rodriguez-Lores, Fehl 1985

Frederik Antal;
Hogarth and his place in European Art, London 1962

Commission des Verbandes Arbeiterwohl (Hg.);
Das häusliche Glück. Vollständiger Haushaltsunterricht nebst Anleitung zum Kochen für Arbeiterfrauen; Mönchengladbach 1882 (Neuauflage München 1975)

Karl Arndt;
Der Straßen- und Wegebau in staatswirthschaftlicher und technischer Beziehung; Darmstadt 1827

Joseph Jakob Baeyer, Ludwig Blesson;
Die Bewässerung und Reinigung der Straßen Berlins; Berlin 1843

Hans Paul Bahrdt;
Die moderne Großstadt; Hamburg 1961

Karl Bartel;
Öffentliche Infrastruktur oder privates Vermögen; Berlin 1975

Henri Bayard;
Mémoire sur la topographie médicale du IVe arrondissment de Paris; Paris 1842

G. Behrend;
Das elektrische Licht; Halle 1883

Leonardo Benevolo;
Die sozialen Ursprünge des modernen Städtebaus. Lehren von Gestern – Forderungen für morgen; Gütersloh 1971

Leonardo Benevolo;
Die Geschichte der Stadt; Frankfurt a.M./New York 1983

Walter Benjamin;
Das Passagen-Werk, 1. Band; Frankfurt a.M. 1982

Ernst Benz;
Theologie der Elektrizität. Zur Begegnung und Auseinandersetzung von Theologie und Naturwissenschaft im 17. und 18. Jahrhundert; Mainz 1971

Heide Berndt;
Das Gesellschaftsbild bei Stadtplanern; Stuttgart/Bern 1968

Heide Berndt;
Hygienebewegung; in: Die alte Stadt, 1987, 14. Jg., Heft 2, S. 140 - 163

Karl Heinz Blaschke;
Qualität, Quantität und Raumfunktion als Wesensmerkmal der Stadt vom Mittelalter bis zur Gegenwart; in: Jahrbuch für Regionalgeschichte, 1968, 3. Jg., S. 34 - 50

Jerome Blum;
Die bäuerliche Welt. Geschichte und Kultur in sieben Jahrhunderten; München 1982

Harald Bodenschatz;
Moderne Infrastruktur und die Produktion städtischer Lage. Das Beispiel des deutschen Eisenbahnbaues bis 1875; in: Fehl, Rodriguez-Lores 1983

Ehrfried Böhm;
Die Straße, unser Schicksal; Hannover 1964

W. Bohnacker;
Straßenbau bis 1830; Köln 1962

Hartmut Bookmann;
Die Stadt im späten Mittelalter; München 1986

Wolfgang Braunfels;
Abendländische Stadtbaukunst. Herrschaftsform und Baugestalt; Köln 1976

Helmut Brede;
Ökonomie und Städtebau: Zur 'Theorie' der städtischen Grundrente vor der Jahrhundertwende; in: Rodriguez-Lores, Fehl 1985

Albert Erich Brinckmann;
Stadtbaukunst vom Mittelalter bis zur Neuzeit; Potsdam 1925

Dieter Brosius;
Niedersachsen. Geschichte im Überblick; Hannover 1983

Elisabeth Bütfering;
Nordhorn und die Grafschaft Bentheim zwischen Luthertum und Calvinismus; in: Looz-Corswarem, Schmitt 1979

Ralf Busch;
Die Wasserversorgung des Mittelalters und der frühen Neuzeit in Norddeutschen Städten; in: Meckseper 1985

Pierre-Jean Georges Cabanis;
Über die Verbindung des Physischen und Moralischen im Menschen; Halle/Leipzig 1804

Edwin Chadwick;
Report on the Sanitary Condition of the Labouring People of Great Britain; London 1842

Karl Heinz Clasen;
Die ordenspreußische Stadt als Kunstwerk; in: Hans Tintelnot (Hg.); Kunstgeschichtliche Studien. Festschrift Frey; Breslau 1943

Ferdinand Cohn;
Licht und Leben; Berlin 1869

Carl Heinz Conrad;
Ein Überblick über gesundheitliche und hygienische Verhältnisse der Grafschaft Bentheim nach dem Stande d.J. 1932/33; Bentheim 1934 (Diss. Münster 1934)

Alain Corbin;
Pesthauch und Blütenduft. Eine Geschichte des Geruchs; Berlin 1984

Helmut Croon;
Staat und Städte in den westlichen Provinzen Preußens 1817 - 1875. Ein Beitrag zum Entstehen des Preussischen Fluchtliniengesetzes von 1875; in: Fehl, Rodriguez-Lores 1983

Georg Dehio, Gustav Bezold;
Die kirchliche Baukunst des Abendlandes. Atlas, 1. Band, 1. Abteilung; Stuttgart 1887

Wilfried Ehbrecht;
Territorialwirtschaft und städtische Freiheit in der Grafschaft Arnsberg; in: E. Meynen (Hg.); Zentralität als Problem der mittelalterlichen Stadtgeschichtsforschung; Köln/Wien 1979

Wilfried Ehbrecht;
Das Privileg von 1379. Ein Beitrag zum Verhältnis Territorium und Stadt im spätmittelalterlichen Emsland; in: Looz-Corswarem, Schmitt 1979

E. Emse;
Wasserversorgung der Niedergrafschaft; in: Bentheimer Heimatkalender für das Jahr 1951; Nordhorn 1951, S. 47 - 51

Julius Faulwasser;
Der große Brand und der Wiederaufbau von Hamburg; Hamburg 1892

Gerhard Fehl, Juan Rodriguez-Lores (Hg.);
Städtebau um die Jahrhundertwende. Materialien zur Entstehung der Disziplin Städtebau; Köln 1980

Gerhard Fehl;
Camillo Sitte als 'Volkserzieher'. Anmerkungen zum deterministischen Denken in der Stadtbaukunst des 19. Jahrhunderts; in: Fehl, Rodriguez-Lores 1980

Gerhard Fehl, Juan Rodriguez-Lores (Hg.);
Stadterweiterungen 1800 - 1875. Von den Anfängen des modernen Städtebaues in Deutschland; Hamburg 1983 (Reihe: Stadt – Planung – Geschichte, Band 2)

Gerhard Fehl;
'Stadt als Kunstwerk', 'Stadt als Geschäft'. Der Übergang vom landesfürstlichen zum bürgerlichen Städtebau, beobachtet am Beispiel Karlsruhe zwischen 1800 und 1857; in: Fehl, Rodriguez-Lores 1983

Alfons Fischer;
Geschichte des deutschen Gesundheitswesens; Berlin 1933

Thomas Fischer;
Armut, Bettler, Almosen. Die Anfänge städtischer Sozialfürsorge im ausgehenden Mittelalter; in: Meckseper 1985

Derek Fraser, Anthony Sutcliffe (Hg.);
The Pursuit of Urban History; London 1983

Margarete Freudenthal;
Gestaltwandel der städtischen, bürgerlichen und proletarischen Hauswirtschaft zwischen 1760 und 1910; Frankfurt a.M./Berlin 1986 (Diss. Frankfurt a.M. 1933)

Ute Frevert;
Krankheit als politisches Problem. 1770 - 1880. Kritische Studien zur Geisteswissenschaft; Göttingen 1984

Jürgen Friedrichs;
Stadtanalyse. Soziale und räumliche Organisation der Gesellschaft; Reinbek 1977

Eduard Führ, Daniel Stemmrich;
Nach gethaner Arbeit verbleibt im Kreis der Eurigen; Wuppertal 1985

Nicolaus Fuß;
Versuch einer Theorie des Widerstandes zwey- und vierradiger Fuhrwerke; Kopenhagen 1798

August Gärtner (Hg.);
Weyl's Handbuch der Hygiene; Leipzig 1919

U. Gärtner;
Das Gesicht des alten Bürgerhauses im alten Nordhorn; in: Jahrbuch des Heimatvereins der Grafschaft Bentheim 49, 1957

Ernst Gasner;
Zum deutschen Straßenwesen von der ältesten Zeit bis zur Mitte des XVII. Jahrhunderts. Eine germanistisch-antiquarische Studie; Leipzig 1889

Viktor Emil Freiherr von Gebsattel;
Prolegomena zu einer medizinischen Anthropologie; Berlin/Göttingen/Heidelberg 1954

Johann Friedrich Geist;
Die Passage; München 1979

Walter Gerlach;
Stadtgestaltforschung; in: Studium generale, 1963, 16. Jg., Heft 6, S. 323ff.

Klaus Gerteis;
Die deutschen Städte in der Frühen Neuzeit. Zur Vorgeschichte der 'bürgerlichen Welt'; Darmstadt 1986

Sigfried Giedion;
Die Herrschaft der Mechanisierung. Ein Beitrag zur anonymen Geschichte; Frankfurt a.M. 1987

Mark Girouard;
Die Stadt. Menschen, Häuser, Plätze. Eine Kulturgeschichte; Frankfurt a.M./New York 1987

Hermann Glaser (Hg.):
Urbanistik; München 1974

Peter Gleichmann;
Die Verhäuslichung körperlicher Verrichtungen; in: P. Gleichmann, J. Goudsblom, H. Korte (Hg.); Materialien zu Norbert Elias' Zivilisationstheorie; Frankfurt a.M. 1977

Helmut Gröner;
Die Ordnung der deutschen Elektrizitätswirtschaft, Baden-Baden 1975

Karl Gruber;
Die Gestalt der deutschen Stadt. Ihr Wandel aus der geistigen Ordnung der Zeiten; München 1937 (3. Aufl. 1977)

Sigmar Gude;
Infrastruktur und Stadtplanung; in: Simonis 1977

Klaus Habermann, Brigitte Nieße, Daniela Oertel, Reinhard Preis, Hans Rich;
Historische, politische und ökonomische Bedingungen der Stadtentwicklung. Von den Anfängen der Stadtentwicklung in Mitteleuropa bis zum Ende des 2. Weltkrieges; Hannover 1978

Jürgen Habermas;
Strukturwandel der Öffentlichkeit; Neuwied/Berlin 1962

Jürgen Habermas;
Die Moderne – ein unvollendetes Projekt; in: derselbe; Kleine politische Schriften I - IV; Frankfurt a.M. 1981, S. 444 - 464

Helmut Hecht;
Vom Wigbold zur Industriestadt; in: Der Grafschafter, 1963, 11. Jg., Folgen 121 - 133

Hermann Heddendorp;
Eine Straßenordnung aus dem Jahre 1835; in: Jahrbuch des Heimatvereins der Grafschaft Bentheim, Nordhorn 1978, S. 117 - 121

Heinrich Hefter;
Die deutsche Selbstverwaltung im 19. Jahrhundert; Stuttgart 1950

Genevive Heller;
'propre en ordre'. Habitation et vie domestique 1850 - 1930. L'exemple vaudois; Lausanne 1979

Herder, Goethe, Frisi, Möser;
Von deutscher Art und Kunst. Einige fliegende Blätter (herausgegeben von Hans Dietrich Irmscher); Stuttgart 1968

Ulfert Herlyn;
Wohnen im Hochhaus. Eine empirisch-soziologische Untersuchung in ausgewählten Hochhäusern der Städte München, Stuttgart, Hamburg, Wolfsburg; Stuttgart/Bern 1970

Ulfert Herlyn (Hg.);
Stadt- und Sozialstruktur; München 1974

Ulfert Herlyn;
Soziale Sortierung in der Stadt in ihren Konsequenzen für soziale Randgruppen; in: Zeitschrift für Stadtgeschichte, Stadtsoziologie und Denkmalpflege, 1976, 3. Jg., Bd. 1, S. 81 - 94

Hans Hitzer;
Die Straße. Vom Trampelpfad zur Autobahn; München 1971

James Hobrecht;
Ueber öffentliche Gesundheitspflege und die Bildung eines Central-Amts für öffentliche Gesundheitspflege im Staate; Stettin 1868

James Hobrecht;
Das Liernur'sche System und seine Anwendung in Prag; in: Deutsche Vierteljahresschrift für öffentliche Gesundheitspflege, 1869, 1. Band, S. 552 - 566

Adolf Hobrecker;
Die kapitalmäßige Verflechtung der öffentlichen Elektrizitätswirtschaft in der Provinz Westfalen; Münster 1935

Christoph Wilhelm Hufeland;
Die Kunst, das menschliche Leben zu verlängern; Jena 1797

Christoph Wilhelm Hufeland;
Guter Rat an Muetter; Berlin 1803

Jane Jacobs;
Tod und Leben groer amerikanischer Städte; Frankfurt/Berlin 1963

Reimut Jochimsen;
Theorie der Infrastruktur. Grundlagen der marktwirtschaftlichen Entwicklung; Tübingen 1966

Reimut Jochimsen, Udo E. Simonis (Hg.);
Theorie und Praxis der Infrastrukturpolitik; Berlin 1970 (Schriften des Vereins für Socialpolitik NF Bd. 54)

Johann Heinrich Jung;
Lehrbuch der Staats-Polizey-Wissenschaft; Leipzig 1788

Johann Heinrich Gottlob von Justi;
Grundsätze der Polizey-Wissenschaft; Göttingen 1756

Fr. G. L. H. Justi;
Theorie des Chausseebaues und seiner vortheilhaftesten Bearbeitung nach richtigen Grundsätzen; Hamburg 1828

Wolfgang Kantzow;
Der Bruch in der Entwicklung der deutschen Städte ausgehend von der preußischen Reformpolitik und dem veränderten Begriff des Bodeneigentums; in: Fehl, Rodriguez-Lores 1983

Renate Kastorff-Viehmann;
Wohnung, Wohnhaus und Siedlung für Arbeiter – Bevölkerung im Ruhrgebiet von der Mitte des 19. Jahrhunderts bis zum Beginn des 1. Weltkrieges; Aachen 1981 (Diss. Aachen 1980)

Renate Kastorff-Viehmann;
Frühe Stadtplanung in Ruhrort und Duisburg. Der Weg zur öffentlich-rechtlichen Planung im Ruhrgebiet; in: Fehl, Rodriguez-Lores 1983

Renate Kastorff-Viehmann;
Stadtplanung im Ruhrgebiet um 1900: Vom Bebauungsplan für das Stadterweiterungsgebiet zum Generalbesiedlungsplan für den Wirtschaftsraum; in: Rodriguez-Lores, Fehl 1985

Renate Kastorff-Viehmann;
Kleinwohnung und Werkssiedlung. Zur Erziehung des Arbeiters durch Umweltgestaltung; in: Rodriguez-Lores, Fehl 1988

Margret Kennedy (Hg.);
Öko-Stadt; Frankfurt a.M. 1984

E. Keyser;
Der Stadtgrundriß als Geschichtsquelle; in: Studium generale, 1963, Bd. 16, S. 345 - 351

Hiltrud Kier;
Die Stadterweiterungsplanung von Joseph Stübben für die Kölner Neustadt ab 1880 – Versuche städtebaulicher und sozialer Differenzierung mit dem Instrument der Fluchtlinienplanung; in: Rodriguez-Lores, Fehl 1985

Georg Kip;
Die Nordhorner Straßennamen; in: Grafschafter Nachrichten, 1950, Folge 48, 51, 52

Georg Kip;
Hauseingänge; in: Der Grafschafter, Jg. 1959, Folge 76,

Georg Kip;
Vom Kienspan zur Glühlampe; in: Jahrbuch des Heimatvereins der Grafschaft Bentheim, Nordhorn 1945, S. 48 - 58

Georg Kip;
Die Geschichte der Elektrizitätsversorgung unseres Kreises; in: Voort 1985, S. 165 - 173

Gerhard Klopmeyer;
Vor den Toren Alt-Nordhorns; in: Der Grafschafter, 1954, S. 169

Gerhard Klopmeyer;
Die Nordhorner Binnenvechte; in: Der Grafschafter, 1954, S. 45 ff.

Gerhard Klopmeyer;
Das Vechte-Ufer an der Hagenstraße; in: Der Grafschafter, 1955, S. 237

Gerhard Klopmeyer;
Das Gesundheitswesen in der Franzosenzeit; in: Der Grafschafter, 1955, S. 185 - 187

Gerhard Klopmeyer;
Die Nordhorner Hauptstraße; in: Der Grafschafter, Jg. 1956, S. 330 ff.

Gerhard Klopmeyer;
Nordhorner Entwicklung von einer Kleinsiedlung zu einer Mittelstadt; in: Jahrbuch des Heimatvereins der Grafschaft Bentheim, Nordhorn 1958, Bd. 48, S. 50 - 62

Albert Kloss;
Von der Elektricität zur Elektrizität; Basel 1987

A. Knoll;
Geschichte der Straße und ihrer Arbeiter; Leipzig 1925

Günther Kokkelink;
Die Straße und ihre Sozialgeschichtliche Entwicklung; in: Stadtbauwelt, 1977, 68. Jg., Bd. 53, S. 354 - 358

Hans Koepf (Hg.);
Stadtbaukunst; Sigmaringen 1985

Wolfgang Krabbe;
Kommunalpolitik und Industrialisierung. Die Entfaltung der städtischen Leistungsverwaltung im 19. und frühen 20. Jahrhundert. Fallstudien für Dortmund und Münster; Stuttgart 1985 (Schriften des Deutschen Instituts für Urbanistik 74)

C. Kröncke;
Versuch einer Theorie des Fuhrwerks mit Anwendung auf den Straßenbau; Gießen 1802

Karl Kroeschell;
Weichbild. Untersuchungen zur Struktur und Entstehung der mittelalterlichen Stadtgemeinde in Westfalen; Köln/Graz 1960

Helmut Kromrey;
Sozial- und Infrastruktur in einem Altstadtwohnviertel; Berlin 1976

Johann Georg Krünitz (Hg.);
Ökonomisch-technologische Encyklopädie oder Allgemeines System der Staats-, Stadt-, Haus- und Landwirtschaft in alphabetischer Ordnung; Berlin 1773 ff.; Stichwort: Land-Strasse und Chaussee, in: Bde. 62 und 63; Berlin 1794; Stichwort: Licht, in: Bd. 78; Berlin 1800

Johann Georg Krünitz;
Verzeichnis der vornehmsten Schriften von der Elektrizität und den elektrischen Kuren; Leipzig 1769

Lenelis Kruse;
Privatheit als Problem und Gegenstand der Psychologie; Bern/Stuttgart/Wien 1980

Ernst Kühle;
Zur räumlichen Entwicklung Nordhorns; in: Der Grafschafter, 1961, S. 797 ff.

Ernst Kühle;
Verstädterung am Beispiel der Stadt Nordhorn; in: Der Grafschafter, 1961, S. 903 f.

Ernst Kühle;
Die Stadt Nordhorn zur Zeit des Bürgermeisters Vincke (1821 - 1832); in: Jahrbuch des Heimatvereins der Grafschaft Bentheim, Nordhorn 1968, S. 106 - 114

Ernst Kühle;
Die Stadt Nordhorn zur Zeit des Bürgermeisters von Almelo 1832 - 1843; in: Jahrbuch des Heimatvereins der Grafschaft Bentheim, Nordhorn 1969, S. 74 - 83

Ernst Kühle;
Apotheker Firnhaber, Bürgermeister von Nordhorn 1843 - 1872; in: Jahrbuch des Heimatvereins der Grafschaft Bentheim, Nordhorn 1970, S. 97 - 105

Ernst Kühle;
Nordhorn zur Zeit des stellvertretenden Bürgermeisters Gerhart von Delden 1915 - 1919 und des ersten Berufsbürgermeisters Fahlsing 1919 - 1926; in: Jahrbuch des Heimatvereins der Grafschaft Bentheim, Nordhorn 1975, S. 171 - 178

G. A. H. v. Lamotte;
Ausführliche Abhandlung von den Landesgesetzen und Verfassungen, welche die Landstraßen und Wege in den königlich preußischen Staaten betreffen; Leipzig 1789

G. A. H. v. Lamotte;
Vorschläge zur Abfuhr der Unreinigkeiten von den Strassen und Gassen; Göttingen 1777

Gerhard Langmaak;
Evangelischer Kirchenbau im 19. und 20. Jahrhundert. Geschichte. Dokumentation. Synopse; Kassel 1971

Etienne Laspeyres;
Der Einfluß der Wohnung auf die Sittlichkeit. Eine moralstatistische Studie über die arbeitenden Klassen der Stadt Paris; Berlin 1869

Walter Laufenberg;
Welt hinter dem Horizont. Reisen in 4 Jahrtausenden; Düsseldorf 1969

Henri Lefbvre;
Die Revolution der Städte; München 1972

Friedrich Lenger;
Urbanisierung und Stadtgeschichte – Geschichte der Stadt, Verstädterungsgeschichte oder Geschichte in der Stadt? in: Archiv für Sozialgeschichte, 1986, Bd. XXVI, S. 429 - 479

Thomas Lindenberger;
Berliner Unordnung zwischen den Revolutionen; in: Manfred Gailus (Hg.); Pöbelexzesse und Volkstumulte in Berlin. Zur Sozialgeschichte der Straße 1830 - 1980; Berlin 1984

Helmut Lindner;
Strom. Erzeugung, Verteilung und Anwendung der Elektrizität; Reinbek 1985

Rolf Lindner;
Straße – Straßenjunge – Straßenbande; in: Zeitschrift für Volkskunde, 1983, 79. Jg., S. 192 - 208

H. Lingenberg;
Die ältesten Darstellungen der Grafschaft Bentheim auf gedruckten Karten des 16. Jahrhunderts; in: Jahrbuch des Heimatvereins der Grafschaft Bentheim, 1971, S. 21 ff

J. Linschoten;
Die Straße und die Ferne; in: Situation, 1954, S. 235 - 260

Clemens v. Looz-Corswarem, Michael Schmitt (Hg.);
Nordhorn. Beiträge zur 600jährigen Stadtgeschichte; Nordhorn 1979

Clemens v. Looz-Corswarem;
Die politische und verfassungsmäßige Entwicklung der Stadt Nordhorn vom Spätmittelalter bis zur hannoverschen Städteordnung; in: Looz-Corswarem, Schmitt 1979

Chr. Fr. v. Lüder;
Vollständiger Innbegriff aller bey dem Strassenbau vorkommenden Fällen, samt einer vorrausgesetzten Weeg-Geschichte und einem Verzeichnis der unentbehrlichen Weeg-Gesetze; Frankfurt a.M. 1779

Ludwig-Uhland-Institut für empirische Kulturwissenschaft der Universität Tübingen;
Als die Deutschen demonstrieren lernten. Das Kulturmuster 'friedliche Straßendemonstration im preußischen Wahlrechtskampf 1908 - 1910; Tübingen 1986 (Begleitband zur Ausstellung im Haspelturm des Tübinger Schlosses vom 24. Januar bis 9. März 1986)

Eugenio Luporini;
Brunelleschi. Forma e Ragione; Milano 1964

Kevin Lynch;
Das Bild der Stadt; Gütersloh 1975

Horst Matzerath;
Stadtgeschichte als historische Sozialwissenschaft; in: Informationen zur modernen Stadtgeschichte, 1978, Bd. 1, S. 4 ff.

Horst Matzerath;
Urbanisierung in Preußen 1815 - 1914; Stuttgart/Berlin/Köln/Mainz 1985

Louis Sebastien Mercier;
Mein Bild von Paris; Frankfurt a.M. 1979

Cord Meckseper;
Architekt und Geschichte; in: Deutsches Architekturblatt, 1973, Heft 20, S. 1635 - 1637

Cord Meckseper;
Kleine Kunstgeschichte der deutschen Stadt im Mittelalter; Darmstadt 1982

Cord Meckseper (Hg.);
Stadt im Wandel. Kunst und Kultur des Bürgertums in Norddeutschland 1150 - 1650. Ausstellungskatalog der Landesausstellung Niedersachsen in Braunschweig vom 24.8. - 24.11.1985; Stuttgart/Bad Canstatt 1985

Maurice Merleau-Ponty;
Phänomenologie der Wahrnehmung; Berlin 1966

Beatrix Mesmer;
Reinheit und Reinlichkeit. Bemerkungen zur Durchsetzung der häuslichen Hygiene in der Schweiz; in: Nicolai Bernhard/Quirinus Reichen (Hg.); Gesellschaft und Gesellschaften. Festschrift zum 65. Geburtstag von Prof. Dr. Ulrich Im Hof; Bern 1982

Annemarie Moeller;
Sozialhygienische Strukturanalyse des Kreises Grafschaft Bentheim in den letzten 30 Jahren (1930 - 1960); in: Der Grafschafter, 1962, F. 112

Sibyl Moholy-Nagy;
Die Stadt als Schicksal. Geschichte der urbanen Welt; München 1970

Rolf Monheim;
Fußgängerbereiche. Bestand und Entwicklung; Köln 1975

Rolf Monheim;
Fußgängerbereiche und Fußgängerverkehr in Stadtzentren in der Bundesrepublik Deutschland; Bonn 1980 (Bonner geographische Abhandlungen, Heft 64)

Hans Müller;
Werth und Bedeutung politischer Demonstrationen, Festschrift zur Maifeier; Berlin 1892

Johann Nicolaus Müller;
Versuch einer systematischen Abhandlung vom Fuhrwesen; Göttingen 1787

Lewis Mumford;
Die Stadt. Geschichte und Ausblick; München 1984 (1. Auflage 1979)

Friedrich Naumann;
Die Wahlrechtsdemonstrationen; in: Die Hilfe, 1910, Nr. 11, S. 164 f.

Oskar Negt, Alexander Kluge;
Öffentlichkeit und Erfahrung. Zur Organisationsanalyse von bürgerlicher und proletarischer Öffentlichkeit; Frankfurt a.M. 1972

Arnold Nöldecke;
Die Kreise Lingen und Grafschaft Bentheim; in: Die Kunstdenkmäler der Provinz Hannover, Heft 14, IV, 4; Hannover 1919

Novalis (Friedrich von Hardenberg);
Schriften, 1. Band, herausgegeben von Paul Kluckhohn und Richard Samuel; Stuttgart 1977 (3. nach d. Hs. erg., erw. u. verb. Aufl.)

Friedrich Christoph Oetinger;
Vorrede zur Theorie von der meteorologischen Electricité; in: derselbe; Theorie von der meteorologischen Electricité; Tübingen 1765

Gerhard Plasger;
Nordhorn in alten Ansichten; Zaltbommel (Niederlande) 1983

D. Joh. Zacharia Platner;
Tractat von der Reinlichkeit; Leipzig 1752

Helmuth Plessner;
Das Problem der Öffentlichkeit und die Idee der Entfremdung. Rede anläßlich der Übernahme des Rektorats der Universität am 7. Mai 1960; Göttingen 1960

B. Povel;
Die Nordhorner Textilindustrie; Diss. Köln 1922

Lucie Rakers;
Erinnerungen an Alt-Nordhorn, Teil I; in: Jahrbuch des Heimatvereins der Grafschaft Bentheim, Nordhorn 1973, S. 173 - 184

Lucie Rakers;
Erinnerungen an Alt-Nordhorn, Teil II; in Jahrbuch des Heimatvereins der Grafschaft Bentheim, Nordhorn 1974, S. 44 - 59

Ernst Rebske;
Lampen, Laternen, Leuchten. Eine Histoire der Beleuchtung; Stuttgart 1962

C. Reclam;
Die heutige Gesundheitspflege und ihre Aufgaben; in: Deutsche Vierteljahresschrift für öffentliche Gesundheitspflege, 1869, Band 1, Heft 1, S. 1 - 5

August Reichensperger;
Die christlich-germanische Baukunst und ihr Verhältnis zur Gegenwart; Trier 1845

Ulrich Reinke;
Alte Bauten und Kunstdenkmäler in Nordhorn; in: Looz-Corswarem, Schmitt 1979

Annie Renonciati;
La vie et l'oeuvre de Gustave Doré; Paris 1983

Jürgen Reulecke;
Geschichte der Urbanisierung in Deutschland; Frankfurt a.M. 1985

Wilhelm Heinrich Riehl;
Die Familie; Stuttgart/Berlin 1881

Marianne Rodenstein;
'Mehr Licht, mehr Luft'. Gesundheitskonzepte im Städtebau seit 1750; Frankfurt a.M./New York 1988

Juan Rodriguez-Lores;
Die Grundfrage der Grundrente. Stadtplanung von Ildefonso Cerd für Barcelona und James Hobrecht für Berlin; in: Stadtbauwelt, 1980, H. 65

Juan Rodriguez-Lores;
'Gerade oder krumme Straßen?' Von den irrationalen Ursprüngen des modernen Städtebaus; in: Fehl, Rodriguez-Lores 1983

Juan Rodriguez-Lores, Gerhard Fehl (Hg.);
Städtebaureform 1865 - 1899. Von Licht, Luft und Ordnung in der Stadt der Gründerzeit, 2 Bände; Hamburg 1985 (Reihe: Stadt – Planung – Geschichte, Bände 5 I und II)

Juan Rodriguez-Lores;
Stadthygiene und Städtebau: Zur Dialektik von Ordnung und Unordnung in den Auseinandersetzungen des Deutschen Vereins für öffentliche Gesundheitspflege 1868 - 1901; in: Rodriguez-Lores, Fehl 1985

Juan Rodriguez-Lores, Gerhard Fehl (Hg.);
Die Kleinwohnungsfrage. Zu den Ursprüngen des sozialen Wohnungsbaus in Europa; Hamburg 1988 (Reihe: Stadt – Planung – Geschichte, Band 8)

Albert Rötterink;
60 Jahre Abwasserbeseitigung in Nordhorn; in: Jahrbuch des Heimatvereins der Grafschaft Bentheim 1987; Nordhorn 1986, S. 163 - 187

Werner Rohr;
Die Geschichte der Arbeiterbewegung in Nordhorn. Von den Anfängen bis 1945; Diss. Bremen 1981

Felicitas Rose;
Die katholische Kirche in Nordhorn; in: Der Grafschafter, 1921, S. 78 ff.

Jean-Jacques Rousseau;
Emil oder über die Erziehung; Paderborn 1971

Ernst Rudé;
Die Volksmassen in der Geschichte. Unruhen, Aufstände und Revolutionen in England und Frankreich 1700 - 1848; Frankfurt a.M./New York 1977

Bernard Rudofsky;
Streets for People; New York 1969

Ludwig Sager;
Aus dem Rechtsleben unserer Grafschaft, 3. Gesundheitswesen, Brandschutz, Landwirtschaft damals und heute; in: Der Grafschafter, 1967, Folge 175, S. 450

Ludwig Sager;
Geschichte der Menschheit – Geschichte der Freiheit. Wahlen unter preußischem Dreiklassenwahlrecht; in: Der Grafschafter, 1961, S. 556 f.

Ludwig Sager;
Bentheimsche Hoff- und Landgerichts- und gemeine Ordnungen; in: Jahrbuch des Heimatvereins der Grafschaft Bentheim, Nordhorn 1962, S. 32 - 39

Martin Scharfe;
Straße. Ein Grund-Riß; in: Zeitschrift für Volkskunde; 1983, 79. Jg., S. 171 - 191

Wolfgang Schivelbusch;
Lichtblicke. Zur Geschichte der künstlichen Helligkeit im 19. Jahrhundert; Frankfurt a.M. 1983

Michael Schmitt;
Die städtebauliche Entwicklung Nordhorns bis zum ausgehenden 19. Jahrhundert; in: Looz-Corswarem, Schmitt 1979

Leopold Schönhoff;
Die Politik und die Straße; in: Über Stadt und Meer, 1907/08, Bd. 3, S. 19 - 23

Dieter Schott, Hanni Skroblies;
Die ursprüngliche Vernetzung; in: Die alte Stadt, 1987, 14. Jg., S. 72 - 99

Hermann Schreiber;
Sinfonie der Straße. Der Mensch und seine Wege von den Karawanenpfaden bis zum Super-Highway; Düsseldorf 1965

O. Schubarth;
Beitrag zur Arbeiter-Wohnungsfrage; Mönchengladbach 1868

Hans-Heinrich Schwippe;
Sozial-ökonomische und räumliche Strukturen in Nordhorn in der Mitte des 19. Jahrhunderts; in: Looz-Corswarem, Schmitt 1979

Richard Sennett;
Verfall und Ende des öffentlichen Lebens. Die Tyrannei der Intimität; Frankfurt a.M. 1983

L. Siebert;
Armenplege im Mittelalter; in: Der Grafschafter, 1962, 10. Jg. Folge 113, S. 914

Georg Simmel;
Soziologie. Untersuchungen über die Formen der Vergesellschaftung; München/Leipzig 1922

Udo Ernst Simonis (Hg.);
Infrastruktur. Theorie und Politik; Köln 1977

John von Simson;
Die Flußvereinigungsfrage im 19. Jahrhundert; in: Vierteljahresschrift für Sozial- und Wirtschaftsgeschichte, 1978, Jg. 65, S. 370 - 390

John von Simson;
Kanalisation und Städtehygiene; Düsseldorf 1983

Camillo Sitte;
Der Städtebau nach seinen künstlerischen Grundsätzen; Wien 1889

Albert Soboul;
Die Große Französische Revolution; Darmstadt 1983

Heinrich Specht;
Die Grafschafter Textilindustrie und der Pferdestall; in: Der Grafschafter, 1924, 5. Jg. Nr. 8

Heinrich Specht;
Brücken und Tore der Stadt Nordhorn; Nordhorn 1938

Heinrich Specht (Hg.);
Bürgerbücher der Stadt Nordhorn von 1396 - 1913; Nordhorn 1939

Heinrich Specht;
Nordhorn. Geschichte einer Grenzstadt; Nordhorrn 1941 (Neuauflage Nordhorn 1979)

Friedrich Spengelin;
Ordnung der Stadtstruktur; in: Akademie für Raumplanung 1983

Gerhard Spies (Hg.);
Braunschweig. Das Bild der Stadt in 900 Jahren. Geschichte und Ansichten, Band II Braunschweigs Stadtbild; Städtisches Museum Braunschweig 1985

Stadt Nordhorn, Volkshochschule (Hg.):
Nordhorn nach 1945; Nordhorn 1987 (Schriftenreihe der Volkshochschule der Stadt Nordhorn für den Landkreis Grafschaft Bentheim, Band 10)

Joseph Stübben;
Der Städtebau; Darmstadt 1890 (Neuauflage u.a. Braunschweig/Wiesbaden 1980)

Anthony Sutcliffe;
Planung und Entwicklung der Groß Städte in England und Frankreich zwischen 1850 bis 1875 und ihr Einfluß auf Deutschland; in: Fehl, Rodriguez-Lores 1983

Anthony Sutcliffe;
Stadtpolitik und städtische Umwelt in Großbritannien zwischen 1875 - 1900: Zum Siegeszug der Stadthygiene; in: Rodriguez-Lores, Fehl 1985

Hannes Tank;
Stadtentwicklung – Raumnutzung – Stadterneuerung; Göttingen 1987

Günter Terwey;
Die Trinkwasserversorgung im Landkreis Grafschaft Bentheim; in: Bentheimer Jahrbuch 1986; Bad Bentheim 1985, S. 207 - 211

Hans Jürgen Teuteberg (Hg.);
Urbanisierung im 19. und 20. Jahrhundert; Köln 1983

Hans Jürgen Teuteberg, Clemens Wischermann (Hg.);
Wohnalltag in Deutschland 1850 - 1914. Bilder – Daten – Dokumente; Münster 1985

Georg Varrentrapp;
Über Entwässerung der Städte; Berlin 1868

Heinrich Voort;
Zur jüngeren Geschichte der Burg in Nordhorn; in: Jahrbuch des Heimatvereins der Grafschaft Bentheim, Nordhorn 1969, S. 57 - 73

Heinrich Voort;
Die Mühlen in Nordhorn; in: Jahrbuch des Heimatvereins der Grafschaft Bentheim, Nordhorn 1974, S. 9 - 27

Heinrich Voort;
Das Stadt- und Gogericht in Nordhorn und seine Richter; in: Jahrbuch des Heimatvereins der Grafschaft Bentheim, Nordhorn 1974, S. 28 - 34

Heinrich Voort;
Die Steinmaate in Nordhorn; in: Jahrbuch des Heimatvereins der Grafschaft Bentheim, Nordhorn 1974, S. 35 - 43

Heinrich Voort (Hg.);
100 Jahre Landkreis Grafschaft Bentheim; Nordhorn 1985

Heinrich Voort;
Die Revolution von 1848/49 und ihre Auswirkungen im Flecken Bentheim; in: Bentheimer Jahrbuch 1986, Bad Bentheim 1985

Horst-Günter Wagner (Hg.);
Städtische Straßen als Wirtschaftsräume; Würzburg 1980

Hans-Ulrich Wehler;
Deutsche Gesellschaftsgeschichte, Band 1: 1700 - 1815, Band 2: 1815 - 1845/49; München 1987

Christof Martin Werner;
Sakralität. Ergebnisse neuzeitlicher Architekturästhetik; Zürich 1979

C. Fr. R. v. Wiebeking;
Praktische Anleitung zur Ausführung, Wiederherstellung und Erhaltung bequemer und das Commerz befördernder Landstraßen; Wien 1804

Clemens Wischermann;
Vom Heimgewerbe zur Fabrik. Industrialisierung und Aufstieg der Nordhorner Textilindustrie im 19. zund 20. Jahrhundert; in: Looz-Corswarem, Schmitt 1979

Paul Zucker;
Entwicklung des Stadtbildes; München/Berlin 1929 (Reprint 1985)

Quellen- und Abbildungsverzeichnis

Zitierte Quellen

Staatsarchiv Osnabrück (gekürzt: StAOsn)
Rep 125 I Nr. 232,
Rep 125 I Nr. 824,
Rep 125 I Nr. 821,
Rep 125 I Nr. 826.

Stadtarchiv Nordhorn (gekürzt: StANOH)
B 2 Nr. 213;
B 8;
C I h 4;
C III h 11, h 12, h 28;
C V f 17;
C VIII e 301, e 303, e 304;
C VIII g 4, g 12, g 15, g 16;
C VIII h 1, h 9, h 125a, h 126;
CVIII i 1, i 4, i 8, i 11.

Straßenbauamt Nordhorn
Handakte Hauptstraße

Bauordnungsamt Nordhorn
Bauakten

Kath. Kirchengemeinde St. Augustinus
Repos 150 Bd. III

Marlies Schomakers, Josef Berndsen (Bearbeiter);
Heimatkundliches Schrifttum über die Stadt Nordhorn und die Grafschaft Bentheim. Eine Bibliographie; Stadt Nordhorn 1983

Stadt Nordhorn, Volkshochschule (Hg.);
Der Streng. Arbeiterleben in Nordhorn um 1900; o.O. o.J. (Materialien der Geschichtswerkstatt an der Volkshochschule Nordhorn, Band 2)

Stadt Nordhorn, Der Stadtdirektor (Hg.);
Mühlen und Müller in Nordhorn; Nordhorn 1987 (Schriftenreihe der Volkshochschule der Stadt Nordhorn für den Landkreis Grafschaft Bentheim, Band 6)

Albert Rötterink;
60 Jahre Abwasserbeseitigung in Nordhorn; Stadt Nordhorn 1987

Stadtwerke Nordhorn;
Wasserversorgung der Stadt Nordhorn 1907 - 1970; Nordhorn im März 1971

NVB Nordhorner Versorgungsbetriebe GmbH;
75 Jahre Trinkwasserversorgung in Nordhorn; Nordhorn im September 1982

NVB;
Geschäftsbericht 1985

Freie Planungsgruppe Berlin;
Stadterneuerung Kernstadt Nordhorn. Vorbereitende Untersuchung, Bände 1 und 2; 1972

Freie Planungsgruppe Berlin;
Erläuterungsbericht zum Flächennutzungsplan der Stadt Nordhorn; 1973

Stadt Nordhorn;
Erläuterungsbericht zum Flächennutzungsplan der Stadt Nordhorn; 1973

ASK Arbeitsgruppe für Stadtplanung und Kommunalbau;
Planung Innenstadt Nordhorn. Abschlußbericht Städtebauliche Gesamtkonzeption; Juni 1975

Abbildungen

Spies 1985: Abb. 1; Gruber 1977: Abb. 2 - 5; Zucker 1929: Abb. 6; Specht 194.: Abb. 11, 77; StANOH: Abb. 12, 73, 149; Planungsamt NOH: Abb. 22, 23, 25 - 29, 56, 57, 59, 66 - 70, 76, 79, 81, 93, 94, 103, 104, 179 (93, 94, 103, 104 Aufnahmen von Foto-Sudio Heekeren); Bauordnungsamt/NOH/Bauaktenarchiv*: 87 - 89, 95, 97 - 102, 108 - 115, 118 - 127, 129 - 142, 144 - 145, 147, 151 - 156; Looz-Corswarem, Schmitt 1979: 13; Führ/NOH: 15, 16, 49 - 55, 65, 74, 80, 82 - 85, 90, 92, 96, 106, 107, 146; Grafschafter Nachrichten: Abb. 44, 64, 158; Blum 1982: Abb. 61; Rebske 1962: Abb. 62; Kreisverwaltung Grafschaft Bentheim, Kreisarchäologin: Abb. 75; v. Simson 1983: Abb. 78; Conrad 1934: Abb 143; Kath. Kirchengemeinde St. Augustinus: Abb. 162, 163, 165, 166; Jahrbuch des Heimatvereins der Grafschaft Bentheim 1969: Abb. 160; Deutsche Bauzeitung 1913: Abb. 167 - 173, 175 - 178; Luporini 1964: Abb. 173; Dehio/Bezold 1887: . 41 (Doré, London, 1872), 63 (Doré, London, 1872); Benevolo 1983: 42, 43, 45, 46; Antal 1962: Abb. 38 (Hogarth, Canvassing for votes, 1754), 39 (Callot, La roue, 1633); Kennedy 1984: Abb. 48; Fotoatelier Zahn, NOH: Abb. 86, 128, 161, 164.

* Die Pläne aus dem Bauaktenarchiv sind wegen der schlechten Qualität der Quellen zum großen Teil von uns umgezeichnet und neu beschriftet worden.